AF561290

FÉNELON

ARCHEVÊQUE DE CAMBRAI

I

H. DRUON
DOCTEUR ÈS LETTRES

FÉNELON

ARCHEVÊQUE DE CAMBRAI

TOME PREMIER

PARIS
P. LETHIELLEUX, LIBRAIRE-ÉDITEUR
10, Rue Cassette, 10

AVANT-PROPOS

Il existe déjà assez d'histoires de Fénelon, et quelques-unes du plus grand mérite, pour qu'on puisse se demander s'il n'est pas bien inutile d'en écrire encore une nouvelle. Mais Fénelon est un de ces rares personnages dont il semble qu'on ne peut jamais trop parler. D'abord, dans un siècle qui a produit tant de grands esprits, il a compté parmi les plus grands ; puis ses vertus, autant que ses merveilleux talents, lui ont fait une place à part. Estimé par ses contemporains comme l'un de ceux dont pouvaient le plus s'honorer son pays et son époque, il n'a cessé pendant deux siècles de retenir l'admiration et les sympathies de la postérité.

Il a laissé des œuvres considérables; lui-même a été l'objet de nombreux écrits ; et pourtant, quoiqu'on l'ait si souvent étudié, il n'est pas encore, chose singulière, un de ces hommes dont on peut dire qu'ils sont parfaitement connus, qu'on a pénétré jusqu'au fond de leur nature intime: c'est une figure des plus complexes. Si on l'a toujours admiré, les raisons pour lesquelles on l'admirait ont varié. Ainsi, au temps de l'Encyclopédie, les philosophes n'avaient pas assez de louanges pour le prélat, de l'autorité duquel ils s'appuyaient pour répandre leurs principes de tolérance entendue à leur manière : ils faisaient de lui presque un de leurs précurseurs. Aujourd'hui nous sommes bien revenus de ces idées ; personne ne croit plus à un Fénelon, tel que l'école philosophique le représentait, prêchant contre ce qu'elle appelait le fanatisme. Mais combien faudra-t-il de temps encore, pour qu'un jugement soit porté, qui puisse être considéré comme définitif ?

Si nous n'avions de Fénelon que les écrits qu'il destinait à la publicité, il serait plus facile de se faire de lui une idée bien arrêtée. Mais peu à peu on a recueilli sa correspondance. Nous ne l'avons pas tout entière, nous ne l'aurons jamais ; mais ce que nous en possédons est déjà considérable ; elle est une source d'informations, précieuses sans doute, mais parfois, disons-le, un peu gênantes ; car il arrive qu'au lieu de confirmer ce que nous savions ou pensions savoir, elles le contredisent, ou tout au moins semblent le contredire. Nous découvrons un Fénelon assez différent du Fénelon de la tradition.

Avec Bossuet nous n'éprouvons point cet embarras. Qu'il s'adresse au grand public ou seulement à un ami sur la discrétion duquel il peut compter, il n'a sur un même sujet qu'une manière de penser et de sentir. Il y a chez lui unité parfaite. Mais Fénelon est ondoyant, divers. A quel moment convient-il de le prendre ? C'est dans sa correspondance, là où l'on parle le plus à cœur ouvert, que nous avons voulu le chercher : c'est d'après ses lettres surtout que nous avons essayé de retracer son histoire.

La querelle du Quiétisme a tenu une grande place dans la vie de Fénelon. Il ne nous appartenait pas de faire œuvre de théologien, d'entrer dans la discussion de questions délicates, difficiles, sur lesquelles d'ailleurs l'Église a définitivement prononcé. Nous nous sommes contenté d'en donner quelque idée, en nous attachant surtout à exposer la suite et les circonstances de l'affaire portée à Rome, les efforts déployés, les moyens mis en usage par chaque partie pour gagner sa cause, les influences qui se partagent la cour pontificale les passions même qui s'agitent autour du pape, et surtout les sentiments qui animent les deux grands adversaires, Bossuet et Fénelon. A cet égard leurs correspondances nous fournissent d'amples et curieux renseignements. Dans cette lutte, malheureusement trop prolongée, et la question purement dogmatique mise à part, à qui donner raison ? Nous avons voulu mettre les pièces du procès sous les yeux du lecteur : il jugera.

En entreprenant ce livre, nous n'avons pas songé à raconter toute la vie de Fénelon. Dans un autre ouvrage (1) nous avons eu à le considérer comme précepteur du duc de Bourgogne, et nous avons montré avec quel merveilleux succès il s'était acquitté d'une tâche pleine de difficultés, et où tout autre eût sans doute échoué. Aujourd'hui nous le prenons au moment où il vient d'être nommé archevêque de Cambrai, et nous le suivons dans le cours de son existence épiscopale, jusqu'à sa mort.

Il est malaisé, nous le savons, dès qu'on écrit une page d'histoire, de ne pas contrarier quelque opinion déjà faite chez certains lecteurs, quelque sentiment préconçu. Nous n'espérons pas échapper à ce danger. Mais si des admirateurs passionnés de Fénelon estiment que nous avons eu tort de ne pas reconnaître en lui un de ces hommes dont l'éloge ne doit comporter aucune réserve, nous pouvons répondre que, si nous nous sommes trompé, nous avons du moins conscience de n'avoir cherché que la vérité, et que nous nous sommes efforcé, dans cette étude, de garder un esprit d'impartialité.

(1) *Histoire de l'éducation des princes dans la Maison des Bourbons de France*, 2 vol. (P. Lethielleux, 1897).

CHAPITRE PREMIER

Les premiers mois de séjour à Cambrai

Fénelon est nommé à l'archevêché de Cambrai. — Son titre de métropolitain lui est contesté par l'archevêque de Reims. — Son sacre. — Son arrivée à Cambrai. — La province ecclésiastique de Cambrai. — Le diocèse de Cambrai. — La ville de Cambrai. — Le palais archiépiscopal de Cambrai — Le palais archiépiscopal du Câteau-Cambrésis. — La tenue de maison. — Premières visites de Fénelon dans son diocèse. — La procession de Valenciennes. — Fénelon dirige de Cambrai l'éducation du duc de Bourgogne. — L'impôt de capitation. — Incendie du palais archiépiscopal de Cambrai.

Fénelon dirigeait depuis plus de cinq ans déjà l'éducation du duc de Bourgogne, et avec quel succès ! A la cour on ne pouvait assez admirer la merveilleuse transformation qui s'était opérée dans le caractère du prince, et ses progrès, fort au dessus de son âge. Malgré ses services le précepteur n'avait encore été l'objet d'aucune grâce particulière, quand le 24 décembre 1694 le roi le nomma à l'abbaye de Saint-Valéry, dont le revenu était de quinze mille livres environ. En lui annonçant cette nomination, Louis XIV s'excusa d'avoir si longtemps tardé à lui donner un témoignage de sa reconnaissance.

Mais Saint-Valéry n'était pour ainsi dire que l'annonce d'une faveur bien plus considérable et très prochaine. L'archevêché de Cambrai vint à vaquer. Mme de Maintenon songea tout de suite à l'obtenir pour Fénelon, auquel elle était encore toute dévouée. Si Bossuet, qui dans les matières religieuses était l'oracle du roi, était venu objecter que Fénelon donnait dans des illusions contraires à la vraie doctrine de l'Eglise, sans nul doute il aurait changé les dispositions de Louis XIV. Mais Bossuet était loin de soupçonner combien Fénelon était attaché aux idées qui amenèrent entre eux la déplorable querelle que nous aurons à raconter. Il applaudit au choix qu'allait faire Louis XIV ; et, le 4 février 1695, Fénelon fut nommé au siège de Cambrai. Il était alors dans sa quarante-quatrième année : ce n'était donc pas pour l'époque un jeune prélat.

Tout en remerciant le roi : « Puis-je pourtant, dit-il, me féliciter d'une dignité qui m'enlève à des fonctions qui m'étaient chères ? — Mon désir, reprit Louis XIV, c'est que vous restiez auprès de mon petit-fils pour achever son éducation ». Fénelon alors lui représenta respectueusement que les lois ecclésiastiques prescrivent aux évêques de rester dans leurs diocèses. « Les services que vous rendez à Versailles, reprit le roi, ne seraient-ils pas une raison légitime de dispense ? Dans tous les cas vous n'êtes tenu par les canons qu'à neuf mois de résidence ; vous pouvez disposer des trois autres ; vous les donnerez ici à vos élèves. Mais pendant le temps même que vous ne serez pas avec eux, de Cambrai vous surveillerez et vous dirigerez leur éducation ; vous continuerez à être leur précepteur. »

Tout en se montrant plein de reconnaissance pour la grâce que le roi venait de lui faire, Fénelon n'était pas sans ressentir quelque regret du changement qui allait s'opérer dans son existence. « Il faut regarder tout ceci, écrit-il, comme un pesant fardeau, et ne songer qu'à le porter fidèlement... J'ai passé une jeunesse douce, libre, pleine d'études agréables et de commerces avec des amis délicieux : j'entre dans un état de servitude perpétuelle en terre étrangère » (1).

A la fin de son entretien avec Louis XIV, Fénelon se démit de l'abbaye de Saint-Valéry. De tels exemples de désintéressement étaient bien rares. Le roi voulut d'abord refuser cette démission ; mais il dut l'accepter sur les instances de Fénelon. Le nouveau prélat ne songeait nullement à faire la censure indirecte de ceux qui, n'ayant qu'un médiocre évêché, n'eussent pu, s'ils n'avaient pas possédé en même temps quelque abbaye, soutenir convenablement la dignité et les charges de leur ministère ; la mesure des réels besoins devait être celle des bénéfices ; et il estimait que le riche archevêché de Cambrai était plus que suffisant pour toutes les nécessités.

Ce n'était pas seulement par les revenus, qui s'élevaient à plus de deux cent mille livres (2), que l'archevêque de Cambrai était l'un des person-

(1) *Lettre du 17 février 1695 à une religieuse*. Œuvres VIII. 464.

(2) Ce n'est là, on le comprend, qu'un chiffre approximatif, qui pouvait varier d'une année à l'autre, les revenus provenant en grande partie ou de dimes ou de la vente de récoltes.

nages les plus considérables du clergé de France. Le siège métropolitain, auquel ressortissaient quatre évêchés, Arras, Tournay, Saint-Omer et Namur, donnait à son possesseur, avec le titre de duc de Cambrai et de prince du Saint-Empire, (1) la châtellenie du Câteau-Cambrésis, comprenant dix bourgs ou villages. (2)

C'est vers la fin du xe siècle que le siège de Cambrai avait pris une grande importance. L'empereur Othon II avait créé douze pairies attachées à certaines seigneuries ; ces pairs devaient foi et hommage au prélat, leur suzerain. Il y avait en outre vingt-quatre francs-fiefvés, ou officiers attachés à son service, tels que grand prévôt, maître d'hôtel, panetier, échanson, grand queux, écuyer tranchant, maître des cérémonies, etc. Leur nom de francs-fiefvés venait de ce que chacun possédait un fief relevant de l'évêché : c'était en petit tout un régime féodal. Ajoutons que l'évêque jouissait du droit de battre monnaie.

A l'époque de Fénelon, il est vrai, ces dignités et ces charges n'étaient plus que des souvenirs et des titres honorifiques. Mais de par la tradition l'évê-

(1) Ces titres avaient été concédés, en 1510, par l'empereur Maximilien Ier, à l'évêque Jacques de Croy et à ses successeurs.

(2) On peut lire dans les œuvres de Fénelon, VIII, 338-339, une ordonnance qu'il rend, en sa qualité de chef de ce petit Etat, pour la vente et le commerce des blés au Câteau et dans les environs. — D'autres fois il renouvelle le corps municipal de Câtillon-sur-Sambre, ou suspend, dans la même paroisse, vu le malheur des temps, les jeux d'arc et d'arbalète. *Lettres inédites recueillies par M. Le Glay, 20 février et 25 avril 1708.*

que restait toujours un grand seigneur, tenu de vivre en grand seigneur. Ainsi s'explique comment le palais épiscopal de Cambrai, pour le meuble et le domestique, ressemblait si peu à celui de Meaux, par exemple. Ce qu'on peut appeler le luxe de l'un, comme la simplicité de l'autre, était tout de convenance, dans des situations bien différentes.

Ceux qui s'intéressaient le plus à la fortune de Fénelon auraient dû, à ce qu'il semble, être ravis de sa nomination à Cambrai. Il n'en fut pas ainsi. Outre le chagrin de voir s'éloigner un ami auquel ils étaient tendrement attachés, ils avaient espéré pour lui mieux encore que Cambrai. L'archevêque de Paris, M. de Harlay, menaçait ruine, suivant l'expression de Saint-Simon; on considérait sa fin comme prochaine (il mourut en effet six mois plus tard) : personne ne semblait plus désigné que Fénelon pour cette magnifique succession. Aussi, dans le groupe qui lui était tout dévoué, « la douleur fut profonde de ce que le reste du monde prenait pour une fortune éclatante (1) ». Beaucoup de larmes furent versées.

Le duc de Bourgogne regrettait sans doute d'être bientôt privé de son précepteur bien aimé ; mais il se réjouissait sincèrement de le voir élevé en dignité. Les frais de bulles étaient assez considérables : pour les épargner à Fénelon, qui n'était pas riche, le jeune prince (c'était une occasion de témoigner sa reconnaissance) écrivit au pape la lettre suivante :

(1) Saint-Simon, *Mémoires* (Edition Chéruel, I. 288.)

« Très-Saint-Père,

« C'est une grande joie pour moi que de commencer à assurer Votre Sainteté du respect filial que j'ai pour elle, et du zèle avec lequel je suis attaché au Saint-Siège. L'abbé de Fénelon, mon précepteur, qui a pris de grands soins pour m'inspirer ces sentiments de religion, vient d'être nommé par le roi mon seigneur à l'archevêché de Cambrai : il a beaucoup de naissance, mais très peu de biens ; et je serais fort obligé à Votre Sainteté si elle avait la bonté d'accorder le *gratis* à un homme qui m'a rendu de si utiles services. Cette première grâce est une des plus touchantes que Votre Sainteté puisse me faire ».

Le *gratis* fut en effet accordé sans difficulté.

Mais à Cambrai comment accueillait-on la nomination de Fénelon ? De temps immémorial le chapitre était investi du droit d'élire l'évêque : il en fut dépouillé après la conquête. Cambrai devenait terre française ; et le roi, qui, en vertu du concordat de 1516, nommait à tous les évêchés du royaume, obtint du pape qu'il ne serait pas fait d'exception pour Cambrai. Si le chapitre fut (on le comprend aisément) fort mécontent de la bulle pontificale, il se montra, assurent les feuilles du temps, très satisfait du choix que venait de faire le roi (1). La satisfaction de tous les autres diocésains semble avoir été sans mélange.

Fénelon à peine nommé avait à défendre son titre de métropolitain qui lui était contesté par l'archevêque de Reims. Voici l'origine de cette affaire. Jusqu'au milieu du XVIe siècle le diocèse de Cambrai faisait partie de la province de Reims,

(1) *Gazette d'Amsterdam. — Extraordinaire XV.*

qui comprenait à peu près tous les Pays-Bas. Les Pays-Bas avec leurs forêts immenses et leurs marais n'avaient été longtemps qu'une sorte de désert ; mais la population s'y était prodigieusement multipliée ; puis, à l'époque de la Réforme, elle s'était en grande partie laissé envahir par l'hérésie. La création de quatorze nouveaux évêchés, pour résister aux progrès du protestantisme, parut nécessaire, et par suite l'érection de trois nouvelles métropoles. Mais les intérêts religieux n'étaient pas seuls en cause dans cette affaire. Charles Quint, et après lui son fils Philippe II, poursuivaient aussi un but politique, ne pas laisser les églises des Pays-Bas sous des églises métropolitaines de nation étrangère. C'est ainsi qu'en 1559, en vertu d'une bulle de Paul IV, Cambrai était devenu siège archiépiscopal. Mais l'archevêque de Reims n'avait pas donné son consentement à cette diminution de sa province ecclésiastique ; il n'avait même pas été consulté. Il protesta contre la bulle. Les choses en restèrent là pendant de longues années. Mais Cambrai ayant passé, par le traité de Nimègue, sous la domination française, la mort du dernier archevêque espagnol, M. de Bryas, parut au métropolitain de Reims, Le Tellier, une occasion favorable pour reprendre l'affaire. Au mois de janvier 1695 il présenta donc au roi un mémoire contre l'érection de l'église de Cambrai en archevêché.

Fénelon y répondit par un autre mémoire (1).

(1) Œuv. VIII, 293-314. *Mémoire de M. l'abbé de Fénelon.* Il ne prend que ce titre d'abbé parce qu'en droit il n'est pas encore évêque.

« M. l'archevêque de Reims, dit-il, prétend que cette érection faite sans avoir appelé les parties intéressées est nulle. L'église de Cambrai soutient que le pape a pu la faire sans cette formalité, dans une nécessité pressante et notoire. »

La question que traite Fénelon est des plus graves : il ne s'agit de rien moins que du droit qu'a l'autorité pontificale, dans des circonstances extraordinaires, de modifier, de remanier les circonscriptions ecclésiastiques. Prenez le concordat de 1801 : ce n'est en grande partie que l'application, sur une vaste échelle, de quelques uns des principes établis par Fénelon.

Dans ce mémoire les faits sont si bien exposés, les raisons si bien déduites, qu'il semble fort difficile de croire que l'église de Cambrai n'eût pas eu gain de cause (1). Mais on n'alla pas jusqu'au bout de l'affaire. Louis XIV intervint ; il y eut un accommodement. L'abbaye de Saint-Thierry, par forme de dédommagement fut unie à l'archevêché de Reims ; et Le Tellier, par un acte authentique du 14 novembre 1696, renonça, pour

(1) Pendant que Fénelon était occupé à composer ce mémoire, il reçut un recueil de vers que lui envoyait Santeul, et voici comment il s'excuse de ne l'avoir pas remercié plus tôt : « Il y a six semaines que j'ai fait banqueroute au Parnasse, pour n'entendre parler que d'avocats et de banquiers. Jugez par là combien Apollon a de grâce pour moi dans le recueil de vos vers. Je vais m'y délasser, après avoir lu tout ce qu'il y a de plus dégoûtant dans le style de procédure. » Œuv. VII, 515. — On voit ici que la mythologie de Santeul n'effrayait pas du tout Fénelon. Là où Bossuet trouve une sorte de paganisme condamnable, Fénelon ne voit qu'un divertissement littéraire fort innocent, et lui-même s'y livre sans aucun scrupule.

lui et ses successeurs, à toutes prétentions sur le siège de Cambrai.

La question du sacre donna lieu à quelques difficultés. Est-ce Bossuet qui s'offrit pour être le consécrateur, est-ce Fénelon qui lui demanda de remplir ce ministère ? Sur ce point il y a quelque désaccord dans leurs récits (1). Personne du reste ne semblait mieux désigné que Bossuet pour donner l'onction épiscopale à celui qui depuis si longtemps se glorifiait d'être son disciple. Mme de Maintenon en jugeait ainsi ; mais M. de Harlay estimait qu'il était peu séant qu'un simple évêque sacrât un archevêque. Ce n'est pas tout : les deux prélats sur lesquels Fénelon avait jeté les yeux pour servir d'assistants étaient M. de Noailles, évêque de Châlons (2), et Godet-Desmarais, évêque de Chartres, ses amis de fort ancienne date. Mais c'était dans le diocèse même de ce dernier que le sacre devait se faire ; et un évêque, disaient plusieurs prélats, ne doit point, dans son diocèse, céder la première fonction à un étranger. Cela fit toute une affaire (3). Mais l'intéressé, Godet, déclara qu'il croyait pouvoir céder la préséance à

(1) V. de Bossuet la *Relation sur le Quiétisme*, III, 14, et de Fénelon la *Réponse à la Relation*, Œuv. IV, 53, et la *lettre à M. de Chantérac, du 14 janvier 1698*. Œuv. IX, 298. — Bossuet du reste ne s'arrête pas longtemps là-dessus, et dans ses *Remarques sur la réponse à la Relation* il dit : « Ce qui nous jetterait sur la question de mon empressement à faire ce sacre ne vaut pas la peine d'être examiné. »

(2) « Une telle main porte bénédiction » écrit Fénelon. *Lettre du 14 juin 1695, au maréchal de Noailles*, Œuv. VII, 516,

(3) *Lettres de Mme de Maintenon à Mgr de Noailles, des 18 et 25 mars 1695.*

des évêques plus anciens que lui ; et, ajouta-t-il, si au-dessus par leur mérite ; il ne voyait pas que Jésus-Christ ni l'Eglise eussent rien réglé de contraire. — Toutefois il fut remplacé comme second assistant par l'évêque d'Amiens.

Bossuet avait été sacré à Pontoise, en 1670, pendant que s'y tenait une assemblée du clergé de France ; et tous ceux qui en faisaient partie avaient décidé qu'ils viendraient en corps à cette cérémonie, qui se fit ainsi *comme en plein concile,* suivant l'expression de l'abbé Le Dieu. Le sacre de Fénelon fut remarquable aussi, mais pour une raison toute différente : c'est qu'être admis à y assister fut une faveur tout exceptionnelle, et pour cela même bien recherchée. « Saint-Cyr, ce lieu si précieux et si peu accessible, fut le lieu destiné au sacre. Les Enfants de France en furent spectateurs, Mme de Maintenon y assista avec sa petite et étroite cour intérieure : personne d'invité, et portes fermées à l'empressement de faire sa cour (1) ».

Fénelon avait été sacré le 10 juillet (2) ; et le 6 août mourait l'archevêque de Paris. Les amis de Fénelon avaient gardé peut-être quelque espérance de le voir appelé à ce siège. Mais leur espérance fut de courte durée : dès le 20 août l'évêque de Châlons, M. de Noailles, était nommé en remplacement de M. de Harlay.

A ce moment-là, Fénelon était déjà dans sa ville

(1) Saint-Simon, *Mémoires*. I, 288.

(2) Et non le 10 juin, comme l'écrit M. de Bausset, induit en erreur sur ce point par La Beaumelle.

épiscopale. Il y avait fait une entrée fort simple (1). Quoique arrivé depuis plusieurs jours (2) il ne prit officiellement possession de son siège que le 10 août.

C'est ici le lieu de donner quelques indications sur la province ecclésiastique dont il devenait le métropolitain, et plus particulièrement sur le diocèse confié à ses soins.

Comme nous l'avons déjà dit, la province comprenait quatre diocèses, outre celui de Cambrai. Les suffragants avec lesquels il allait avoir de fréquents rapports étaient : à Arras, M. de Sève ; à Saint-Omer, M. Louis de Valbelle ; à Tournay, M. Caillebot de La Salle ; à Namur, M. de Vandenperre. Mais pendant le temps que Fénelon occupa le siège archiépiscopal, il se fit divers changements parmi les suffragants : c'est ainsi qu'il y eut, pour évêques, à Namur, en 1696, M. de Berlo ; à Tournay, en 1705, M. de Coëtlogon, et en 1707, M. de Beauvau ; à Saint-Omer, en 1708, M. François de

(1) Il semble que la cérémonie se borna à la présentation du vin d'honneur par le magistrat de la cité. Pour cette dépense figure, aux comptes de la ville (1695-1696), une somme de 39 florins (on peut évaluer le florin à peu près à 1 fr. 70 de notre monnaie.)

(2) Nous ne savons pas le jour exact de son arrivée ; mais une lettre qu'il écrit de Cambrai est datée du 8 août. — Pour ceux qui seraient curieux de petits détails, disons que d'après les livres tenus par Monvoisin, maître d'hôtel de Fénelon, le prélat, pour les grands repas qu'il eut à donner à sa prise de possession, dut emprunter la vaisselle d'argent du gouverneur de la citadelle. A la date du 23 août 1695, Monvoisin marque, pour le transport de cette vaisselle, une dépense de 15 livres, 1 sou ; et le 30 du même mois, une autre dépense de 25 livres 8 sous 6 deniers, pour la valeur d'une cuiller et d'un couteau d'argent égarés. (*Bulletin de la commission historique du Nord. IX, 380.*)

Valbelle; et encore à Tournay, en 1713, M. de Lowenstein.

La province, comme on le voit, était, politiquement, partie sous la domination française, partie sous la domination espagnole. Religieusement elle continuait d'être réglée, à part quelques dérogations depuis la conquête, d'après le concordat germanique : aussi elle n'était point considérée comme faisant partie de l'église de France (1); elle n'était point représentée aux assemblées du clergé. Si on avait vu siéger, à celle de 1682, M. de Bryas, le prédécesseur de Fénélon, c'était une exception qui ne devait plus se renouveler. En appelant la province à élire des députés, M. de Seignelai, le ministre de Louis XIV, avait soin d'expliquer, de la part du roi, qu'il ne serait traité dans cette réunion que de matières purement spirituelles, et que cette convocation ne pourrait donc « tirer à conséquence pour les assemblées postérieures, l'intention de Sa Majesté n'étant pas de comprendre la province de Cambrai dans le corps de l'ancien clergé de France (2). »

Ce n'était pas seulement la province, mais aussi le diocèse même de Cambrai qui relevait de deux souverainetés différentes. Il comprenait, d'une

(1) « Cambrai n'a jamais été de l'église gallicane, mais de la germanique. Je suis du royaume et attaché plus qu'eux au roi; mais je ne suis pas du clergé de France. » *Lettre de Fénelon à M. de Chantérac, du 13 juin 1698.* Œuv. IX, 435. — V. encore du *même au même, la lettre du 2 mai 1698.* Œuv. IX, 397; et de *M. de Chantérac à Fénelon, les lettres des 18 octobre 1697, 12 avril et 19 juillet 1698.* Œuv. IX, 216, 376 et 470.

(2) *Procès-verbaux des assemblées du clergé de France.* V. *Pièces justificatives,* 205.

part, le Cambrésis et le Hainaut français, une partie du Tournaisis et de la Châtellenie de Lille ; de l'autre le Hainaut belge et le Brabant presque tout entier (1). Ces détails sont nécessaires pour expliquer quelques-unes des difficultés particulières que Fénelon devait rencontrer dans son administration épiscopale (2).

Le diocèse était partagé en quatre archidiaconés, de Cambrai, de Valenciennes, de Hainaut et de Brabant. Les cures ou succursales étaient au nombre de sept à huit cents (3). Il y avait plus de vingt abbayes d'hommes, dont les principales étaient Saint-Sépulcre à Cambrai, Saint-André

(1) Si l'on veut se faire une idée plus exacte de la circonscription d'alors, on n'a qu'à tracer une ligne, qui, partant du N. descend par l'O. au S., et remontant ensuite par l'E. au N.. passe par Enquien, Lessine, la Souzey, Leuse, Ancoin, Mortagne, Condé, Valenciennes, Haspre, Cantimpré, Honnecourt, le Câtelet, Mont-Saint-Martin, Fémy, Liessies, Thain, Olive, Soignies, Braine-le-Comte. Toutes ces localités, avec le pays qu'elles embrassent, formaient le diocèse, bien différent de ce qu'il est aujourd'hui : car notre département du Nord et le diocèse actuel ont exactement les mêmes limites. Ainsi des sept arrondissements dont se compose le département, trois seulement, Cambrai, Valenciennes, Avesnes, faisaient partie de l'ancien diocèse. Douai dépendait d'Arras, Lille de Tournay, Gravelines de Saint-Omer, Dunkerque et Hazebrouck d'Ypres.

(2) C'est ainsi qu'il doit demander l'autorisation d'aller faire la visite pastorale dans la partie espagnole du diocèse. Elle lui est accordée tout de suite, il est vrai ; mais n'est-ce pas quelque chose de particulier qu'un évêque du roi très chrétien ait à solliciter la permission de remplir une des obligations de son ministère ? *Lettre du P. de La Chaise à Fénelon, du 2 août 1699.* Œuv. VIII, 341.

(3) Le chiffre ne peut être qu'approximatif, car il y avait d'assez fréquentes variations. « J'ai à visiter sept cent soixante et quatre villages, » écrit Fénelon le 12 avril 1714. *Lettre au chevalier Destouches.* Œuv. VIII, 233.

au Câteau, Liessies et Maroilles (Bénédictins); Saint-Jean à Valenciennes et Saint-Aubert (Augustins); Vaucelles (Bernardins); Mont-Saint-Martin (Prémontrés). Onze abbayes de femmes, parmi lesquelles Maubeuge, réservée aux dames nobles, et Saint-Waudru de Mons (Bénédictines); le Quesnoy (Augustines) ; Notre-Dame du Verger et l'Hermitage (Bernardines). Ajoutez divers couvents, entre autres de Clarisses à Cambrai, et une maison de religieuses anglaises ; enfin de nombreux béguinages (1).

On comptait cinq chapitres, celui de la métropole, et ceux qui desservaient les collégiales de Saint-Géry à Cambrai, d'Avesnes, de Condé, et de Saint-Quentin à Maubeuge.

Le chapitre métropolitain comprenait cinquante chanoines, parmi lesquels, comme dignitaires, le prévôt, les quatre archidiacres, le doyen, le chantre et l'écolâtre. Le revenu de chaque canonicat était d'environ deux mille livres. Il y avait encore huit grands vicaires, de vingt-cinq à trente chapelains obligés à résidence, et plusieurs autres non soumis à cette obligation.

On voit par là combien était nombreux le clergé de la métropole. Si l'on y joint celui des autres églises (et on n'en comptait pas moins de quatorze), c'était toute une petite armée. On peut donc dire que Cambrai était une ville essentiellement ecclésiastique.

(1) Associations de femmes pieuses, qui, sans toutefois prononcer de vœux, vivaient sous des règles monastiques. Les béguinages s'étaient multipliés dans les Pays-Bas : à Cambrai même il n'y en avait pas moins de sept.

De tous les monuments religieux le plus remarquable c'était la cathédrale, aujourd'hui détruite, vraiment digne d'un personnage tel qu'était l'archevêque de Cambrai. Voici la description que nous en a laissée un écrivain un peu enthousiaste, qui avait visité beaucoup d'églises :« Elle est dédiée à Notre-Dame. C'est un très beau vaisseau, accompagné de grand nombre de chapelles très riches et de piliers ornés de sculptures (1), ou de tombeaux de marbre fort bien travaillé : enfin c'est une des plus belles cathédrales de l'Europe. Son jubé est tout de cuivre, et au bout de l'église il y a encore un autre jubé. Son clocher tout à jour, qui est fait en pyramide, est très haut sans charpente ni fer, et rempli de belles cloches (2), sans parler de celles de l'horloge qui sonnent à toutes les heures et demi-heures un carillon en musique. Cette horloge, qui passe pour l'ouvrage d'un berger, marque distinctement les heures, les jours, les années, avec le cours du soleil et de la lune. Quand elle vient à sonner, on voit de petits personnages de bronze, représentant une partie de la Passion de Notre-Seigneur, qui, par le moyen de certains ressorts, s'avancent l'un après l'autre ; et passent devant la cloche : chacun d'eux avec son petit marteau frappe autant de coups qu'il doit sonner d'heures (3).

(1) Il y avait vingt et une chapelles et soixante-huit piliers.

(2) Construit tout en pierre grise, il mesurait de cinquante-trois à cinquante-quatre toises, environ cent sept mètres de hauteur. Il renfermait trente-neuf cloches.

(3) Il y avait toute une légende sur cette horloge, qui avait été faite de 1383 à 1397, et était l'une de ce qu'on appelait *les Sept merveilles du Cambrésis*. Elle rappelle à beaucoup d'égards l'horloge que les voyageurs ne marquent pas d'aller voir et entendre dans la cathédrale de Strasbourg.

Il y a une chapelle de grande dévotion dans cette église ; elle est bien ornée, et éclairée d'un grand nombre de lampes d'argent. Son autel est fort riche, et son tabernacle est tout d'argent ciselé. Cependant ce qu'on y estime encore davantage, c'est un tableau de la Visitation de Notre-Dame de Grâce, qu'on dit être de la main de S. Luc : il est conservé dans une grande armoire peinte et ornée de figures d'argent. Les portes du chœur sont de cuivre façonné. Son trésor est riche et précieux pour la quantité de belles reliques qu'il possède. Il y a entre autres choses un calice d'or massif, et plusieurs d'argent fort bien travaillés et ciselés (1). »

La cathédrale communiquait, par une galerie couverte, avec le palais archiépiscopal. Ce palais dans l'état où Fénelon l'avait trouvé, ne fut habité par lui que pendant dix-huit mois. Incendié en partie au mois de février 1697, il fut reconstruit, non pas tel qu'il était auparavant, mais avec quelques changements dont on avait reconnu la nécessité.

L'abbé Le Dieu, qui fut reçu chez Fénelon au mois de septembre 1704, et eut, comme il le dit, le loisir et la liberté de tout voir et examiner de près, nous a laissé une description détaillée du pa-

(1) Dom Beaunier. *Recueil général des évêchés et abbayes de France*. 1726. I, 317. — La cathédrale était située sur l'emplacement actuel de la Place Fénelon, du théâtre, et de l'hôtel circonscrit par les rues des Roitelets et de Vanderburgh. Vendue comme bien national, elle fut démolie en 1797. Il n'en était resté que la flèche, qui, dégarnie de la plupart de ses ancres, et sapée en partie à la base, s'écroula par un ouragan, le 30 janvier 1809.

lais (1). En voici le résumé : d'abord, dit l'auteur, un portique ouvert régnant tout le long de la cour, orné de colonnes et pavé de marbre blanc et noir, soutenant une galerie haute couverte, et sur toute la longueur de la galerie beaucoup de logements pour des gens de la maison. A l'extrémité, au fond de la cour, un grand corps de logis. Dans ce bâtiment, à deux étages, toute une suite de salles et d'antichambres, avec de grandes portes à deux battants ; tout le long des fenêtres, ce qui donnait un grand espace pour se promener et tenait lieu de galerie. Puis les appartements de l'archevêque et des personnes de son entourage. Celui de Fénelon, de plain-pied avec la chapelle, se composait d'une salle du dais, de deux chambres à coucher, l'une grande, l'autre toute petite, et d'un grand cabinet carré plein de livres.

Le tout était splendidement meublé : « La salle du dais, lequel est de velours cramoisi, est tendue d'une tapisserie de haute lisse très fine, représentant l'histoire de la Genèse, avec un grand tapis de pied dessous, et deux canapés aux deux côtés ; une douzaine de fauteuils autour de la salle, un grand bureau couvert de son tapis en un coin. Tout ce meuble est de velours cramoisi comme le dais ; les portières de même, avec des galons d'or et des franges d'or aux fauteuils. Les rideaux des trois grandes croisées sont de taffetas cramoisi. Il y a

(1) *Mémoires et journal. III*, 160-164. Remarquons que les dommages causés par l'incendie n'étaient pas encore entièrement réparés ; une partie des bâtiments brûlés resta longtemps en ruine.

quatre portes aux quatre coins de cette grande salle..... Tous les chambranles des cheminées sont en marbre jaspé. L'ameublement de la grande chambre à coucher est d'un damas cramoisi : au lit, fait à la duchesse, il y a un petit galon d'or ; à la tapisserie d'un même damas il n'y a rien du tout; les sièges de même, avec encore des fauteuils d'autre sorte. Le portrait du roi d'Espagne est placé sur la cheminée même; celui du roi est au-dessus immédiatement; à droite suit celui de Mgr le dauphin, et tout de suite celui de Mgr le duc de Bourgogne; ces deux et celui du roi sur la même ligne, tous portraits en buste de la façon de Rigaud. Il y a aussi des tableaux de dévotion de bonne main dans la grande ruelle du lit et vis-à-vis la cheminée. »

Mais cette magnifique chambre à coucher n'était que pour la parade : l'autre, la petite, celle où couchait réellement Fénelon, était fort simple, garnie d'un petit meuble de laine gris blanc; un lit à la duchesse et des sièges, avec de très belles estampes dans des bordures à la capucine.

Au milieu du grand cabinet de travail servant en même temps de bibliothèque, un grand bureau de maroquin noir, avec des sièges et fauteuils alentour.

Le Dieu remarque d'ailleurs qu'il n'a vu d'armoiries nulle part, pas même sur le dais. « Tout, dit-il, est grand chez ce prélat pour le dehors, mais tout paraît modeste pour sa personne. »

Il ne reste plus aujourd'hui de ce palais que la façade, c'est-à-dire la porte principale, avec deux portes plus petites, à droite et à gauche, et au-dessus de chacune desquelles on voit encore un écusson soutenu par des anges, On lit sur l'un, *a clave justitia*, et sur l'autre, *a gladio pax*, allusion à la double puissance, spirituelle et temporelle, de l'archevêque-duc.

Au-delà des bâtiments d'habitation était une basse-cour, avec des écuries, des remises, et une brasserie (1) ; bon nombre de chevaux dans les écuries, et de chaises de poste et de chaises roulantes dans les remises (2). Le Dieu est dans une sorte d'admiration, lui qui vient de l'évêché bien plus modeste de Meaux (3) : « Tout, dit-il, est grand, aisé et commode dans cette maison, et l'on n'y fait pas faire de voyages aux ecclésiastiques qu'à leurs points et aises ; ce qui fait aussi beaucoup d'honneur au maître, et le fait aimer et respecter comme il l'est partout (4). »

A ce grand et magnifique palais il manquait pourtant quelque chose : le jardin n'était nullement en rapport avec le reste de cette princière demeure : « Ce n'est proprement qu'un parterre

(1) D'après ce détail il semble que la bière (on sait que c'est la boisson du pays), qui devait servir aux gens de la maison, se brassait dans l'archevêché même.

(2) « J'ai plusieurs carrosses et huit chevaux qui ne font rien. Le temps ne me permet pas d'aller me promener : de plus je n'y vais jamais qu'à deux chevaux ; mais je puis vous en prêter six avec un carrosse, sans me priver de rien pour mes promenades. » *Lettre à Mme de Montbéron, du dimanche, jour de la saint Jean. 1703*. Œuv. VIII, 662.

(3) On sait qu'il était le secrétaire de Bossuet.

(4) On le voit aussi envoyer à de longues distances, même jusqu'à Paris, chevaux et voitures, pour ramener les amis ou les parents qu'il attend. *Lettres au P. Lami, du 22 mai 1704 ; au marquis de Fénelon, du 21 décembre 1704*. Œuv. VII. 584, 485.

carré, écrit Le Dieu, entouré d'une allée d'arbres, pour se promener à l'ombre. » Pour un amant passionné de la belle nature, c'était peu. « Je ne vois ici le printemps, dit Fénelon, que par les arbres de mon petit jardin (1). » Il n'y avait pas là de quoi se donner l'illusion de la campagne.

Mais il pouvait se dédommager en allant au Câteau-Cambrésis. Là les archevèques possédaient un autre beau palais, qui donnait sur d'assez vastes terrasses, perpendiculaires au palais, et plantées d'arbres magnifiques, au bout desquelles on descendait dans un grand jardin, dessiné par Le Nôtre, et bordé d'un côté par la Selle. Fénelon semble avoir affectionné cette résidence, car il y fit d'assez fréquents séjours ; la tradition rapporte même qu'il y composa quelques-uns de ses écrits. Le palais, qui existe encore, a même conservé son nom. Après avoir assez longtemps été occupé par une fabrique de tissus, il a servi ensuite d'école pour les filles. Les jardins ont été transformés en promenade publique.

A l'archevêché, le service intérieur était à l'avenant de la somptuosité des appartements : la table était d'un grand seigneur. Le Dieu prend part à deux repas chez Fénelon, non point repas d'apparat, remarquons-le bien, mais ordinaires et de tous les jours ; il nous en donne la description : « La table fut servie magnifiquement et délicatement : plusieurs potages, de bon bœuf et de bon mouton, des entrées et ragoûts de toute sorte, un grand rôti, des perdreaux et autre gibier en quantité et de toute

(1) *Lettre à l'abbé de Beaumont, du 22 mai 1714.* Œuv. VII, 476.

façon, un magnifique fruit, des pêches et des raisins exquis quoique en Flandre, des poires des meilleures espèces, et toute sorte de compotes ; de bon vin rouge, point de bière ; le linge propre, le pain très bon ; une grande quantité de vaisselle d'argent, bien pesante et à la mode. » Fénelon ne faisait que se soumettre aux exigences de sa situation, et aussi du pays, car la Flandre était renommée pour la luxueuse abondance de la table. Mais Fénelon ne faisait guère qu'assister à ces repas ; il ne lui fallait que fort peu de chose ; il ne se nourrissait guère plus qu'un anachorète. « Le prélat mangea très peu, et seulement des nourritures douces et de peu de suc ; le soir, par exemple, quelques cuillerées d'œuf au lait. Il ne but aussi que deux ou trois coups d'un petit vin blanc faible en couleur, et par conséquent sans force. On ne peut voir une plus grande sobriété et retenue. Aussi est-il d'une maigreur extrême, le visage clair et net, mais sans couleur, disant de lui-même : On ne peut être plus maigre que je le suis. »

Un si grand train de maison ne pouvait aller sans beaucoup de dépense ; aussi écrit-il plaisamment à Mme de Laval (1), après sa nomination comme archevêque, lorsqu'il a recruté de nombreux serviteurs : « Me voilà ruiné à force d'être riche. » Dans son traité sur l'*Education des filles*, il veut qu'elles apprennent à fond la science de l'économie domestique, de cette économie qui consiste, non pas à supprimer ou à diminuer les dépenses utiles et bienséantes, mais à n'en faire que de convenables

(1) *Lettre du 18 février 1693.* Œuv. VIII, 409.

et bien réglées (1). Après les préceptes, il donnait l'exemple. Les livres de M. Monvoisin, son maître d'hôtel, existent encore : ils font voir avec quel soin Fénelon entendait que les comptes fussent tenus.

Certaines lettres nous montrent combien il se tient au courant de ses affaires. Il sait la valeur des denrées, le prix qu'il pourra retirer de ses grains. Cette information : « Le blé vient d'enchérir de dix patards sur la rasière (2) », n'est-ce pas propos de bon fermier ?

Quand on songe aux nombreux et importants travaux de Fénelon, on s'étonne qu'il puisse encore veiller, comme il le fait, aux détails intérieurs, et s'occuper de la tenue de la maison. Qu'il donne des ordres pour l'achat d'une tapisserie, provenant de l'hôtel de Créqui, haute et belle, qui se pourra avoir pour mille écus (3), c'est une dépense de grand seigneur et pour l'ornement de l'archevêché ; mais il y a des détails beaucoup plus modestes dans lesquels nous le voyons entrer. Il écrira pour recommander de mettre en couleur le parquet, et de le faire frotter, faute de quoi les meubles périraient (4). Une autre fois, il fait prier sa nièce, Mme de Chevry, de lui chercher du beau drap violet. « Je suis, dit-il, moins difficile sur l'étoffe que sur la teinture. Il faut un violet teint sur une

(1) *Chapitre XI.*

(2) *Lettre à M. de Beaumont, du 16 mai 1702.* Œuv. VII, 421. — Le *patard* et la *rasière*, monnaie et mesure de capacité alors en usage en Flandre.

(3) *Lettre au marquis de Fénelon, du 28 juin 1713.* Œuv. VII, 468.

(4) *Lettre à M. de Beaumont, du 16 mai 1702.* Œuv. VII, 421.

vraie écarlate, et qui soit pourpré ; autrement il ne dure pas (1) ».

Un ordre parfait régnait dans tout le personnel inférieur. Le Dieu, d'après ce qu'il a vu, a pu se faire une idée de la manière dont chacun s'acquittait du service qui lui était assigné. « Les domestiques, portant la livrée, étaient en grand nombre, servant bien et proprement, avec diligence et sans bruit. » Une discipline exacte, en même temps que bienveillante, avait été établie. Fénelon avait dressé lui-même un règlement (2) dont on devait leur donner lecture deux fois par an, afin d'en rafraîchir la mémoire, et d'empêcher qu'insensiblement on ne se relâchât sur quelqu'un des articles qu'il contenait : les jeux de hasard, le cabaret étaient interdits sous peine de renvoi ; tous devaient être rentrés dans leurs chambres à dix heures du soir, après la prière à laquelle assistaient, sous la présidence de Fénelon et dans son appartement, tous les habitants de la maison.

Dans une des lettres spirituelles de Fénelon (3), il n'est question que de la conduite qu'il faut tenir avec les domestiques. Nous voyons par là comment il comprenait ses devoirs de maître. « On élève, dit-il, l'esprit et le cœur de ses gens en ne leur montrant jamais que de la politesse et de la dignité avec des inclinations bienfaisantes. » Entrer avec affection dans leurs affaires, les avertir de leurs

(1) *Lettre au marquis de Fénelon, du 8 janvier 1713.* Œuv. VII, 447.

(2) La bibliothèque communale de Cambrai possède ce règlement manuscrit.

(3) *Lettre 218.* Œuv. VIII, 588.

défauts tranquillement, leur dire ce qu'ils ont bien fait, et les encourager en leur témoignant de la satisfaction, c'est le plus sûr moyen de se les attacher.

Dans beaucoup de grandes maisons, sans doute par négligence, on était souvent en retard pour le paiement des serviteurs. Chez Fénelon rien de semblable : tout y était bien ordonné, réglé ; les gages payés à heure fixe. « Ne devez jamais rien à vos domestiques, autrement vous êtes en captivité. » Il avait le droit d'attendre d'eux un service exact et dévoué, par les égards qu'il leur témoignait et le soin qu'il avait de ménager leurs intérêts. Son cuisinier Mambrun a été malade ; il ne peut se remettre ; mais ce serait pour lui un coup s'il voyait arriver quelqu'un qui ressemblât à un successeur. Comme il faut pourtant lui en donner un, que le nouveau venu ne soit là qu'à titre d'aide (1). Mais quand il le faut, il sait se montrer ferme et sévère. Il est dans la nécessité de renvoyer, nous ne savons pour quelle cause, un domestique, Dubreuil ; mais en le congédiant, il s'occupe encore de lui trouver une position. « Je vous ai déjà mandé que j'écrivais pour lui à M. de Bagnols. Il faut qu'il se retire de chez nous sans scandale, et qu'on lui facilite une honorable retraite. Il faut finir (2). »

Comment Fénelon vivait avec tous les prêtres de son entourage, nous aurons à le dire plus tard,

(1) *Lettres à M. de Beaumont, des 6, 12 et 19 novembre 1701.* Œuv. VII. 420, 421.

(2) *Lettre à M. de Beaumont, du 16 septembre 1702.* Œuv. VII, 423.

quand il sera rentré définitivement à Cambrai, après sa disgrâce; mais, pendant les deux premières années de son épiscopat, il est partagé entre la cour et son diocèse (1).

En Flandre, Fénelon trouvait des habitudes qui contrastaient fort avec les manières raffinées du monde qu'il quittait. Les religieuses même, religieuses d'abbaye noble, avaient, en recevant leur archevêque, une façon de lui faire fête qui rappelait quelque peu la politesse des gens de la campagne. « Quand j'arrive dans un couvent, la supérieure vient au devant de moi pour me recevoir dans la rue. On reçoit tous les étrangers dans des parloirs extérieurs, sans grilles ni clôture. Pour moi, en arrivant, on me mène à l'église, au chœur, au cloître, au dortoir, enfin au réfectoire, avec toute ma compagnie. Alors la supérieure me présente un verre ; nous buvons ensemble, elle et moi, à la santé l'un de l'autre. La communauté m'attaque aussi ; mon grand vicaire et mon clergé viennent à mon secours : tout cela se fait avec une simplicité qui vous réjouirait. Malgré cette liberté grossière, ces bonnes filles vivent dans la plus aimable innocence : elles ne reçoivent presque jamais de visites que de leurs parents ; les parloirs sont déserts, le monde parfaitement ignoré, et il y

(1) Dans ces deux années, il fait cinq voyages à Versailles. D'après les indications de lieux d'où ses lettres sont datées, on voit qu'il était certainement à la cour, en 1695, de la fin d'octobre au 7 décembre ; en 1696, du 26 février jusqu'au milieu de mars, du 24 juillet au 5 août, de la fin de septembre au 15 décembre ; et en 1697, du 10 février au 1er août. La plupart de ces séjours à Versailles, et en particulier le dernier qui fut si long, étaient motivés surtout par les affaires du Quiétisme.

règne une rusticité très édifiante. On ne raffine point ici en piété non plus qu'en autre chose ; la vertu est grossière, comme l'extérieur, mais le fond est excellent (1) ».

Non moins singulière dut lui paraitre une fête religieuse à laquelle il assista presque aussitôt après son arrivée dans le diocèse. Tous les ans, le 8 septembre, jour où l'Eglise célèbre la Nativité de la Sainte Vierge, il y avait à Valenciennes une procession solennelle : tous les gens du pays y venaient, et Fénelon nous la décrit. Voici, d'après ce qu'il raconte, à quelle occasion elle avait été instituée et ce qu'on y voyait : « En l'an 1008, une peste affreuse désolait la ville. D'ardentes prières, pour obtenir la fin du fléau, furent adressées à la Sainte Vierge. On vit alors une corde, dont l'extrémité semblait attachée au ciel, se dérouler et descendre jusqu'à terre; elle traça tout autour de la ville une ligne lumineuse ; et tout aussitôt, dans tout le cercle intérieur compris par cette ligne, tous les malades furent guéris. En reconnaissance de ce prodige, il fut décidé que chaque année une procession parcourrait le tracé formé par la corde. Ce jour-là les rues sont ornées de feuillages et de fleurs, toutes les maisons décorées de tapis. En tête de la procession marchent les vingt-quatre corps de métiers, bannières déployées ; puis de nombreuses confréries, immédiatement suivies des moines de divers ordres, différents de costumes et de couleurs. Ensuite, environ cent vingt châsses, argentées ou dorées, renfermant des reliques de saints, et

(1) *Lettre à Mme de Maintenon, de septembre 1695.* Œuv. IX, 71.

que les magistrats, revêtus de leurs robes, nu-pieds et la tête inclinée, portent sur leurs épaules. Après, le clergé chantant des cantiques. Enfin l'évêque, avec les insignes de sa dignité, escorté de cinq abbés crossés, mitrés. Aux fenêtres, dans les rues, partout une foule immense qui s'agenouille dévotement sous la bénédiction du prélat. »

Jusque-là Fénelon ne nous décrit qu'une procession comme il est donné d'en voir ailleurs; mais celle-ci va nous présenter un caractère particulier. « Une fois dans la campagne, à une certaine distance de la ville, elle s'arrête; l'évêque, avec tout son clergé, s'assied sous une tente en toile pour écouter un moine qui prêche pendant une bonne heure. Le sermon fini, c'est le moment de boire. Avant de partir pour la procession, on avait eu soin de bien dîner; il faut maintenant, pour achever vaillamment le parcours, reprendre des forces. Tous, même les abbés en mitre, en chape, avec des gants brodés d'or, boivent à qui mieux mieux. Une fois suffisamment abreuvés, tout ce monde, à l'exception du prélat, des abbés, se remet en marche; on fait ainsi deux lieues à travers la campagne; les vallées qu'arrose l'Escaut et les collines retentissent de pieux cantiques. Au retour, sur le passage de la procession, autre spectacle des plus variés: ici dansent des diables cornus, tout velus, avec des membres de bêtes féroces; là c'est un dragon couvert d'écailles, vomissant du feu, et que foule aux pieds saint Michel. Puis des troupes d'anges et de saints, la fuite en Egypte, la Vierge portée sur un âne avec l'enfant Jésus dans ses bras et suivie de Joseph. On rentre à l'église au son des cloches, au bruit des tambours. Enfin, pour achever la journée, grand festin chez l'intendant, assaut de bombance »

Que Fénelon, pour amuser le duc de Bourgogne, à qui ce récit est destiné, ait chargé quelques traits, cela est assez probable. Mais tout en faisant la part d'une certaine exagération, toujours est-il que ce mélange de cérémonies dévotes et de kermesse dut d'abord étonner le nouvel archevêque. On voit cependant, à son ton demi-plaisant, qu'il ne s'était pas scandalisé. Il avait compris qu'ici, comme chez les bonnes religieuses, il fallait considérer surtout le fond. Il se fit un devoir d'aller chaque année présider à cette procession.

Les diocésains de Fénelon purent admirer tout de suite l'éloquence de leur archevêque, et se réjouir en même temps des sentiments avec lesquels il venait au milieu d'eux. On avait pu se demander à Cambrai, non sans quelque inquiétude, quelles dispositions d'esprit apporterait ce prélat étranger au pays, et appelé, par la seule volonté de Louis XIV, à un siège qui depuis fort longtemps n'avait été occupé que par des évêques de nationalité flamande. Fénelon sut rassurer et gagner tous les esprits. « Il a fait, écrit Mme de Maintenon, un merveilleux discours le jour de saint François, dans lequel il marqua fort le dessein qu'il avait de faire son devoir conjointement avec tous les gens de bien, sans aucune exception, sans distinction ; que tout lui serait également bon, pourvu qu'on voulût aller au bien (1). » Bientôt

(1) *Lettre à M. de Noailles, du 22 octobre 1695.*

après, il faisait l'ouverture du jubilé, et prêchait plusieurs fois (1). Mais de ces sermons, pas plus que de tous ceux qu'il adressa à ses ouailles dans le cours de son épiscopat, et ils furent nombreux, il ne reste rien.

C'est pour le duc de Bourgogne, comme nous venons de le dire, que Fénelon décrivait cette fête flamande, en latin (2), restant encore dans son rôle de précepteur : c'était une manière de prolonger les leçons qu'il donnait à Versailles. De Cambrai, il continuait de diriger d'une manière générale le travail du jeune prince. C'est ainsi qu'il envoie au sous précepteur Fleury un projet d'études pour la fin de l'année 1695, puis un autre pour l'année 1696 (3). En outre il écrivait assez souvent à son élève : suivant toute apparence, c'est le latin qui faisait d'ordinaire les frais de cette correspondance, dont il ne nous reste que la description de la procession de Valenciennes, et une lettre où il demande au duc de Bourgogne de lui répondre dans la langue de Térence et de Cicéron. Il lui annonce en même temps l'envoi du dialogue qu'il vient de composer, de Charles-Quint et de François Ier (4).

Dans quelle mesure cependant, lorsqu'il revenait à la cour, Fénelon reprenait-il ses fonctions de pré-

(1) *Lettre de Fénelon à l'abbé Fleury, du 19 mars 1696.* Œuv. VII 519.

(2) *Ordo pompæ solemnis apud Valencenas quotannis agitatæ.* Œuv. VI, 385.

(3) Œuv. 517 et 518.

(4) Œuv. VI, 386. « *Redde, quæso, vices. Quantulacumque charta quæ Terentii sales Ciceronisve facetum dicendi genus sapiat, me totumque Belgium incredibili voluptate afficiat. Vale* ».

cepteur ? Nous voyons bien que le 31 juillet 1697, c'est-à-dire la veille même du jour de sa disgrâce, pour s'excuser à la comtesse de Grammont, qui partait en voyage, de ne pas aller lui dire adieu, il écrit : « Je ne puis avoir l'honneur d'aller chez vous, parce que l'étude commence ». Nous sommes bien tenté de croire que très souvent il devait se faire remplacer par Fleury. Nous voyons, en effet, par sa correspondance, que très souvent il est hors de Versailles, à Paris ou dans les environs. D'ailleurs les affaires, que lui suscitait son attachement à Mme Guyon, lui donnèrent beaucoup d'occupations.

Dès son arrivée dans son diocèse, Fénelon avait dû demander, à la partie de son clergé qui était en terre française, un sacrifice d'argent, motivé par les nécessités de la guerre. Non seulement ce qu'il fit, mais encore ce qu'il voulait faire, nous l'apprenons par une lettre, que lui adresse de Fontainebleau M. de Pontarchartrain, contrôleur des finances (1). Elle mérite d'être rapportée, car elle témoigne des généreux sentiments de Fénelon.

« J'ai rendu compte au roi des lettres que vous m'avez fait l'honneur de m'écrire le 7 et le 19 de ce mois, et du mémoire qui était joint à la première. Sa Majesté est si persuadée de votre zèle pour le bien de son service, qu'elle ne doute point que vous n'ayez fait tout ce qui a dépendu de vous, pour porter le clergé de la partie de votre diocèse située dans les intendances de MM. de Bagnols et

(1) *Lettre du 23 octobre 1695*. Œuv. VII, 516.

Bignon, à lui accorder, à titre de capitation, une somme dont elle pût être satisfaite. Elle accepte volontiers celle de 42.000 livres que ce clergé offre de payer par an tant que la guerre durera; elle m'a commandé de vous faire savoir que son intention n'est pas que vous y contribuiez plus que la part de votre archevêché doit payer, à proportion de la cote des autres bénéfices. Elle a vu avec plaisir l'offre que vous lui faites d'augmenter votre cote de la capitation de la pension entière qu'elle vous donne en qualité de précepteur de Messeigneurs les Enfants de France; mais elle n'a pas besoin de ce nouveau témoignage de votre zèle pour être bien persuadée de votre attachement à sa personne et au bien de son Etat ».

Un malheur arrivé au mois de février 1697 donna une nouvelle preuve du désintéressement de Fénelon. Il était revenu à Versailles depuis quelques jours, quand il apprit qu'un incendie s'était déclaré dans son palais de Cambrai, et en avait dévoré une partie; la bibliothèque avait été brûlée, et ce qui devait être encore plus sensible à Fénelon, ses papiers personnels et ses manuscrits n'avaient pas été épargnés (1). Il reçut cette nouvelle avec fermeté; et à l'abbé de Langeron qui le plaignait d'avoir fait une perte si considérable : « Mon cher abbé, répondit-il tranquillement, il vaut encore

(1) C'est dans cet incendie que périt sans doute une histoire de Charlemagne à laquelle Fénelon avait donné tous ses soins. Si l'on veut voir dans quel esprit il l'avait composée, on n'a qu'à lire la lettre, sans date, mais écrite quand il n'était encore qu'abbé, à M. de Beauvilliers. Œuv. VII, 213.

mieux que le feu ait pris à ma maison qu'à la chaumière d'un pauvre laboureur (1) ».

C'étaient surtout les malheureux qu'il secourait qui devaient souffrir de cet incendie. Du reste, pour avoir le moins possible à diminuer ses aumônes, il ne fit à son palais, et en plusieurs années, que les réparations nécessaires. Il n'oublia pas en cette circonstance, où, sous prétexte d'indispensables reconstructions, il était facile de se laisser aller à de grandes dépenses, les avis et les représentations que cinq ans auparavant, encore simple abbé, il adressait avec une liberté tout évangélique, à un archevêque qui cédait trop à la passion de bâtir : « Les architectes ne cherchent qu'à engager, les flatteurs applaudissent, les gens de bien se taisent et n'osent contredire. On se passionne au bâtiment comme au jeu ; une maison devient comme une maîtresse. En vérité, les pasteurs, chargés du salut de tant d'âmes, ne doivent pas avoir le temps d'embellir des maisons. Qui corrigera la fureur de bâtir, si prodigieuse en notre temps, si les bons évêques même autorisent ce scandale?... Souvenez-vous que les revenus ecclésiastiques sont le patrimoine des pauvres, que ces pauvres sont vos enfants, et qu'ils meurent de tous côtés de faim. Je vous dirai, comme dom Barthélemi des Martyrs disait à Pie IV, qui lui montrait ses

(1) L'abbé de Chantérac écrit à Mme de Pontchat. (Mars 1697. Œuv. IX, 133) : « Il a reçu la nouvelle de l'embrasement de son palais avec toute la tranquillité qu'une vertu solide et un parfait désintéressement peuvent donner. Il me répondit simplement là dessus qu'il fallait toujours aimer la volonté de Dieu, et que nous le devions même remercier de ce qu'il avait fait son bon plaisir. » L'incendie eut lieu dans les premiers jours de février.

bâtiments : *Dic ut lapides isti panes fiant* (1) ».

On peut juger par cette lettre à M. Colbert que, lorsque Fénelon eut lui-même à bâtir, il s'interdit toute dépense exagérée. Comme il fallait de toute nécessité reconstruire l'archevêché, du moins en grande partie, il put en modifier l'aménagement, le rendre plus commode ; mais il le fit avec beaucoup d'économie, peu à peu, de manière que les œuvres de charité n'eussent pas à en souffrir. Il y mit si bien le temps, que, lorsque l'abbé Le Dieu passa à Cambrai, en 1704, c'est-à-dire plus de sept ans après l'incendie, le bâtiment brûlé n'était pas encore entièrement rétabli. « Je ne suis pas en état de le faire, dit Fénelon à son hôte, quelque envie que j'en aie (2) ».

Ce voyage, le dernier que Fénelon fit à Versailles, devait être marqué par bien d'autres ennuis. Son amitié et son estime excessives pour une femme de fâcheuse célébrité, l'avaient engagé dans une controverse, qui allait à ce moment même s'envenimer, et qui eut pour lui les plus tristes conséquences. Nous n'avons encore rien dit de Mme Guyon ni du Quiétisme. Nous allons remonter à l'origine de l'affaire pour la suivre sans interruption jusqu'au bout.

(1) *Lettre du 8 avril 1692, à M. Colbert, archevêque de Rouen.* Œuv. VIII, 442. Cette lettre, dont nous n'avons donné que des extraits, est à lire en entier.

(2) Le Dieu, *Journal. III. 164.*

CHAPITRE II

Origine de l'affaire du Quiétisme.

Mme Guyon. — Le P. Lacombe. — Pérégrinations de Mme Guyon. Sa prédication. — Admirateurs et disciples de Mme Guyon.— Ses conférences à Saint-Cyr.— Son Quiétisme. — Examinateurs nommés pour juger ses doctrines. — Conférences d'Issy. — Mme Guyon se retire dans un couvent de Meaux. — Fénelon archevêque. — Il est appelé aux conférences d'Issy. — Fin de ces conférences. — Mme Guyon quitte Meaux. — Elle est arrêtée. — Origine du désaccord de Bossuet et de Fénelon.

Mme Guyon était d'une bonne famille, alliée à plusieurs maisons illustres. De bonne heure elle s'était jetée dans une dévotion toute mystique. Veuve à vingt-huit ans, et riche, elle vint à Paris. Elle y rencontra l'évêque de Genève : elle apprit de lui qu'il fondait une communauté religieuse pour la conversion des filles protestantes. Se croyant appelée par la grâce divine à ramener les hérétiques à la vraie foi, elle résolut, quoiqu'elle eût trois jeunes enfants, ne gardant de sa fortune que ce qui lui était nécessaire, de quitter le monde pour se donner tout à fait à sa mission.

A Genève, elle retrouva un barnabite, le P. Lacombe, qu'elle avait déjà connu dix ans auparavant. C'était comme elle un exalté. Elle fit de lui son directeur, ou plutôt son associé pour l'œuvre évangélique qu'elle voulait entreprendre. L'évêque de Genève entra bientôt en défiance d'une dévotion qui ne lui paraissait pas assez simple. Mme Guyon dut s'en aller. Accompagnée du P. Lacombe, elle passa six années dans diverses résidences, successivement à Turin, à Verceil, à Marseille, à Grenoble, en s'attribuant de bonne foi une mission pour le perfectionnement et le salut des âmes; enseignant, prophétisant, partout attirant autour d'elle des disciples (1).

« Vous ne sauriez croire, dit-elle, le nombre de personnes de mérite, d'âge, prêtres, religieux, qui veulent bien chercher Dieu de tout leur cœur dans leur intérieur où il habite, et agréer ce que Dieu leur fait dire par une petite femmelette. Ils ne l'ont pas plus tôt fait avec docilité, que Dieu, pour confirmer ce qu'elle leur dit, leur fait expérimenter sa présence d'une manière très intime (2) ».

Dans le cours de ses voyages elle avait composé divers ouvrages de spiritualité, l'*Explication mystique du Cantique des cantiques, le Moyen court et très facile pour l'oraison, les Torrents.* Elle ne doutait pas qu'elle fût divinement inspirée : « Notre Seigneur me fait parler le jour et écrire la nuit;

(1) « Elle s'était attiré beaucoup de gens de distinction, des ecclésiastiques, des religieuses, des conseillers du Parlement. » *Lettre du cardinal Le Camus, évêque de Grenoble.*

(2) *Lettre à dom Grégoire Bouvier, chartreux, son frère, du 12 décembre 1689.* — Sept ans plus tard, l'abbé Boileau écrira : « Elle fait la maîtresse en Israël; elle se croit élevée à l'état apostolique; souffre que son directeur l'appelle la mère de la petite Eglise, la colonne de cette Eglise nouvelle..... Elle est la Sulamite qui possède l'esprit de l'Epoux, et qui peut en découvrir le sens le plus caché et les mystères les plus inconnus. » *Lettre à Fénelon, du 26 novembre 1696*. Œuv. IX, 111-112.

et quoique je n'aie point de santé, il fournit à tout. Je vous dis ceci dans le secret, ne sachant pas pourquoi le Maître me le fait dire. Il m'a fait écrire le sens mystique de la Bible, sans autre livre que cette même Bible. En moins de six mois l'Ancien Testament a été achevé, qui est un ouvrage de plus d'une rame de papier, et en des maladies continuelles, sans que l'interruption interrompît le sens, et sans qu'il me fût nécessaire de le relire. Où j'en suis demeurée, je continue, et tout s'est trouvé dans une suite admirable, sans rature que quelques mots mal écrits; mais dans un sens si propre et si beau qu'il ne se peut rien voir de plus. Je n'avais point d'autre part à cet ouvrage que le mouvement de la main ; ce qui est aisé à voir, étant des choses si sublimes que je n'aurais pas pu les apprendre. Je vous dis ceci sous le sceau de la confession (1) ».

Elle revint à Paris en 1686. Si elle s'était fait des disciples, elle s'était fait aussi beaucoup d'ennemis. De presque tous les lieux où elle avait été avec le P. Lacombe des lettres arrivaient, qui les accusaient de compromettre la paix de l'Eglise par des nouveautés dangereuses. Leur vie passée n'était pas non plus épargnée : cette existence étrange qu'ils avaient menée pouvait, en effet, autoriser les soupçons les plus fâcheux ; mais, hâtons-nous de le dire, l'enquête la plus rigoureuse dissipa ces soupçons; les mœurs, sinon les doctrines, furent reconnues irréprochables.

A la suite des dénonciations dont ils avaient été

(1) *Même lettre à dom Grégoire Bouvier.*

l'objet, le P. Lacombe et Mme Guyon avaient été arrêtés. Cette dernière fut mise (1) au couvent de Sainte-Marie de la rue Saint-Antoine. On l'interrogea longuement et à plusieurs reprises. Elle ne cessa de se déclarer fille soumise de l'Eglise, et prête à renoncer à toutes les erreurs qu'on lui signalerait dans ses écrits. D'ailleurs toutes les religieuses qui l'approchaient ne voyaient que sujet d'édification dans tous ses actes et toutes ses paroles. Au bout de huit mois elle recouvra sa liberté, grâce surtout à Mme de Miramion, qui s'était prise pour elle d'autant d'affection que d'estime, et la considérait comme douée des plus éminentes qualités.

Sortie du couvent de Sainte-Marie, Mme Guyon se lia avec plusieurs personnes que ne recommandait pas moins leur dévotion que leur rang élevé dans le monde, les duchesses de Béthune, de Beauvilliers, de Chevreuse, de Mortemart, Mme de Morstein, la comtesse de Guiche. Elle leur inspira un grand attrait pour les choses spirituelles ; et l'influence qu'elle exerçait sur elles s'étendait aussi sur les hommes de cette société.

Pour que Mme Guyon pût établir ainsi son ascendant sur des personnages aussi distingués, et que Fénelon lui-même, ainsi que ses amis MM. de Chevreuse et de Beauvilliers, se soit laissé conquérir par elle (2), il fallait qu'elle eût des dons

(1) En janvier 1688, et non 1687, comme le dit Bossuet par erreur.

(2) C'est en 1689, et un peu avant que Fénelon vînt à la cour' comme il nous l'apprend lui-même (*Lettre latine à l'archevêque de Paris*. Œuv. II, 540), qu'il connut par hasard Mlle Guyon. Sur ses

de séduction bien rares. On lui trouvait, en effet, des agréments infinis dans l'esprit, une éloquence douce et persuasive. Elle parlait de la piété, de l'amour de Dieu, auquel il faut sacrifier le moi tout entier, et du renoncement à tout ce qui n'est pas le bon plaisir de Dieu, avec une conviction pénétrante. Fénelon surtout, qui de tout temps s'était nourri des écrivains mystiques, découvrait dans ces entretiens les idées les plus conformes à ses aspirations d'esprit et de cœur. Il avait plus appris d'elle, dit-il une fois, que de tous les docteurs. Le *Moyen court*, à ses yeux, contenait les mystères de la plus sublime dévotion (1), à quelques petites expressions près, qui, ajoutait-il, se retrouvent d'ailleurs dans les écrits des mystiques (2).

Ainsi maitresse, en quelque sorte, des âmes qui étaient entrées en commerce avec elle, Mme Guyon n'avait plus fort à faire pour leur persuader qu'elle possédait une vertu surnaturelle de grâce débor-

relations avec elle, voir encore sa *Lettre à Mme de Laval, sa cousine, du 26 juin 1694*. Œuv. VII, 404. Il semble que Mme de Laval n'était pas sans quelque défiance au sujet de Mme Guyon. Ce commerce de spiritualité l'inquiétait. Fénelon, tout en faisant l'éloge de Mme Guyon, assure qu'il la voit fort peu. Au surplus si les ecclésiastiques la censurent pour ses écrits, il sera le premier, dit-il, à souscrire aux censures.

(1) *Lettre de Mme de Maintenon à Mme de Saint-Géran*. Œuv. IX, 19. (en note)

(2) Voici en quels termes Saint-Simon, assez souvent prévenu contre Fénelon, parle de cette liaison : « Il la vit (Mme Guyon) ; leur esprit se plut l'un à l'autre ; leur sublime s'amalgama; je ne sais s'ils s'entendirent bien clairement dans ce système et cette langue nouvelle qu'on vit éclore dans la suite ; mais ils se le persuadèrent, et la liaison se forma entre eux ». *Mémoires*. I. 285.

dante, et la communiquait, non plus seulement par sa parole, mais par sa seule présence. Ici elle tombait avec ses amis dans le ridicule ; mais de ce ridicule, il faut excepter Fénelon, car rien dans ses écrits ne permet de croire qu'il ait donné dans ces absurdes imaginations. Mme Guyon avait écrit sa vie, et elle raconte que « Dieu lui donnait une telle surabondance de grâce quelle en crevait, au pied de la lettre : une fois même il fallut, pour la soulager, qu'une duchesse la délaçat, ce qui n'empêcha pas son corps d'éclater des deux côtés, par la violence de la plénitude. Dans cet état, il fallait souvent la mettre sur son lit ; on se contentait de rester assis auprès d'elle : ce trop plein de grâce, qui l'étouffait, s'épanchait en ceux qui l'entouraient : c'était le seul moyen de la soulager, en même temps qu'elle communiquait avec plénitude aux assistants ce qui leur manquait. Cette communication s'appelait *la communication en silence*, sans parler et sans écrire. Chacun recevait selon son degré d'oraison : on se sentait empli, elle se sentait vider : c'était comme une écluse qui se déchargeait avec profusion (1) ». Ajoutez que dans

(1) Bossuet, *Relation sur le Quiétisme*. II, 3-6. — Dans une *lettre, du 5 février 1694, au duc de Chevreuse*, Œuv. IX, 19, Mme Guyon lui rappelle qu'il a reçu lui-même de ces grâces. « Pour la communication aux autres, vous savez ce que vous en avez éprouvé vous-même ; et il y a tant d'autres personnes qui l'ont éprouvé comme vous que vous pouvez le dire à M. de Meaux, car cela est nécessaire pour la gloire de Dieu. »

Dans une épître satirique du temps, qu'on nous permette cette citation, nous lisons :

Ce modèle parfait, ce Paraclet nouveau,
Donne du pur amour un spectacle bien beau,
Quand tout à coup, sentant ce supplément de grâce,

ses rapports avec ses disciples, ses enfants, comme elle les appelait, elle en arrivait à se considérer de bonne foi comme prophétesse et faiseuse de miracles, une apôtre par état, une sainte, plus qu'une sainte, l'épouse du Christ (1).

Faut-il ne voir qu'imposture chez Mme Guyon ? Nous croyons que c'était surtout une hallucinée, dupe toute la première de ses imaginations. Avait-elle toujours bien conscience de ce qu'elle disait, de ce qu'elle écrivait ? On peut en douter quand on lit dans une de ses lettres : « J'ai un défaut, qui est d'oublier ce que j'ai écrit, de ne le comprendre plus souvent lorsque je le lis, et il faut une nouvelle lumière pour l'expliquer, comme j'en ai eu pour écrire. Lorsqu'elle ne m'est pas donnée je ne suis plus qu'une bête (2) ».

Mme Guyon avait une parente, Mme de La Maisonfort, l'une des dames de Saint-Cyr pour qui Mme de Maintenon avait le plus d'affection. Introduite ainsi auprès de Mme de Maintenon, Mme Guyon lui

Elle crève en sa peau, si l'on ne la délace.
La grâce du dedans, passant jusqu'au dehors,
Du bassin de l'esprit regorge dans le corps.
Elle en déchirerait jusqu'à son corps de jupe,
Si, dans le même instant, quelque dévote dupe
Ne faisait prendre l'air à cet amour sacré.
Mais du lacet enfin se voyant délivré,
Il se répand au cœur de toute l'assistance,
Et chacun le reçoit dans un profond silence.

(1) « Je me souviens de l'endroit (de vos écrits) où il est dit que vous ne pouvez invoquer les saints en aucune sorte. Cela est déjà assez étrange ; mais la raison est encore pire : Il me vient, dites-vous, dans l'esprit que les domestiques ont besoin d'intermédiaire, mais les épouses, non. » *Lettre de Bossuet à Mme Guyon.*

(2) *A M. de Chevreuse, 24 août 1693.* Œuv. IX, 13.

inspira, au moins pendant quelque temps, un goût très vif, à ce point que la fondatrice de Saint-Cyr voulut faire jouir les élèves de cette maison des instructions d'une personne qui avait le don de pousser si bien au désir et à l'amour de la perfection ceux qui l'entendaient. Elle assista à quelques unes de ces conférences, et elle en fut fort édifiée.

Cette sorte de prédication s'exerça de 1690 à 1693. Mais Saint-Cyr faisait partie du diocèse de Chartres, dont l'évêque était alors Godet-Desmarais, que sa charité, sa science, sa vie austère, rendaient l'un des prélats les plus dignes de respect dans le clergé de France. Il était un conseiller très écouté de Mme de Maintenon.

Un peu surpris d'abord de voir une femme monter en chaire, il voulut s'assurer de ce qu'il y avait au fond de ce système de spiritualité qu'elle exposait comme de son invention. Il s'instruisit avec beaucoup d'attention des idées et des principes de Mme Guyon; il trouva singulière et suspecte la dévotion qui s'introduisait à Saint-Cyr, où l'on ne parlait plus que de pur amour, d'abandon, de sainte indifférence; et il ne tarda pas à s'alarmer d'un enseignement qui lui rappelait en quelques points les doctrines condamnées de Molinos.

Molinos, on le sait, professait que, dans l'état qu'il appelle de contemplation parfaite, l'âme ne désire plus rien, pas même le salut; ne craint plus rien, pas même l'enfer; ne réfléchit plus, ne raisonne plus; reçoit passivement l'impression de Dieu; indifférente à tous les actes extérieurs de la piété, pratique des bonnes œuvres, usage des sacrements : elle est dans un repos absolu, *quies*, d'où *Quiétisme*. Une des conséquences de cet état, c'est qu'à ce degré d'élévation, si les mouvements de la nature troublent l'âme, ils ne la souillent point : étrangère aux désordres des sens qui n'atteignent que la partie inférieure, elle reste intimement unie à Dieu. De là à excuser, à justifier les plus horribles excès, il n'y a qu'un pas : ils sont pour l'âme comme s'ils n'existaient point.

Mme Guyon certainement ne serait jamais allée jusqu'au bout de ces doctrines : son Quiétisme, à elle, était mitigé. Nous n'avons pas la pensée de discuter ici les questions si délicates, si épineuses, et obscures parfois, que souleva la controverse amenée par ses écrits : contentons-nous de quelques indications générales, suffisantes pour faire comprendre en gros le sujet et l'importance de la dispute.

Mme Guyon prétendait tracer une méthode pour conduire les âmes à un état de perfection, où un acte continuel et immuable de contemplation et d'amour pur pouvait les dispenser pour toujours des autres actes de religion. L'amour pur est celui qui comporte l'entier oubli de nous-mêmes, jusqu'à nous désintéresser de notre propre salut. Que l'indifférence à l'égard des événements fâcheux de cette vie puisse être recommandée à un chrétien comme bonne et sainte, nous l'admettons ; mais l'indifférence à l'égard du salut et de la damnation serait une disposition coupable, car elle est la négation même d'une des vertus théologales, l'espérance. On supprime l'espérance au nom de l'amour de Dieu, de la charité, entendue dans le sens exagéré des quiétistes.

L'Eglise a condamné le Quiétisme; mais est-ce que le simple bon sens ne le condamnerait pas encore, même à défaut des décisions de l'Eglise? Est-il possible que l'homme se dépouille du désir d'être heureux qui est *inhérent à nos entrailles,* et se détache tellement de lui-même qu'il en arrive à ne plus désirer la récompense, à ne plus craindre le châtiment? Cette prétendue perfection n'est-elle pas chimérique? N'est-il pas dangereux de la poursuivre? Car la croire nécessaire et ne pouvoir l'atteindre, quoi de plus décourageant et de plus propre à désespérer une âme?

L'erreur sur la charité est facile à découvrir; mais en voici une pernicieuse entre toutes, qui se cache sous une apparence inoffensive. Un des exercices les plus salutaires au chrétien, c'est la méditation qui consiste à se pénétrer de la pensée des éminentes qualités de Dieu, pour qu'elles fassent impression sur l'esprit comme sur le cœur. La clémence divine, par exemple, ne s'est-elle pas manifestée par l'Incarnation et la Rédemption, qui sont le fondement même de la religion? Mais la clémence, aussi bien que la justice, que la sainteté, n'est qu'un attribut; elle n'est pas l'être même; si la méditation est à l'usage et à la portée des simples et des commençants, ce qui n'est réservé qu'aux parfaits, c'est de s'élever, par delà la considération des attributs divers, jusqu'à la contemplation de l'essence seule, de l'essence pure. Mais, avec cette sublime contemplation, comme ils l'appellent, et à négliger les attributs, à n'en plus tenir compte, où en vient-on? A mettre en oubli, quoi? le christianisme lui-même. « C'est, dit Bossuet, faire pour les parfaits un autre symbole que celui qui a toujours été révéré comme le Symbole des apôtres, puisque les attributs divers nous y sont clairement proposés comme l'unique fondement de notre espérance (1). » N'y voit-on pas exprimées, en effet, la toute puissance, la miséricorde, la justice, etc. ? Avec cette nouvelle manière de comprendre Dieu, on va tout droit au déisme. Le déisme ! on aura beau repousser cette conclusion, elle s'impose. Les conséquences d'un principe peuvent ne pas se révéler tout de suite ; mais à la longue elles se dégagent et se produisent fatalement, comme de la semence doit sortir l'arbre. L'impitoyable et pressante logique de Bossuet allait bientôt signaler tout ce que présentait de danger cette spiritualité transcendante. C'est ainsi qu'il a pu, sans aucune exagération, pousser le cri d'alarme et dire : Il y va de toute la religion.

Bien que l'on fût encore loin de soupçonner toute l'étendue du mal, on commençait de divers côtés à s'inquiéter des idées de Mme Guyon. Fénelon lui conseilla de soumettre ses écrits à Bossuet. Elle suivit ce conseil avec empressement. Il semble bien qu'elle comptait sur l'approbation de l'évêque dont l'autorité doctrinale était si grande dans tout le clergé de France. « J'ai, écrit-elle, quelque chose au cœur pour M. de Meaux, qui me dit qu'il m'entendra (2). » Après lui avoir fait remettre son livre et aussi sa *Vie* manuscrite : « Je désire fort voir M. de Meaux pour l'éclaircir de bien des choses

(1) *Etats d'oraisons*, II. Il y a là plusieurs pages admirables à lire.

(2) *Lettre à M. de Chevreuse*. *24 août 1693*, Œuv. IX, 13.

qui ne font aucune difficulté (1). » Elle le voit en effet ; ils ont une grande conférence où Bossuet, avec une extrême patience, s'efforce de la ramener à des idées justes et sensées. « J'ai vu M. de Meaux, écrit-elle, et l'on ne peut être plus reconnaissante que je ne le suis de sa charité. Je crois qu'il a la tête fendue non seulement par sa mitre, mais par la peine qu'il a prise ; pour moi, je l'ai en quatre. J'avoue de tout mon cœur que mes écrits ne valent rien, ainsi que M. de Meaux me l'a fait voir. La prière que je vous fais est que l'on jette au feu sans retard les originaux et les copies... J'ai pensé de moi en folle qui ne sait ce qu'elle dit ; je me suis imaginé des états qui ne peuvent être... Obligez-moi, pour l'amour de Notre-Seigneur, de faire brûler tout ce qui est de moi, et qu'il n'en soit plus fait mention (2). »

Au moment où elle écrivait ainsi, Mme Guyon était sans doute sincère dans les dispositions qu'elle manifestait. Mais il est difficile aux esprits qui se sont jetés hors des voies ordinaires de persister dans les sages résolutions. Les livres ne furent pas brûlés ; et, après avoir promis de se soumettre sans réserve au jugement de Bossuet, Mme Guyon demanda que des commissaires fussent nommés pour juger ses écrits (3).

(1) *Lettre à M. de Chevreuse*, *5 février 1694*, Œuv. IX, 18.

(2) *Lettre au même, 21 février 1694*, Œuv. IX, 19. On peut lire aussi les dernières lettres qu'elle adresse à Bossuet vers cette époque, et les réponses de Bossuet. Bossuet, dans toute cette correspondance, montre, avec beaucoup de fermeté, une patience et une charité admirables.

(3) Mme de Maintenon avait demandé à l'évêque de Châlons (*Lettre du 22 juin 1694*) son avis sur le *Moyen court* et *l'Exposition*

Fénelon, en cette circonstance, l'avait-il conseillée ? On peut le supposer et croire même qu'il lui avait indiqué quels juges elle devrait demander que l'on adjoignît à Bossuet : c'étaient M. de Noailles, évêque de Châlons, et M. Tronson, supérieur général de la congrégation de Saint-Sulpice, tous deux fort liés depuis longtemps avec Fénelon (1) ; M. Tronson avait même présidé à son éducation sacerdotale.

Infirme et malade, M. Tronson était retenu par sa santé dans la maison de campagne de Saint-Sulpice, à Issy. Pour ne point lui imposer d'excessives fatigues, les deux prélats décidèrent qu'ils iraient tenir les séances chez lui. C'est ainsi que s'ouvrirent, vers le milieu de juillet 1694, les célèbres conférences dites d'Issy.

Dès le 22 juin, après une longue conversation avec M. Tronson, Fénelon lui remettait un billet ainsi conçu : « Je déclare devant Dieu, comme si j'allais tout à l'heure comparaître à son jugement, que je souscrirai sans équivoque ni restriction à ce que M. Tronson décidera avec messeigneurs de Meaux et de Châlons, sur les matières de spiritualité, pour prévenir toutes les erreurs et illusions

du Cantique des cantiques. M. de Noailles lui répond, le 6 juillet, que « ces livres renferment, sous une apparence de piété, des propositions dangereuses, et qui tendent à ramener les erreurs du Quiétisme. » D'autres théologiens, également consultés, entre autres Bourdaloue, exprimèrent la même opinion.

(1) Une *lettre de M. Tronson, du 29 juin 1694, à l'évêque de Chartres*, Œuv. IX, 23, donne à notre supposition beaucoup de vraisemblance : « Ce n'est que par honneur que M. l'abbé de Fénelon m'a nommé dans son billet. Mon nom ne doit point paraître avec ceux de deux si illustres prélats, si ce n'est pour souscrire à tout ce qu'ils décideront. »

du Quiétisme et autres semblables. Je consens même qu'on montre le présent écrit toutes et quantes fois ces trois personnes le jugeront nécessaire ; et je promets que je parlerai en conformité dans toutes les occasions où ils le croiront à propos. J'ajoute que je suis prêt à souscrire à toutes les condamnations que l'Eglise fera des personnes sans aucune exception, si elle le jugeait nécessaire dans la suite, pour flétrir davantage la doctrine erronée (1). »

Au premier abord on peut s'étonner que Fénelon ait cru devoir faire cette déclaration. Mais il faut bien comprendre qu'en jugeant Mme Guyon, c'était Fénelon aussi que l'on allait juger. Quand il était encore le directeur de Mme de Maintenon il lui écrivait, à la date du 26 novembre 1693 (2), pour s'excuser d'avoir, quoique avec une très bonne intention, fait du mal à Mme de La Maisonfort, en la poussant trop vers des idées de perfection : « Peut-être que moi qui parle, je favorise trop une spiritualité extraordinaire. » Il semble qu'après cet aveu il aurait dû se tenir plus en défiance de lui-même ; mais quelques mois après, Mme de Maintenon, dans une lettre qu'il lui écrivait (3) sur la pratique du renoncement, trouva quelques expressions qui l'inquiétaient. Elle consulta à ce sujet l'évêque de Chartres ; il lut cette lettre et quelques autres avec soin, et mit ses observations par écrit. Il ne doutait pas de la volonté de Fénelon de rester fermement

(1) Œuvr. II, 223.
(2) Œuvr. IX, 17.
(3) Mai 1694. Œuv. VIII, 498.

orthodoxe ; mais tout en s'efforçant de l'entendre dans le sens le plus favorable, il disait ne pas bien saisir certaines choses, et signalait plusieurs points qui lui semblaient, s'ils n'étaient pas nettement expliqués, pouvoir donner prise à la critique (1). Fénelon répondit à ses observations, et il est difficile, nous devons l'avouer, de ne pas trouver la réponse un peu singulière et trahissant quelque mauvaise humeur. Elle est longue (2); il reprend article par article toutes les remarques l'une après l'autre ; sur chacune il se défend par l'autorité des saints, des livres sacrés, et quand il croit s'être victorieusement justifié, il conclut en disant : Je me soumets pourtant. Ces mots ou d'autres semblables, reparaissent à la fin de chaque paragraphe : « *Je reviens toujours à me soumettre, à me corriger, à rétracter tout ce qu'on voudra... J'avoue que je n'y comprends rien, mais je me soumets sans rien comprendre... Si l'on veut que j'aie tort, je le veux aussi, et de tout mon cœur... Si les expressions du Saint Esprit scandalisent, il n'y a plus qu'à se taire et à demander pardon de tout : c'est ce que je fais de très bon cœur, etc.* » Une soumission si absolue, donnée comme conclusion des meilleures raisons de ne pas se soumettre, est-elle vraiment bien sincère ?

Quoique Fénelon parût incliner un peu vers le mysticisme, ni Bossuet, ni Godet-Desmarais, ni M. Tronson ne croyaient encore qu'il y eût à concevoir de craintes sérieuses au sujet de ses doctrines. S'il défendait Mme Guyon, c'était surtout de

(1) *Sentiment de M. l'évêque de Chartres*, Œuv. VIII, 499.

(2) Œuv. VIII, 500-506.

loin, pour ainsi dire; il lui cherchait des excuses dans la pureté de ses intentions (1) : si l'on voulait prendre toutes les expressions au pied de la lettre, et ne pas faire la part de quelques pieuses exagérations, que de mystiques trouverait-on, même parmi les plus vénérés, ayant péché comme elle! Sa prétendue prophétie et ses prétendues révélations, les a-t-elle comptées pour quelque chose? Elle s'est donné à elle-même de magnifiques éloges : mais n'y a-t-il pas des exemples de grands saints qui en ont fait autant ? (2).

Bossuet ramassait dans la *Vie* manuscrite de Mme Guyon les passages qui renfermaient les plus scandaleuses insanités, pour les mettre, pendant les conférences d'Issy, sous les yeux de Fénelon : Fénelon aimait mieux les ignorer. « Pour ses livres, je n'en connais que deux qui soient imprimés : ce sont les deux seuls que M. de Meaux, conduisant sa plume, lui a fait reconnaître comme siens dans son acte de soumission (3) ». On peut s'étonner que, lié comme il l'était avec Mme Guyon, il n'eût jamais lu sa *Vie*; cette ignorance peut paraître singulière; voici comment il l'explique : « Pour les manuscrits de Mme Guyon, elle voulut me les donner tous; elle m'en mît même quelqu'un entre les

(1) Il ne se décidera à la condamner formellement et sans restriction que dans sa lettre du 13 décembre 1698, au pape Innocent XII, un peu avant que le jugement sur le livre des *Maximes* soit rendu : c'était un peu tard.

(2) *Lettre de Fénelon à Mme de Maintenon, 7 mars 1696*. Œuv. IX, 81-84.

(3) *Réponse à la Relation sur le Quiétisme*, VI. — Œuv. III, 10.

mains. Mais les occupations que j'avais alors pour les études des princes, et ma santé alors très languissante m'empêchèrent de les lire. Je comptais pleinement sur la sincérité de la personne, sans me mettre beaucoup en peine de ses manuscrits (1) ». Fénelon d'ailleurs, par les entretiens qu'il avait avec Mme Guyon, se croyait assez assuré de ses vrais sentiments, mieux que par le texte de ses livres.

Mme Guyon cependant ne cessait de protester de son entière docilité. Elle demanda même à se retirer dans le diocèse de Meaux, au couvent des Filles de Sainte-Marie, pour être ainsi complètement sous la direction de Bossuet ; et elle s'y rendit, en effet, dans les premiers jours de janvier 1695.

Fénelon ne montrait pas un moindre esprit de soumission. Pendant les conférences, qui ne durèrent pas moins de huit mois, interrompues, il est vrai, à plusieurs reprises, par la nécessité pour les évêques d'aller dans leurs diocèses remplir les devoirs de leur ministère, il multipliait les écrits pour expliquer aux examinateurs et justifier ses sentiments sur les questions controversées. Il faisait des extraits des écrivains mystiques pour Bossuet, qui, sans les ignorer aussi complètement que le ferait croire Fénelon, n'en avait pas fait cependant une étude aussi particulière que Fénelon lui-même. Ce génie pratique, positif, tout de bon sens, donnait peu à l'imagination, et il entre une part d'imagination dans le mysticisme. En parlant d'un livre qu'il veut composer pour établir les vrais

(1) *Réponse à la Relation sur le Quiétisme*, VI. — Œuv. III, 10.

principes en matière d'oraison, il s'appuiera sur la doctrine des saints : « Saint Augustin, dit-il, ira partout à la tête, et saint Thomas sera le premier à sa suite. Je n'oublierai pas les autres saints, sans mépriser les mystiques, que je mettrai en leur rang, qui sera bien bas, non par mes paroles, mais par lui-même, comme il convient à des auteurs sans exactitude. Je ferai pourtant valoir ce qu'ils ont de bon, afin que ceux qui les aiment ne se croient pas méprisés (1) ».

Quelque ardeur que Fénelon apportât dans la défense de ses opinions, on ne doutait pas que le jugement rendu serait accepté par lui sans réserve. Nous avons déjà vu la déclaration remise à M. Tronson. Il écrivait à Bossuet : « Je ne souhaite que de régler, par vos décisions, tout ce que je dois dire aux autres. Tout ce que vous ne croirez pas bon ne sera jamais mon sentiment. Ne soyez point en peine de moi : je suis dans vos mains comme un petit enfant. Je puis vous assurer que ma doctrine n'est pas ma doctrine ; elle passe par moi sans être à moi, et sans y rien laisser. Je ne tiens à rien, et tout cela m'est comme étranger. Je vous expose simplement, et sans y prendre part, ce que je crois avoir lu dans les ouvrages de plusieurs saints. C'est à vous de bien examiner le fait, et à me dire si je me trompe. J'aime autant croire d'une façon que d'une autre. Dès que vous aurez parlé tout sera effacé chez moi. Comptez, Monseigneur, qu'il ne s'agit que de la chose en elle-même, et nullement de moi. Vous avez la charité de me dire

(1) *Lettre à l'abbé Bossuet, 7 décembre 1698.*

que vous souhaitez que nous soyons d'accord; et moi je dois vous dire bien davantage. Nous sommes par avance d'accord, de quelque manière que vous décidiez. Ce ne sera point une soumission extérieure, ce sera une sincère conviction. Quand même ce que je crois avoir lu me paraîtrait plus clair que deux et deux font quatre, je le croirai encore moins clair que mon obligation de me défier de mes lumières, et de leur préférer celles d'un évêque tel que vous. Ne prenez point ceci pour un compliment : c'est une chose aussi sérieuse et aussi vraie à la lettre qu'un serment (1) ».

D'autres lettres renouvellent les mêmes assurances : « Je ne tiens qu'à une seule chose qui est l'obéissance simple.. Ma conscience est dans la vôtre. Si je manque, c'est vous qui me faites manquer, faute de m'avertir.— Je vous somme, au nom de Dieu, et par l'amour que vous devez à la vérité, de me la dire en toute rigueur. Il ne me reste toujours qu'à obéir; car ce n'est pas l'homme ni le très grand docteur que je regarde en vous, c'est Dieu. Quand même vous vous tromperiez, mon obéissance simple et droite ne se tromperait pas. — Ne m'épargnez pas, traitez moi comme un petit écolier, sans penser ni à ma place ni à vos anciennes bontés pour moi (2) ».

La dernière de ces lettres ne précède que de huit jours la nomination de Fénelon au siège de Cambrai. Si on avait pu garder le moindre doute sur

(1) *Lettres du 14 et du 28 juillet 1694*. Œuv. IX, 29.

(2) *Lettres des 12 et 16 décembre 1694, et du 26 janvier 1695*. Œuv. IX, 48-50, 53-54.

ses doctrines, certainement Mme de Maintenon en eût été informée. L'évêque de Chartres, sans prendre part aux conférences, était tenu au courant de tout ce qui s'y passait : il n'eût pas manqué d'avertir Mme de Maintenon, et elle, à son tour, eût averti le roi ; il n'aurait pas fallu grand effort pour empêcher l'élévation de Fénelon à l'épiscopat. Louis XIV a-t-il jamais dit de Fénelon que c'était le plus bel esprit chimérique de son royaume ? Il est permis d'en douter ; mais ce qui semble bien certain, c'est que tout en reconnaissant les services rendus dans l'éducation de ses petits-fils, il avait assez peu de goût pour le précepteur. Ajoutez, que sans entrer dans le détail des questions théologiques, la dévotion de Mme Guyon, par le peu qu'il en savait, lui déplaisait. A l'époque où Mme de Maintenon était encore prévenue en faveur de Mme Guyon, elle lut un jour au roi, pour le lui faire admirer, un passage du *Moyen court*. Mais Louis XIV était, ainsi que Mme de Sévigné, de ceux qui aiment qu'on leur épaississe un peu la religion qui s'évapore toute à force d'être subtilisée. « Il me dit que c'étaient des rêveries. Il n'est pas encore assez avancé dans la piété pour goûter cette perfection (1) ». De plus, tout ce qui avait l'apparence de la nouveauté lui était antipathique ; il n'y voyait qu'une cause de trouble. Dans les affaires religieuses, Bossuet, reconnu de tous comme l'organe même de la tradition, était son guide.

Mais personne ne pouvait alors soupçonner l'opposition qui se manifesterait entre les principes

(1) *Lettre de Mme de Maintenon à Mme de Saint-Géran, 12 mai 1694.*

dogmatiques de Bossuet et ceux de Fénelon. Fénelon fut donc sans difficulté archevêque de Cambrai, et Bossuet fut le premier à s'en réjouir.

Presque immédiatement après sa nomination, Fénelon adressait un mémoire à M. de Noailles. Il se dit prêt à signer la déclaration qu'on lui présentera : « Mais, ajoute-t-il, j'insiste pour demander des définitions précises : le moins qu'on puisse me donner dans ma soumission sans réserve, c'est d'expliquer nettement les vérités dont on convient avec moi. Si on me les refuse, j'adorerai Dieu ; je me tairai, et je n'en obéirai pas moins aux hommes. Au reste je donne le choix, ou que je signe les propositions que l'on m'a données, contre ma persuasion, parce que je ne les crois pas assez expliquées sur deux articles essentiels, et que je le ferai par pure soumission à l'autorité des évêques; ou bien que je signe par pleine et entière persuasion les mêmes propositions, avec les modifications que j'y ai ajoutées dans mon projet par rapport à l'amour désintéressé et à l'oraison passive (1). De la première façon, je signerai avec une soumission contre toutes mes pensées, mais qui sera pourtant de bonne foi, parce que je préfère le jugement des évêques au mien ; de la seconde je serai ravi de signer : je crois plus que personne ce que je signerai, et je voudrais le signer de mon sang (2) ».

(1) État où les facultés intellectuelles sont suspendues, où l'âme, toute appliquée à Dieu, est impuissante à produire par elle-même les actes.

(2) *Mémoire adressé à M. l'évêque de Châlons, pendant les conférences d'Issy, 8 février 1695.* — *Œuv.* II, 223-226.

Les conférences d'Issy tiraient à leur fin. On estima qu'il était convenable d'y appeler, au moins pour la conclusion, Fénelon, à cause de sa nouvelle dignité. « Nous nous proposâmes, écrit Bossuet, pour éviter de lui donner l'air d'un homme qui se rétracte, de le faire signer avec nous comme associé à notre délibération. Nous ne songions, en toutes manières, qu'à sauver un tel ami, et nous étions bien concertés pour son avantage (1). » On lui présenta donc les articles qui avaient été déjà dressés. Simple prêtre, Fénelon était tenu d'accepter la décision de ses supérieurs ; mais évêque, il devenait juge, lui aussi, et à ce titre il avait le droit et le devoir d'examen et de discussion. Aussi entre ses précédentes promesses de soumission simple et absolue, et sa lettre du 6 mars 1695 (2), où il dit à Bossuet que dans sa nouvelle situation il lui sera difficile de souscrire à tous les articles d'Issy tels qu'on les lui présente, on ne peut dire qu'il y ait eu vraiment contradiction.

A sa demande quatre articles furent ajoutés ou modifiés ; et quand il eut ainsi obtenu satisfaction, il signa, par persuasion, dit-il, et tout prêt, comme il le répéta, à le faire même avec son sang, ce qu'il n'aurait souscrit que par déférence. C'est le 10 mars 1695 que fut ainsi définitivement arrêtée, en trente-quatre articles, la déclaration d'Issy. Parmi ces articles citons en six, ceux qui se rapportent le plus directement aux points de dogme que nous avons touchés :

(1) *Relation sur le Quiétisme*, III, 11.

(2) Œuv. IX, 155.

« Tout chrétien en tout état, quoique non à tout moment, est obligé de conserver l'exercice de la foi, de l'espérance et de la charité, et d'en produire des actes comme de trois vertus distinguées. *Art. I.* — Tout chrétien est obligé d'avoir la foi explicite en Dieu tout puissant, créateur du ciel et de la terre, rémunérateur de ceux qui le cherchent, et en ses autres attributs également révélés ; et à faire des actes de cette foi en tout état, quoique non à tout moment. *Art. II.* — Tout chrétien est obligé à la foi explicite en Jésus-Christ, Dieu et homme, comme médiateur, sans lequel on ne peut approcher de Dieu, et à faire des actes de cette foi en tout état, quoique non à tout moment. *Art. IV.* — Tout chrétien en tout état, quoique non à tout moment, est obligé de vouloir, désirer, et demander explicitement son salut éternel, comme chose que Dieu veut, et qu'il veut que nous voulions pour sa gloire. *Art. V.* — Il n'est pas permis à un chrétien d'être indifférent pour son salut, ni pour les choses qui y ont rapport : la sainte indifférence chrétienne regarde les événements de cette vie (à la réserve du péché), et la dispensation des consolations ou sécheresses spirituelles. *Art. IX.* — C'est une erreur dangereuse d'exclure de l'état de contemplation les attributs, les mystères du Fils de Dieu incarné, surtout celui de la croix et celui de la résurrection ; et toutes les choses qui ne sont vues que par la foi sont l'objet du chrétien contemplatif. *Art. XXIV.* »

L'accord semblait parfaitement établi : des deux côtés mêmes témoignages d'amitié que par le passé. Le 27 mars, Fénelon écrivait à Bossuet :

« Je m'imagine qu'après les fêtes, s'il vient de beaux jours, vous irez revoir Germigny (1), paré de toutes les grâces du printemps. Dites-lui, je vous supplie, que je ne saurais l'oublier, et que j'espère me retrouver dans ses bocages, avant que d'aller chez nos Belges, qui sont *extremi hominum* (2). » Le sacre même était une nouvelle preuve de cette bonne entente entre les prélats ; car Bossuet, comme nous l'avons vu, fut le consécrateur, et M. de Noailles, évêque assistant. « Deux jours avant cette dernière cérémonie, raconte Bossuet, M. l'archevêque de Cambrai, à genoux, baisant la main qui le devait sacrer, la prenait à temoin qu'il n'aurait jamais d'autre doctrine que la mienne. J'étais dans le cœur, j'ose le dire, plus à ses genoux que lui aux miens. Mais je reçus cette soumission comme j'avais fait toutes les autres de même nature que l'on voit encore dans ses lettres : mon âge, mon antiquité, la simplicité de mes sentiments qui n'étaient que ceux de l'Eglise, et le personnage que je devais faire me donnèrent cette confiance. Nous crûmes, M. de Châlons et moi, donner à l'Eglise un prélat toujours unanime avec ses consécrateurs (3) ».

Fénelon, il est vrai, conteste ce récit ; il essaie d'en montrer l'invraisemblance : « Quoi ! je n'aurais jamais d'autre doctrine que la sienne ! C'est celle de l'Eglise catholique, apostolique et romaine qu'il faut qu'un évêque promette de suivre, et non

(1) Maison de campagne de l'évêque de Meaux. Fénelon y avait été fort souvent.

(2) Œuv. IX, 59.

(3) *Relation sur le Quiétisme*, III-14.

pas celle d'un autre évêque. Si j'eusse parlé ainsi, il aurait dû me reprendre. Aussi n'ai-je rien fait qui ressemble à ce récit (1). » Lequel des deux, Bossuet ou Fénelon, est en cette circonstance mal servi par sa mémoire ? Le lecteur décidera.

A la suite des conférences d'Issy, Bossuet avait, à la date du 16 avril, donné une ordonnance où il reproduisait, pour ses diocésains, les trente-quatre articles. Il signalait expressément divers livres suspects et condamnés. Il évitait de nommer Mme Guyon, mais il interdisait la lecture de son *Moyen court*, de son *Cantique des cantiques*. Il ajoutait : « Pour déraciner tout le doute qui pourrait rester sur cette matière, avec la grâce de Dieu nous prendrons soin de vous procurer, le plus tôt qu'il sera possible, une instruction plus ample, où paraitra l'application avec les preuves des susdits articles, encore qu'ils se soutiennent assez par eux-mêmes, et ensemble les principes solides de l'oraison chrétienne selon l'Ecriture sainte et la tradition des Pères. »

C'étaient les *Etats d'oraison* qui étaient ainsi annoncés, le livre qui amena la fatale rupture entre Bossuet et Fénelon. Mais cette annonce n'avait alors rien dont s'émût Fénelon. Loin de paraître regretter qu'un livre fût en préparation, qui ne pouvait être à beaucoup d'égards qu'un commentaire de la condamnation des idées de Mme Guyon, il s'offrait pour être comme le collaborateur de Bossuet. Il lui écrivait de Cambrai, le 18 décembre : « Quand vous le voudrez, je me rendrai et à Meaux et à

(1) *Réponse à la Relation*, IV, 50.

Germigny, pour passer quelques jours auprès de vous, et pour prendre à votre ouvrage toute la part que vous voudrez bien m'y donner : je serais ravi, non pas d'en augmenter l'autorité, mais de témoigner publiquement combien je révère votre doctrine (1). »

Ce qui ne laissa pas que de surprendre, c'est qu'il n'en continuait pas moins de professer à l'égard de Mme Guyon les mêmes sentiments que par le passé. Mme de Maintenon, à la date du 15 novembre 1695, écrit à M. de Noailles qu'elle a vu l'archevêque de Cambrai : « Nous parlâmes de Mme Guyon ; il ne change point là-dessus, et je crois qu'il souffrirait le martyre plutôt de convenir qu'elle a tort. »

Quelque temps auparavant Fénelon avait été accusé d'avoir, dans un sermon prêché aux Carmélites, avancé des propositions peu exactes. Bossuet lui avait parlé du bruit qui courait. Fénelon s'était défendu vivement : il avait, assurait-il, « parlé de la manière la plus capable d'éviter les équivoques ; il avait dit les choses les plus précises et les plus fortes pour précautionner l'auditeur contre tous les excès de la fausse spiritualité. » Et, après avoir indiqué le témoignage de diverses personnes, il finissait en disant : « Pour moi je vous rendrai toujours avec joie et docilité un compte exact de ma conduite. Il n'y a correction que vous ne me puissiez faire sans ménagement, et que je ne reçoive avec soumission et avec reconnaissance, comme une marque de la continuation de vos anciennes bontés. Je ferai profession toute ma vie d'être

(1) Œuv. IX, 77.

votre disciple, et de vous devoir la meilleure partie du peu que je suis. Je vous conjure de m'aimer toujours, et de ne douter jamais de mon zèle, de mon respect, et de mon attachement (1). »

Bossuet désirait que son livre, qui n'était que la confirmation et le développement des articles d'Issy, reçût l'approbation des évêques signataires de ces articles. Il ne mettait point en doute que Fénelon ne s'empressât de la lui donner.

Bossuet s'était trompé. Deux mois à peine s'étaient écoulés depuis les dernières lettres que nous avons citées, et Fénelon semblait maintenant décidé à ne point approuver les *Etats d'oraison*. Que s'était-il donc passé pour amener un changement si inattendu ?

Le 7 juillet 1695, Mme Guyon, manquant à toutes ses promesses, avait, sans attendre l'autorisation de Bossuet, quitté son couvent de Meaux avec assez de mystère et de précipitation pour que ce départ ressemblât à une fuite. Elle emportait une attestation des religieuses du couvent, témoignant que, pendant les six mois qu'elle avait passés dans leur maison, elle n'avait pas cessé de leur donner des sujets d'édification.

Mais ce qui était encore plus important pour elle, c'est un certificat que Bossuet lui avait délivré, sans connaître ses projets de départ. En voici la teneur :

« Nous, évêque de Meaux, certifions à qui il appartiendra, qu'au moyen des déclarations et soumissions de Mme Guyon, que nous avons par

(1) *Lettre du 7 décembre 1695.* Œuv. IX, 77.

devers nous, souscrites de sa main, et les défenses, par elle acceptées avec soumission, d'écrire, enseigner, dogmatiser dans l'Eglise, ou de répandre ses livres imprimés ou manuscrits, ou de conduire les âmes dans les voies ordinaires de l'oraison ou autrement; ensemble des bons témoignages qu'on nous a rendus depuis six mois qu'elle est dans notre diocèse et dans le monastère de Sainte-Marie, nous sommes demeurés satisfaits de sa conduite, et lui avons continué la participation des saints sacrements dans laquelle nous l'avons trouvée ; déclarons en outre qu'elle a toujours détesté en notre présence les abominations de Molinos et autres condamnées ailleurs, dans lesquelles aussi il ne nous a pas paru qu'elle fût impliquée; et nous n'avons entendu la comprendre dans la mention qui en a été par nous faite dans notre ordonnance du 16 avril 1695. Donné à Meaux, le 1er juillet 1695. »

Les amis de Fénelon, pour le justifier d'avoir pris la défense de Mme Guyon, alléguèrent plus tard qu'elle avait été jugée favorablement par Bossuet lui-même, qu'il l'avait admise aux sacrements. Pourquoi, s'il la croyait dans de manifestes erreurs, l'avait-il admise à la sainte communion ? N'était-ce pas autoriser des sacrilèges, et donner le pain aux chiens ? Fénelon lui aussi, et nous le regrettons, usa plusieurs fois de cet argument (1). Mais qui n'en voit toute l'inanité ? Le certificat que nous venons de rapporter est la réponse faite d'avance à

(1) *Réponse à la Relation sur le Quiétisme*, I. XVI. Œuv III, 13. — *Lettre latine au pape Innocent XII*, 20 *juin* 1698. Œuv. IX, 443.

une mauvaise raison : la Guyon, que Bossuet admettait aux sacrements, c'était la chrétienne repentante, revenue entièrement, il devait le croire du moins, de ses erreurs; l'Eglise ne rouvre-t-elle pas son giron aux égarés dont le retour est sincère? Pour reprocher à Bossuet d'avoir traité Mme Guyon en enfant soumise à l'Eglise, il faut confondre toutes les époques.

Mme Guyon était venue se cacher à Paris, où elle fut découverte et arrêtée le 24 décembre, et emmenée à Vincennes. Elle était traitée en prisonnière d'Etat, l'autorité civile d'alors estimant que c'était un devoir d'intervenir dans des questions religieuses, dès qu'il s'agissait de prévenir des maux dans l'Eglise. Mme Guyon fut soumise pendant six semaines à des interrogatoires de M. de La Reynie, le lieutenant de police : elle prétendit n'avoir jamais eu de mauvaises doctrines. Elle revenait ainsi sur ses précédentes rétractations.

Mais l'enquête ne porta pas sur ce seul point. « M. de La Reynie, écrit le duc de Beauvilliers, vient d'interroger Mme Guyon sur nous tous, et ses réponses sont cachées avec soin (1). » *Sur nous tous*, c'est-à-dire sur Fénelon et ses amis, que l'on persiste à regarder comme dévoués à la prisonnière. Peut-on dire qu'ils ne le fussent pas en effet, soit par attachement, soit par générosité, soit par point d'honneur ? Malgré ce que la prudence commandait, Fénelon ne se crut point permis d'abandonner Mme Guyon (2).

(1) *Lettre à M. Tronson du 29 février 1696.* Œuv. IX, 80.

(2) Jusqu'à la fin de sa vie du reste il persista dans ses senti-

On supposa assez généralement que c'etait à l'instigation de Bossuet que Mme Guyon avait été arrêtée. Rien ne le prouve; mais Fénelon le crut sans doute, bien qu'il ne le dise nulle part. Affligé et indigné de la rigueur déployée contre une pauvre innocente, dès ce moment peut-être fut-il décidé à se désunir d'avec le persécuteur.

Ces deux mois sont décisifs dans la vie de Fénelon. Quel que soit le sentiment qui le pousse, il va entrer dans une voie qu'il persistera à suivre jusqu'au bout, et où il trouvera, après la rupture avec beaucoup de vieilles affections, la disgrâce royale, et enfin la condamnation prononcée par le chef suprême de l'Eglise.

ments à l'égard de Mme Guyon, comme en témoigne Ramsay : « M. de Cambrai continua toujours pour elle la même amitié, la même estime, et la même confiance. *Histoire de Fénelon, p. 83.* »

CHAPITRE III

Les premiers désaccords entre Fénelon et Bossuet

Fénelon ne veut pas condamner Mme Guyon. — Il refuse de prendre connaissance du manuscrit des *Etats d'oraison* de Bossuet : raisons de ce refus. — Mme Guyon fait une soumission complète. — Le livre des *Maximes des Saints* de Fénelon. — Lettre de Fénelon à Bossuet. — Mauvais effet que produit le livre de Fénelon. — Bossuet publie ses *Etats d'oraison*. — On signale à Fénelon des erreurs contenues dans son livre des *Maximes*. — Projets de conférences : pourquoi ils échouent. — Fénelon soumet son livre au pape. — Lettre de Louis XIV au pape. — Fénelon est disgrâcié. Il quitte la Cour.

Une lettre, que Fénelon adresse le 26 février 1696, à M. Tronson, trahit des dispositions d'esprit qui ne feront que s'accentuer. Remarquez cette date : quand il parle de Bossuet et de Godet-Desmarais, s'il ne les attaque pas encore expressément, ce n'est plus cependant son langage ordinaire. Dans tout le mouvement qui se produit contre Mme Guyon, et auquel on prétend l'associer lui-même, « c'est M. de Meaux qui est le premier mobile ; M. de Chartres est un saint prélat, un ami tendre et solide ; mais il veut, par un excès de zèle pour l'Eglise et d'amitié pour moi, me mener hors des bornes, pied à pied, et insensiblement, par une espèce de concert secret(1). »

Hors des bornes : qu'entend-il par là? Se déclarer contre les écrits de Mme Guyon, « le public ne manquerait pas de croire que c'est une espèce d'abjuration qu'on m'a extorquée. Je déclare hautement que je me suis abstenu de les examiner, afin d'être hors de portée d'en parler ni en bien ni en mal à ceux qui voudraient malignement me faire parler. » Mais fussent-ils encore plus pernicieux qu'on ne le prétend, n'ont-ils pas été assez condamnés par tant d'ordonnances, sans qu'il ait besoin, lui, Fénelon, d'y ajouter une censure particulière? Est-il obligé de censurer tous les mauvais livres ? D'ailleurs est-ce que Mme Guyon et ses amis ne se sont pas soumis paisiblement ?

Tels sont en résumé les motifs par lesquels Fénelon explique la conduite qu'il entend tenir : nous citons, nous n'apprécions pas. La lettre est fort curieuse : les raisons qu'il donne ici on les retrouvera bien souvent reproduites dans tous ces démêlés. On ne l'amènera pas à se prononcer sur des écrits au sujet desquels il veut s'enfermer dans l'ignorance. Quant à la personne même : « Il a vu de près des faits certains qui l'ont infiniment édifié, et sur tout ce qu'il a vu il l'a révérée comme une sainte. » Pourquoi se tournerait-il contre elle, « pour d'autres faits qu'il n'a point vus, et qui d'ailleurs par eux-mêmes ne concluent rien ? »

Fénelon envoie en même temps à M. Tronson

(1) Œuv. IX, 78-79.

quelques cahiers d'un ouvrage qu'il préparait sur la spiritualité. C'est ici la première mention du travail qui devint le livre des *Maximes*. Il le prie de vouloir bien les examiner. « Si vous trouvez que je me trompe sur le fond des choses, vous n'aurez qu'à me corriger et à mettre ma docilité à l'épreuve. »

Dès le 1er mars, M. Tronson lui répondait (1). Il vait vu l'évêque de Chartres. Tous les deux, sincèrement affectionnés à Fénelon, et désirant fort qu'on ne pût le soupçonner de prendre parti pour Mme Guyon, lui demandaient que tout au moins, s'il ne voulait pas censurer lui-même les livres de Mme Guyon, il témoignât, dans les occasions où l'on parlerait devant lui de cette dame, qu'on avait eu raison de la censurer. « Il s'agit, ajoutait M. Tronson, de prévenir un grand éclat et un grand scandale dans l'Eglise, auquel vous pourrez si facilement remédier. Je ne puis, Monseigneur, après y avoir pensé sérieusement devant Dieu, m'empêcher de vous dire que je ne vois point de raison qui puisse vous empêcher de prendre ce parti ; et je ne puis croire que vous trouviez des personnes éclairées et désintéressées, si vous voulez en consulter, qui puissent vous donner d'autres avis. Vous m'avez souvent exhorté à vous dire simplement mes sentiments ; vous verrez que je le fais ici avec une entière ouverture. »

Un peu plus tard, le 22, il lui renvoyait ses cahiers : « Je les ai lus, seul, selon vos ordres ; mais j'aurais souhaité de les pouvoir lire avec quelque

(1) Œuv. IX, 81.

personne plus éclairée et plus expérimentée que moi dans ces sortes de matières : car j'ai trouvé des endroits qui me passent et qui sont au-dessus de ma portée. Comme vous m'avez témoigné que Mgr l'archevêque de Paris les avait lus, et qu'il n'y trouvait rien à redire, je crois que cela vous doit suffire, et que mon sentiment vous serait assez inutile. Si vous désirez cependant que je vous le déclare simplement et en trois mots, je ne puis qu'estimer ce que j'entends, admirer ce que je n'entends pas, et assurer l'auteur que je suis avec un profond respect et une vénération sincère (1). » Fénelon avait trop d'intelligence pour ne pas comprendre que sous cette forme modeste et discrète se cachait une opinion qui ne lui était pas précisément favorable (2).

Il était temps que Fénelon avisât à ne point se compromettre. On présumait chez lui (et ce n'était

(1) Œuv. IX, 86.

(2) Dans une lettre du même jour à M. de Beauvilliers, qui devait remettre les cahiers à Fénelon, M. Tronson est un peu plus explicite, et laisse voir qu'il pense que la divulgation de ces papiers serait nuisible à l'auteur. « Vous connaissez de quelle importance il est que ces écrits lui soient rendus sûrement, et qu'ils ne tombent pas en d'autres mains que les siennes. Je ne lui en mande pas mes sentiments, parce qu'il y a des endroits qui me passent, et qui demanderaient plus d'intelligence et de lumières que je n'en ai ; mais je ne laisse pas de respecter le tout, Mgr de Cambrai m'ayant dit que Mgr de Paris n'y trouvait rien à redire. » Œuv. IX, 86.

Il est curieux de voir qu'à l'époque même où Fénelon donnait ainsi, au sujet de sa doctrine, de justes inquiétudes à M. Tronson, il adressait, à la sœur Charlotte de Saint Cyprien (10 mars 1696, Œuv. VIII. 449), sur l'oraison de contemplation et les différents états de la perfection chrétienne, une longue lettre où Bossuet, quoique disposé à ne rien laisser passer qui sentît même de loin le Quiétisme ne trouva absolument rien à reprendre.

pas à tort, il faut bien le reconnaître), une inclination persistante pour Mme Guyon. M. de Beauvilliers, en écrivant à M. Tronson (1), parle d'une cabale très forte et très animée contre l'archevêque de Cambrai. On y entraîne Mme de Maintenon, qui semble prête maintenant à passer contre lui aux dernières extrémités. « Je le vois donc à la veille d'être ôté d'auprès les princes. » M. de Beauvilliers croit que lui-même pourra avoir son tour.

Le danger auquel Fénelon s'exposait et exposait en même temps ses amis était donc prévu. Fénelon espérait-il le conjurer en écrivant à Mme de Maintenon ? Se flattait-il de reprendre sur elle l'influence qu'il avait eue autrefois ? On est tenté de le croire, quand on l'entend parler à Mme de Maintenon avec l'autorité que pourrait avoir un directeur, lui faire des plaintes et des reproches : « Pourquoi donc vous resserrez-vous le cœur à notre égard, Madame, comme si nous étions (2) d'une autre religion que vous ? Pourquoi craindre de parler de Dieu avec moi comme si vous étiez obligée en conscience à fuir la séduction ? Pourquoi croire que vous ne pouvez avoir le cœur en repos et en union avec nous ? Pourquoi défaire ce que Dieu avait fait si visiblement ? Je pars (3) avec l'espérance que Dieu qui voit nos cœurs les réunira. » Et il achevait sa lettre par cette allusion à leurs anciens rapports d'amitié et de confiance : « Je ne puis laisser rompre des liens que Dieu a formés pour lui seul (4). »

(1) *Lettre du 29 février 1696*. Œuv. IX, 80.

(2) *Nous*, c'est évidemment Mme Guyon et Fénelon.

(3) Il allait retourner dans son diocèse.

(4) *Lettre du 7 mars 1696*. Œuv. 81-84.

S'il avait cru ramener à lui Mme de Maintenon, il s'était étrangement trompé. Non seulement il avait persisté à défendre Mme Guyon, mais, chose plus grave, il la défendait en imputant à Bossuet de bien grands torts : « Elle a un excès de confiance pour les gens qui la questionnent, la preuve en est bien claire, puisque M. de Meaux vous a redit comme des impiétés des choses qu'elle lui avait confiées avec un cœur soumis et en secret de confession. » Il y revient un peu plus loin : « M. de Meaux est inexcusable de vous avoir donné comme une doctrine de Mme Guyon ce qui n'est qu'un songe, ou quelque expression figurée, ou quelque autre chose d'équivalent, qu'elle ne lui avait même confié que sous le secret de la confession. » Plus tard, dans un écrit public reparaîtra une accusation de secret de confession non respecté ; nous verrons alors comment Bossuet y répondra. Mais de la lettre à Mme de Maintenon il ne savait pas un mot ; il est fort douteux, en effet, que, la connaissant, il eût parlé à Mme de La Maisonfort, comme elle le rapporte, de sa grande affection pour Fénelon (1).

Bossuet était toujours bien loin de soupçonner que Fénelon ne lui donnerait point son approba-

(1) *Lettre de Mme de La Maisonfort à Fénelon, du 30 mai 1696.* « Il (Bossuet) me parla de vous, Monseigneur, comme d'un saint d'une grande lumière, qu'il aimait avec tendresse : il me dit que vous étiez intimes amis, et unis comme les doigts de la main ; qu'il n'avait jamais vu en qui que ce fût autant de candeur et de simplicité qu'en vous... Il me dit aussi que vous poussiez trop loin le désintéressement de la charité ; qu'il regardait cela (j'oserai me servir de ses termes) comme un court éblouissement dont je ne devais point m'inquiéter, parce que, de la droiture dont vous étiez, vous en reviendriez. »

tion pour les *Etats d'oraison ;* et cependant, comme nous l'avons indiqué, depuis le mois de février Fénelon était décidé à refuser cette approbation(1). Mais il était sans doute un peu embarrassé pour déclarer à Bossuet son refus. Il lui écrit d'abord de Valenciennes (2) pour lui expliquer que ses nombreuses occupations dans son diocèse l'obligent à différer l'examen des *Etats d'oraison*, que, du reste, il n'a pas encore reçus. Bossuet les lui envoie avec ce billet (15 mai) : « Je vous suis uni dans le fond avec l'inclination et le respect que Dieu sait. Je crois pourtant ressentir un je ne sais quoi qui nous sépare encore un peu, et cela m'est insupportable. Mon livre nous aidera à entrer dans la pensée l'un de l'autre. Je serai en repos quand je serai uni avec vous par l'esprit autant que je le suis par le cœur (3). »

Si Bossuet avait, comme il ne peut s'empêcher de le laisser entendre, conçu quelque vague inquiétude, il dut sans doute se tranquilliser quand il reçut la réponse à ce billet. De Mons, où l'avaient amené les visites épiscopales, Fénelon lui écrivait le 24 mai : « Dès que je serai débarrassé, je partirai pour aller à Versailles recevoir vos ordres. En attendant, je vous supplie de croire, Monseigneur, que je n'ai besoin de rien pour vous respecter avec un attachement inviolable. Je serai toujours plein de sincérité pour vous rendre compte de mes pen-

(1) Outre les lettres que nous avons déjà citées, voir *les lettres du 10 et du 18 mars, de M. Tronson à l'évêque de Chartres*, Œuv. IX, 85.

(2) *Lettre du 9 mai 1696.* Œuv. IX, 85.

(3) Œuv. IX, 87.

sées, et plein de déférence pour les soumettre aux vôtres. Mais ne soyez point en peine de moi, Dieu en aura soin ; le lien de la foi nous tient étroitement unis pour la doctrine, et pour le cœur je n'y ai que respect, zèle et tendresse pour vous. Dieu m'est témoin que je ne mens pas (1). »

Fénelon, revenu à Versailles, et après avoir tenu en main les *Etats d'oraison*, se résoud enfin à prendre sa décision, ou plutôt à la déclarer, car il est bien difficile de croire qu'elle n'était pas déjà prise, et depuis quelques mois. Voici en quels termes il l'annonce au duc de Chevreuse (24 juillet 1696) : « J'ai entrevu, à la simple ouverture des cahiers de M. de Meaux, sans les lire, des citations du *Moyen court* à la marge. Cela me persuade qu'il attaque, au moins indirectement, dans son ouvrage, ce petit livre. C'est ce qui me met hors d'état de pouvoir l'approuver ; et comme je ne veux point le lire pour lui refuser ensuite mon approbation, je prends la résolution de n'en rien lire, et de le rendre tout au plus tôt. Le moins que je puisse donner à une personne de nos amies qui est malheureuse, que j'estime toujours, et de qui je n'ai jamais reçu que de l'édification, c'est de me taire pendant que les autres la condamnent (2). »

Fénelon aurait pu lire les *Etats d'oraison ;* il n'y aurait trouvé aucune attaque à la vie même et à la conduite de Mme Guyon. Bossuet signalait, et c'était son devoir, les conséquences qui sortaient des doctrines qu'elle professait ; mais il n'insinuait

(1) Œuv. IX, 87.

(2) Œuv. IX, 87-88.

même pas qu'elle eût voulu les tirer, ou les eût aperçues: il relevait des ignorances, des erreurs d'une incontestable gravité, bien qu'on pût n'en pas voir tout de suite le danger ; il n'accusait pas les intentions. Il avait même encore ce ménagement, tout en citant les écrits, de n'en pas nommer l'auteur. Mais toucher de quelque manière que ce soit à Mme Guyon, Fénelon s'en défend, et il s'en défendra toujours, il faut le dire, avec une obstination que nous avons peine à comprendre.

Fénelon explique ensuite, par les raisons qu'il donnera encore bien souvent, son refus d'approbation. On impute, dit-il, à Mme Guyon des idées qu'elle n'a jamais eues, qu'elle désavoue; on a pris ses expressions dans un sens qui n'est pas le sien. Comme elle a bien souvent parlé à Fénelon avec une confiance sans réserve, il peut dire sans présomption qu'il connait mieux ses sentiments que ceux qui l'accusent. Tout ce qu'il peut faire, c'est de se taire complètement sur tout ce qui la regarde. « D'ailleurs, ajoute-t-il, M. de Meaux n'a pas besoin d'une aussi faible approbation que la mienne. Il ne me la demande que pour montrer au public que je pense comme lui, et je lui suis bien obligé d'un soin si charitable ; mais cette approbation aurait, de ma part, l'air d'une abjuration déguisée qu'il aurait exigée de moi, et j'espère que Dieu ne me laissera pas tomber dans cette chute. Qu'il ne soit point en peine de mes doctrines, ni de ce que certaines gens trop échauffés en peuvent penser. J'en ai assez rendu compte à des personnes non suspectes pour être en paix. » Il fait ensuite allusion au livre qu'il écrira pour exposer ses sentiments:

« Je le ferai avec des égards infinis pour tout ce que M. de Meaux aura écrit... Loin de donner aucune scène au public, je ferai voir à tout le monde la déférence et le respect que j'ai pour ce prélat, que j'ai toujours regardé depuis ma jeunesse comme mon maître. »

Il en coûtait sans doute à Fénelon de faire connaître directement à Bossuet sa résolution, car voici en quels termes il lui écrit de Versailles (5 août 1696) : « Je suis bien fâché, Monseigneur, de ne pouvoir emporter à Cambrai ce que vous m'avez fait l'honneur de me confier ; mais M. le duc de Chevreuse s'est chargé de vous expliquer ce qui m'a obligé à tenir cette conduite. Il a bien voulu, Monseigneur, se charger aussi du dépôt pour le remettre ou dans vos mains, à votre retour de Meaux, ou dans celles de quelque personne que vous aurez la bonté de lui nommer. Ce qui est très certain, Monseigneur, c'est que j'irais au devant de tout ce qui pourrait vous plaire et vous témoigner mon extrême déférence, si j'étais libre de suivre mon cœur en cette occasion. J'espère que vous serez persuadé des raisons qui m'arrêtent, quand M. le duc de Chevreuse vous les aura expliquées. Comme vous n'avez rien désiré que par bonté pour moi, je crois que vous voudrez bien entrer dans des raisons qui me touchent d'une manière capitale. Elles ne diminuent en rien la reconnaissance, le respect, la déférence et le zèle avec lequel je vous suis dévoué (1). »

Ne sent-on pas percer dans ce langage la gêne

(1) Œuv. IX, 89.

que ressentait Fénelon en écrivant une lettre qui; malgré les protestations par lesquelles elle se termine, ne pouvait manquer de le mettre dans une situation délicate vis-à-vis de Bossuet? Ce premier dissentiment entre deux hommes, si étroitement unis pendant tant d'années, devait mener à la rupture complète; mais personne encore n'aurait osé la prévoir.

Grande fut la surprise de Bossuet. Ecoutons-le nous dire les pensées qui l'agitèrent et qu'il exposa à M. de Chevreuse, l'intermédiaire auquel Fénelon avait eu recours : « L'approbation me fut refusée, par une raison que j'étais loin de prévoir. Un ami commun me rendit, dans les galeries de Versailles, une lettre de créance de M. l'archevêque de Cambrai, qui était dans son diocèse. Sur cette créance on m'expliqua que ce prélat ne pouvait entrer dans l'approbation de mon livre, puisque j'y condamnais Mme Guyon qu'il ne pouvait condamner. En vain je représentai à cet ami le terrible inconvénient où M. de Cambrai allait tomber. Quoi! il va paraître, disais-je, que c'est pour soutenir Mme Guyon qu'il se désunit d'avec ses confrères? Tout le monde va donc voir qu'il en est le protecteur? Ce soupçon, qui le déshonorait dans tout le pays, va devenir une certitude? Que deviennent ces beaux discours que nous avait faits tant de fois M. de Cambrai, que lui et ses amis répandaient partout, que, bien éloigné de s'intéresser dans les livres de cette femme, il était prêt à la condamner, si c'était utile? A présent qu'elle les avait condamnés elle-même, qu'elle en avait souscrit la condamnation entre nos mains et celle de la mauvaise doctrine qui y était contenue, les voulait-il défendre plus qu'elle-même? Quel serait l'étonnement de tout le monde, de voir paraître à la tête de mon livre l'approbation de M. l'archevêque de Paris (1) et de M. de Chartres, sans la sienne! N'était-ce pas mettre en évidence le signe de sa division d'avec ses confrères, ses consécrateurs, ses plus intimes amis? Quel scandale! quelle flétrissure à son nom! De quels livres voulait-il être le martyr! Pourquoi ôter au public la consolation de voir dans l'approbation de ce prélat le témoignage solennel de notre unanimité? Toutes ces raisons furent sans effet (2). »

Si M. de Chevreuse avait appuyé Bossuet, Fénelon aurait-il cédé? Nous en doutons fort; mais certainement, dans cette circonstance, M. de Chevreuse était l'homme sur lequel il fallait le moins compter pour une pareille tentative. Lui aussi était fort engagé dans l'affaire de Mme Guyon, et fort opiniâtre. On peut se demander s'il n'a pas eu sur son ami une fâcheuse influence.

Pour justifier son refus d'approbation, Fénelon, dans les premiers jours d'août, fit un mémoire que, dans une conférence particulière tenue à Issy, il lut à MM. de Paris, de Chartres, Tronson, et aux ducs de Chevreuse et de Beauvilliers (3). Tous, dit-on, se seraient laissé convaincre par cet exposé,

(1) Il faut se rappeler que M. de Noailles venait, au mois d'août 1695, de passer du siège de Châlons sur celui de Paris.

(2) *Relation sur le Quiétisme*, III, 16-17.

(3) *Fénelon*. — *Œuvres*, II, 248-252. « On me blesse jusqu'au fond du cœur », écrit Fénelon. Il est facile en effet de s'en apercevoir, à la vivacité de langage d'un bout à l'autre de ce mémoire.

et l'archevêque de Paris aurait même été chargé de faire approuver le mémoire par Mme de Maintenon (1). Tous se prononcèrent-ils en ce sens si formellement? Nous gardons à cet égard quelques doutes, au moins en ce qui concerne MM. de Noailles, Godet-Desmarais et Tronson, car nous les voyons plus tard dans des idées toutes différentes.

Presque au même moment, Mme Guyon écrivait de Vincennes à M. Tronson, le suppliant de lui indiquer ce qu'elle avait à faire pour donner pleine satisfaction à l'archevêque de Paris. « Je signerai de bonne foi sincèrement, disait-elle, tout ce qu'en conscience vous croyez que je dois signer. Dieu, qui voit le fond des cœurs, peut vous manifester le mien, vous assurant que je me soumettrai d'esprit et de cœur à tout ce que vous croirez que je dois me soumettre (2). » Heureux de ce retour à des sentiments de docilité, M. Tronson y croit voir le doigt de Dieu, et se hâte d'en informer M. de Noailles. Peu après il lui expose ses idées sur la soumission à exiger de Mme Guyon : « Celle qu'elle avait souscrite à Mgr l'évêque de Meaux me paraitrait suffisante, si elle était sincère ; mais comme elle semble l'avoir rétractée depuis, en déclarant qu'il n'y avait point d'erreurs dans ses livres, je crois qu'il est nécessaire qu'elle parle plus clairement dans la soumission qu'on lui demande actuellement, et que, pour éviter toute équivoque, il

(1) C'est du moins ce qu'indique une note de Fénelon mise en tête du mémoire.

(2) *Lettre du 3 août 1696*. Œuv. IX, 89.

faut qu'elle reconnaisse, en termes bien précis, qu'il y a des erreurs dans ses livres. » Et il indique les points sur lesquels il lui semble nécessaire d'insister (1).

M. de Noailles trouve très bien un projet de déclaration préparé par M. Tronson. Mais voici que d'autres difficultés se produisent. Un nouveau projet (2), c'est Fénelon qui l'avait rédigé, est proposé à M. de Noailles, mais ne satisfait point du tout M. Tronson. Il écrit à ce sujet, que cette soumission « a été dressée par les amis de la dame, et que l'on a évité d'y mettre l'essentiel (3) ». M. de Chevreuse, plus Guyoniste en cette circonstance que Mme Guyon elle-même, insiste pour la faire accepter comme suffisante. M. de Noailles et M. Tronson tiennent bon. « Comment, dit ce dernier, pourrait-on s'assurer de sa sincérité si elle (Mme Guyon) ne disait présentement que ce qu'elle a dit dans sa soumission à M. de Meaux (4)? » Cette sorte de négociation assez singulière, et à laquelle on ne voit point que la principale intéressée ait pris part, finit par l'entière soumission de Mme Guyon, comme elle l'annonce à M. Tronson : « J'ai fait aveuglément ce que vous m'avez conseillé de

(1) V. les diverses lettres de M. Tronson à M. de Noailles et à Mme Guyon, et de M. de Noailles à M. Tronson, du 3 au 10 août. Œuv. IX, 89-92.

(2) Il est daté du 9 août. C'est le duc de Beauvilliers qui le remit à M. de Noailles.

(3) *Lettre du 14 août 1696 à M. de la Chétardie, curé de Saint-Sulpice.* Œuv. IX, 93.

(4) *Lettre du 26 août à M. de Chevreuse.* V. du reste les différentes lettres écrites à ce sujet, du 11 au 27 août, par MM. de Noailles, Tronson, de Chevreuse, de Beauvilliers. Œuv. IX, 91-97.

faire, parce que j'ai un si grand respect pour l'esprit de Dieu qui est en vous, que je n'ai rien examiné, me soumettant sans réserve (1) ». Trois jours plus tard elle lui renouvelle l'assurance de sa docilité, et enfin le 20 septembre elle confirme encore à l'archevêque de Paris sa pleine soumission (2). Cette fois en effet elle tint parole, car on ne la verra plus revenir sur cette dernière déclaration. Quelques mois plus tard elle sortit de Vincennes, fut mise sous la conduite et la surveillance du curé de Saint-Sulpice, et enfin obtint la permission de se retirer à Blois, où elle acheva sa vie, 1717, dans le silence et l'obscurité.

Mme Guyon s'humiliait; mais Fénelon, et avec lui les familles de Chevreuse et de Beauvilliers persistaient à la défendre. « J'ai le cœur bien serré de l'entêtement de nos amis, écrit Mme de Maintenon à M. de Noailles : je puis ne les pas estimer moins, mais le commerce que nous avons ensemble n'est plus qu'une dissimulation ». Et un peu plus tard : « J'ai vu notre ami (Fénelon), nous avons bien disputé, mais fort doucement. Je voudrais être aussi fidèle et aussi attachée à mes devoirs qu'il l'est à son amie (Mme Guyon). Il ne la perd pas de vue, et rien ne l'entame sur elle (3) ». On voit par là comme elle se retirait peu à peu de Fénelon. Soit que Fénelon ne crût pas à la disgrâce qui se préparait, soit qu'il y fût d'avance résigné, il ne fit rien pour la conjurer. Ce qui ex-

(1) *Lettre du 28 août.* Œuv. IX, 99.

(2) Œuv. IX, 100.

(3) *Lettres du 16 septembre et du 7 octobre 1696.*

plique son opiniâtreté à prendre parti pour Mme Guyon, c'est qu'au fond il a fait siennes quelques-unes des erreurs qu'elle a professées. Dans le mémoire dont nous avons parlé, qu'il destine à Mme de Maintenon, d'un bout à l'autre se révèle le souci de sa défense personnelle.

Quoi qu'il en soit, il comptait que l'ouvrage qu'il composait, et où il prétendait établir, par le témoignage même des Saints, la pure doctrine des mystiques, serait la justification décisive de ses idées. C'est le livre des *Maximes* qu'il ne prétendait pas d'ailleurs faire imprimer sans avoir consulté personne. « Je vais le confier, dit-il à Mme de Maintenon, avec le dernier secret à M. l'archevêque de Paris et à M. Tronson. Dès qu'ils auront achevé de le lire, je le donnerai suivant leurs corrections. Ils seront les juges de ma doctrine, et on n'imprimera que ce qu'ils auront approuvé (1); ainsi on n'en doit pas être en peine. J'aurais la même confiance pour M. de Meaux, si je n'étais dans la nécessité de lui laisser ignorer mon ouvrage, dont il voudrait apparemment empêcher l'impression par rapport au sien (2) ».

D'autres théologiens renommés pour leur science avaient eu également connaissance de l'ouvrage,

(1) Le 30 octobre 1696 il écrit à M. Tronson : « C'est à vous à corriger mes expressions. Supprimez tout l'ouvrage, changez, augmentez, retranchez, tout sera bon. » Œuv. IX, III. Et au même encore le 6 janvier 1697 : « Vous serez le maître de voir les feuilles à mesure qu'elles seront faites. Vous verrez jusqu'au bout que, grâce à celui qui fait toutes choses en tous, je ne respire que franchise et docilité pour mes vrais amis. » Œuv. VIII, 391.

(2) *Lettre de septembre 1696*. Œuv. IX, 104.

l'abbé Pirot, en particulier. Le premier examen fut favorable ; M. Pirot aurait même dit que c'était un livre d'or.

La promesse avait été faite à Mme de Maintenon qu'on attendrait que les *Etats d'oraison*, de Bossuet, annoncés déjà depuis longtemps, eussent paru, avant de publier les *Maximes des Saints*. L'engagement ne fut pas tenu : si, comme on l'explique, ce fut par le fait de M. de Chevreuse, et sans l'aveu de Fénelon, il faut convenir que les amis de Fénelon le servirent mal par leur empressement.

Dans une lettre latine écrite plus tard à M. de Noailles (1), Fénelon fait retomber en partie sur ce prélat la responsabilité de cette publication hâtive. Voici la traduction du passage où se trouve cette imputation : « En partant j'avais prescrit que mon livre ne fût publié que sur votre autorisation. Mais comme il fallait prévenir les menaces de mes adversaires, et que le cas était pressant, mes amis vous dirent : — A moins que vous ne l'interdisiez, nous allons faire paraître l'ouvrage ; votre silence sera pris pour un consentement : mais si vous le défendez, nous ajournerons. — A cela vous avez répondu : Prenez garde, je ne décide rien, je ne prends rien sur moi ; je veux rester étranger à toute l'affaire. — Alors, le livre a été publié. Il est bien clair qu'absent et ignorant tout ce qui se passait, je ne puis avoir rien à me reprocher. Mais vous, si vous jugiez cette publication inopportune, pourquoi ne l'avoir pas

(1) *Fénelon*, *Œuvres*, II, 546.

empêchée ? Un seul mot de vous aurait suffi. »

Ce que nous avons vu donné comme une supposition, est avancé plus tard comme un fait certain à la charge de Bossuet : ayant appris que Fénelon faisait un livre, il aurait menacé de l'arrêter. Fénelon en est persuadé. Dans le courant de février, il demanda à Mme de Maintenon de l'entendre en présence de M. de Noailles et de M. de Chevreuse. Il avait préparé un mémoire où, sous forme de questions, il avait réuni tous les faits dont il croyait nécessaire d'instruire Mme de Maintenon (1). Il donna lecture de ce mémoire. Voici la dix-septième question :

« N'est-il pas vrai que M. de Meaux, ayant découvert que je faisais un livre, donna à M. Pirot un écrit tout ouvert pour M. l'archevêque de Paris, dans lequel il menaçait d'arrêter mon livre, disant qu'il sacrifierait sa vie pour combattre les erreurs qu'il était assuré que je voulais favoriser ; qu'il voulait écrire contre moi, sans savoir ce que mon livre contenait ; et que mes amis eurent sujet de craindre de son étrange emportement qu'il ferait un éclat qui déshonorerait, si on ne le prévenait en donnant au public ma doctrine expliquée dans mon livre, avec toutes les précautions que M. l'archevêque de Paris, M. Tronson et M. Pirot avaient jugées nécessaires ? »

Fénelon parlait avec une entière bonne foi ; mais nous craignons fort qu'il n'ait accepté comme vrais tous les *on dit* que l'on pouvait faire

(1) Œuvres, *II*, 252-254. — *Vingt questions proposées à M. de Paris.*

courir. Toute cette histoire est bien invraisemblable. Nous ne voyons pas trop comment Bossuet aurait pu arrêter avant sa publication, sans l'avoir lu, et par mesure de simple police, un livre écrit sur des matières théologiques, par un archevêque encore bien en cour. Mais, quoi qu'il en soit, nous avons de lui une lettre, de janvier 1697, à l'abbé de Maulevrier. Il sait qu'un ouvrage de Fénelon sur la spiritualité va paraître : il est en grande défiance sur les doctrines que l'on trouvera dans ce livre, et bien décidé à les combattre vigoureusement, si elles sont telles qu'il le craint. Mais aucune allusion à quelque prohibition préventive.

Il était fâcheux dans tous les cas de se donner l'apparence d'un manquement à une promesse faite. Fénelon le sentait bien : voilà pourquoi, tout en s'efforçant de justifier ses amis, il ne cesse d'assurer qu'ils ont agi à son insu (1). Mais à supposer qu'en effet, si M. de Chevreuse ne s'était hâté, le livre eût été supprimé avant de voir le jour, on ne peut s'empêcher de penser, quand on songe à tout ce qui s'en suivit de la publication de l'ouvrage, que cette suppression eût été le plus grand service à rendre à Fénelon (2).

(1) Nous ne pouvons mettre en doute les affirmations si souvent réitérées de Fénelon. Mais quoique la publication se fît à son insu, peut-être n'en fut-il pas, au fond, bien contrarié. Le 17 janvier 1697, en écrivant à M. Tronson, il expose toutes les raisons qu'il a de publier sans délai le livre des *Maximes*. « Il importe que mon ouvrage paraisse au plus tôt. » Œuv. IX, 122.

(2) Au fond Fénelon n'était peut-être pas plus tard fort éloigné de penser ainsi. Le 29 janvier 1701, jour de la fête de saint François de Sales, en invitant Mme de Montbéron à venir entendre la messe dans la chapelle de l'archevêché, il écrit : « Nous nous

Fénelon voulut rendre compte à Bossuet lui-même de ce qui venait de se passer, en même temps qu'il se disculpait de tous les torts qu'on prétendait relever dans sa conduite en ces derniers mois. A lire cette lettre du 9 février 1697, on sent que la rupture complète est bien proche, presque inévitable. Le ton de la lettre est calme et doux; mais ce calme et cette douceur ne sont qu'à la surface, et recouvrent un amer ressentiment. En regard de sa conduite qu'il représente comme toujours simple, toujours unie, toujours franche, il met les procédés fâcheux dont on n'aurait jamais cessé d'user envers lui. Il se plaint comme à regret, mais sa plainte au fond est une incrimination en règle de tous les actes de Bossuet : il n'exprime pas formellement le reproche d'intentions malveillantes, de démarches calculées, de duplicité, mais il l'insinue. C'est ainsi qu'après avoir parlé de sa candeur, *la candeur d'un enfant*, il ajoute :« J'étais bien éloigné de soupçonner que vous voulussiez jamais renouveler des scènes odieuses... Je comptais que vous m'aimiez trop, et que vous connaissiez trop bien la délicatesse du monde sur la réputation d'un homme en place, pour vouloir donner, sur une affaire finie et trop rebattue, des scènes qui réveilleraient toujours ce qu'il fallait étouffer.. Des gens sages et modérés m'avertirent alors de prendre garde à votre dessein; mais je ne pus les

unirons ensemble au bon saint. Il m'a donné le jour de sa fête les prémices de mes plus grandes croix. Ce fut ce même jour, il y a précisément quatre ans, que mon livre fut publié. Je dois faire de tout mon cœur l'anniversaire de ce jour crucifiant pour moi. » Œuv. VIII, 628.

croire, ni entrer dans cette défiance si contraire à ma confiance en votre bonté !.. Rien ne vous arrêtait, parce que vous ne songiez qu'à m'engager du côté du public et des personnes que je respectais davantage, afin que je ne pusse plus reculer... Alors je commençai à voir que vous vouliez me mener insensiblement comme un enfant à votre but ; je vis clairement que ce but, contre vos intentions, était pour moi une éternelle flétrissure... »

Fénelon a beau écrire ensuite : « Après ce que je viens de vous dire si librement, vous croirez, Monseigneur, que j'ai le cœur bien malade. Non, en vérité : je me sens le cœur pour vous comme je voudrais que vous l'eussiez pour moi. Si peu que je trouvasse de correspondance de sentiments, je serais encore avec vous comme j'étais autrefois ». Il est difficile de croire que Bossuet ne se soit pas senti blessé. « C'est à vous, dit Fénelon en terminant sa lettre, à régler la manière dont nous vivrons ensemble : celle qui me donnera les moyens de vous écouter, de vous consulter, et de vous respecter autant que jamais, est la plus conforme à mes souhaits et à mon inclination (1) ». Comment ne pas croire, malgré ces protestations, que Fénelon comprenait qu'entre eux c'était fini désormais de la confiance et de l'amitié, et que d'avance il y était tout résigné ?

C'est à ce moment, et quand Fénelon venait tout récemment d'arriver de Cambrai, qu'il apprit l'incendie de son palais archiépiscopal. Nous avons déjà dit avec quel calme il reçut cette nouvelle. Ce

(1) Œuv. IX, 125-129.

malheur, si chrétiennement supporté, contribua à lui ramener un certain nombre d'esprits, et à détruire, dans une partie du public, le fâcheux effet qu'avait produit le livre des *Maximes*.

L'ouvrage avait paru le 29 janvier (1). Il fit tout de suite beaucoup de bruit. Mais si Fénelon avait compté sur un succès, il fut bientôt détrompé. En déférant plus tard le livre au pape, M. de Noailles, Bossuet et Godet-Desmarais disaient : « En général le style est tellement entortillé et équivoque, qu'à peine on peut en tirer un sens certain en plusieurs endroits, après s'y être fort appliqué (2) ». C'est là un jugement d'adversaires, il est vrai, mais presque tous les lecteurs jugèrent de même. Saint-Simon, qui constate l'échec de cet écrit, parle également du *style confus et embarrassé* (3).

Le livre des *Maximes des Saints* est divisé en quarante-cinq articles, dont chacun comprend deux parties : dans la première, il explique ce qu'il estime être la vraïe doctrine; dans la seconde, il expose celle qu'il faut considérer comme fausse. Il distingue cinq degrés dans la vie spirituelle, ou sortes d'amour de Dieu : l'amour purement servile, pour les dons que Dieu peut nous accorder; l'amour de pure concupiscence, où l'on n'aime Dieu que comme le moyen ou l'instrument unique de félicité; l'amour d'espérance, dans lequel le motif de notre propre bonheur prévaut encore sur

(1) Le titre exact est : *Explication des maximes des Saints, sur la vie intérieure, avec un avertissement.* (Chez Pierre Audouin, Paris 1697, in-12 de 272 pages).

(2) *Déclaration des évêques.*

(3) *Mémoires*, I, 425.

celui de la gloire de Dieu : ces trois amours peuvent préparer à la justification, mais par eux-mêmes ils ne sont pas justifiants. Le quatrième est l'amour de charité mélangée, où notre intérêt propre trouve encore une place, quoique subordonnée au motif principal et à la fin dernière qui est la pure gloire de Dieu ; enfin le cinquième, l'amour pour Dieu seul, considéré en lui-même et sans aucun mélange de motif intéressé ni de crainte ni d'espérance, l'amour pur ou la parfaite charité (1).

Est-il besoin d'être théologien pour voir tout de suite qu'avec ce dernier amour, auquel nous devons tous essayer d'atteindre, Fénelon tombe dans le Quiétisme? L'examen des doctrines n'est pas de notre compétence; mais nous pouvons au moins remarquer qu'une lecture suivie du livre des *Maximes* est pénible. Est-ce parce que le sujet est épineux ? Est-ce que Fénelon ne démêlait pas nettement ses propres idées ? Toujours est-il qu'on ne retrouve nullement dans cet ouvrage ses qualités ordinaires d'écrivain.

L'effet de ce livre fut, on peut le dire, déplorable. Parmi les meilleurs amis de l'auteur, quelques uns ne lui cachaient point que l'opinion se prononçait avec force contre lui. Voici ce que lui écrit l'un des plus anciens et des plus dévoués, l'abbé Brisacier (2) : « Je ne me console pas, Mon-

(1) *Maximes des Saints*, pages 24-25.

(2) L'abbé Brisacier fut élu huit fois supérieur des Missions étrangères. A diverses reprises il refusa l'épiscopat. Mme de Maintenon, qui avait une grande confiance dans ses lumières, s'aida de ses conseils quand elle voulut former les réglements de Saint-Cyr. Elle eut encore recours à lui pour fixer son opinion sur les livres de Mme Guyon.

seigneur, de tout ce que j'entends dire tous les jours, à toutes sortes de gens de toutes sortes d'états, contre un ouvrage qui porte votre nom, et qui, dès que j'en sus le titre et le dessein, aussi bien que la manière dont il avait été rendu public, me jeta sur le champ, par l'attachement sincère que je vous ai voué, dans une extrême consternation, prévoyant bien dès lors les dangereuses suites où ce livre allait vous exposer, indépendamment même des critiques sur les doctrines qu'il peut contenir. Ma frayeur n'a point été vaine : je vois chaque jour ce que j'avais appréhendé. Comme j'ai passé jusques ici pour un de vos plus fidèles serviteurs, et qu'on m'a vu, avant la publication de votre livre, vous défendre de bonne foi sur les soupçons qui se répandaient contre vous, Monseigneur, bien des gens croient être en droit de me demander comment vous avez pu vous résoudre à écrire sur un sujet si délicat, et comment vos plus intimes amis ne vous en ont point détourné. On prend plaisir à me dire une infinité de choses sur lesquelles j'ai fait moi-même de fâcheuses réflexions ; et on me rapporte de toutes parts, sans ce que je vois de mes yeux, que des prélats des moins suspects de préoccupation contre vous, des abbés très sensés, des curés zélés, des docteurs habiles, des supérieurs de communautés séculières et régulières, des laïques de poids, très intelligents dans les matières spirituelles, tous ces gens-là, dis-je, tout prévenus qu'ils ont été jusqu'ici en votre faveur, ne peuvent s'empêcher de dire, ou en secret ou tout haut, que vous avez peu de partisans dans cette affaire ; comme, en effet, il est vrai qu'il ne se trouve presque personne qui ose vous soutenir, ni dans la forme, ni dans le fond; et vos meilleurs amis, sans vous le témoigner, sont désolés de vous voir engagé dans une affaire dont vous ne sauriez sortir avec un entier agrément, et où certainement vous n'aviez nulle obligation d'entrer pour la gloire de Dieu, qui, au contraire, en souffrira. Tel est, Monseigneur, le jugement anticipé du public, que je recueille malgré moi de toutes les bouches, à chaque pas que je fais ; et des gens dignes de foi, qui ont été à la Cour, m'assurent que le gros des courtisans est révolté, comme le gros du monde l'est à Paris ; de sorte que, quoique l'on garde encore quelques mesures de respect, en ne s'expliquant qu'à demi, et avec peu d'éclat, il est visible qu'il y a peu de chemin à faire encore pour éclater tout à fait, ce qu'on ne pourrait assez déplorer pour toutes sortes de raisons, et surtout à cause des grandes places que vous occupez, et dans l'Eglise et dans l'Etat... Ce n'est point un esprit critique qui conduit ma main, c'est un cœur qui vous est parfaitement dévoué, et qui gémit chaque jour devant Dieu dans l'attente de tout ce qui peut arriver (1) ».

La citation est un peu longue, encore que nous n'ayons reproduit qu'une partie de la lettre qui serait à lire tout entière. Elle nous a semblé utile pour faire connaître l'état des esprits. C'est un témoignage grave que celui de ce prêtre, vénéré de tous pour ses vertus et sa science, et d'ailleurs si

(1) *Lettre du 28 février 1697*. Œuv. IX, 131-133.

profondément affectionné à Fénelon depuis de longues années.

Quoique intime ami de l'archevêque, l'évêque de Chartres élevait aussi contre le livre des *Maximes* les plus fortes objections, auxquelles Fénelon répondit par deux lettres (1), dont Godet-Desmarais approuva la doctrine, mais en déclarant qu'il ne pouvait la concilier avec celle des *Maximes* : un désaveu pur et simple de cet ouvrage lui semblait nécessaire.

Malgré ses anciennes attaches avec Fénelon, Saint-Sulpice ne se montrait pas plus favorable (2). L'abbé de Rancé, le célèbre ascète, l'un des maîtres de la vie contemplative, s'effrayait de ce qu'il appelait un système monstrueux et les égarements de M. de Cambrai (3) ; et ses lettres, répandues dans le public, faisaient une vive impression. Fénelon n'avait plus guère de défenseurs que chez les jésuites, qui, à fort peu d'exceptions près, soutinrent jusqu'au bout ses doctrines.

Vers la fin du mois de mars, Bossuet donna ses *Etats* d'oraison. Dans cet exposé de doctrine et dans la réfutation des nouveaux mystiques, combien le langage était clair, précis, souvent éloquent! Ce livre serré, solide, et s'appuyant partout de

(1) *Réponse donnée par M. l'archevêque de Cambrai aux difficultés de M. l'évêque de Chartres.* Œuv. II, 256-274.

(2) *Lettre de M. Leschassier, directeur de Saint-Sulpice, à l'abbé Delpi, du 10 mai 1697.* Œuv. IX, 146.

(3) *Lettres de l'abbé de Rancé, à Bossuet, de mars et du 14 avril 1697.* « Si M. de Cambrai a raison, disait-il, il faut brûler l'Evangile. » Fénelon crut devoir lui écrire, *lettre de juillet 1697.* Œuv. IX, 177.

l'autorité de l'Ecriture, des Pères et des conciles, eut un succès d'autant plus grand qu'il offrait un parfait contraste avec *le barbare et l'obscur* (1) du traité de Fénelon.

Il ne suffisait pas à Bossuet d'avoir établi les vrais principes, en laissant au lecteur le droit de juger combien s'en écartaient les idées de Fénelon : il lui restait à signaler, dans un autre écrit, les erreurs contenues dans le livre des *Maximes*, à les saisir corps à corps. C'était une obligation à laquelle il estimait ne pouvoir se soustraire. Voici, en effet, ce qu'on lisait dans l'*avertissement* de l'ouvrage de Fénelon : « C'est pour démêler le vrai d'avec le faux dans une matière si importante et si délicate, que deux grands prélats ont donné au public trente-quatre propositions qui contiennent en substance toute la doctrine des voies intérieures. Et je ne prétends dans cet ouvrage qu'en expliquer le principe avec plus d'étendue. »

Bossuet et M. de Noailles furent fort surpris. Fénelon avait signé avec eux les articles d'Issy : pourquoi ne parler que de deux prélats, et non

(1) Expressions de Saint-Simon, *Mémoires*, I, 432. — Si le livre est rebutant, il ne l'aurait pas été dans sa forme primitive, à en croire Ramsay. Voici en effet ce qu'il raconte : « Il (Fénelon) donna cet ouvrage à M. de Paris, qui le trouva trop long et trop chargé de passages. M. de Cambrai le raccourcit, mais il le raccourcit trop, en le réduisant à un amas de propositions sèches et dépouillées de tous les témoignages de la tradition. Ce squelette nu et décharné ne manqua pas ensuite d'effaroucher les docteurs ombrageux. *Histoire de Fénelon*, p. 49. » Ce récit, que Ramsay tenait sans doute de quelqu'un des habitants de l'archevêché de Cambrai, explique ce que dit Fénelon, qu'il a dû faire des retranchements à son livre avant de le publier. On peut douter cependant que ces changements aient été aussi considérables que le dit Ramsay.

pas de trois ? Surtout puisqu'il prétendait commenter et développer simplement leurs déclarations, pourquoi ne pas leur avoir d'avance communiqué le livre, pour qu'ils pussent reconnaître s'il était vraiment conforme à leurs idées ? Sans les avoir consultés il les appelait comme en garantie de ce qu'il avait écrit, il les rendait solidaires de ses opinions. « Je n'ai point la liberté de me taire, écrit Bossuet, après ce qu'il dit dans son *avertissement*, qu'il expose la doctrine que M. de Paris et moi avons établie dans les trente-quatre articles. Nous serions prévaricateurs si nous nous taisions, et l'on nous imputerait la doctrine du nouveau livre. » Il y trouvait, outre des contradictions, diverses propositions directement contraires aux articles d'Issy (1).

Quoique fermement décidé à dénoncer les erreurs de Fénelon, Bossuet ne cachait pas le chagrin qu'il ressentait de ce devoir à remplir : « J'écris tout ceci avec douleur, dit-il, à cause du scandale de l'Eglise, et de l'horrible décri où tombe un homme dont j'avais cru faire le meilleur de mes amis, et que

(1) *Lettre à l'abbé Bossuet, son neveu, du 24 mars 1697.* Voir encore *au même, celles du 7 et du 15 avril, et du 5 août.* — A l'Assemblée de 1700, dans le rapport qu'il fit sur l'affaire du Quiétisme, Bossuet explique la nécessité où il s'est trouvé de se porter comme adversaire de Fénelon : « On ne laissait aucun doute que la doctrine de ce nouveau livre ne fût celle de ces deux prélats ; car il ne s'agissait que d'étendre plus ou moins leurs principes. L'auteur leur attribuait les propositions, et ne se laissait à lui-même autre part dans cette affaire que celle de développer plus au long leurs sentiments. Pour cela ils se trouvaient engagés, malgré eux, dans cette cause ; le livre étant publié, imprimé en langue vulgaire, avec le nom d'un si grand auteur, il fallait ou désavouer ou avouer la doctrine, et ces deux prélats se virent réduits à cette extrémité. »

j'aime encore très sincèrement, malgré l'irrégularité de sa conduite envers moi (1). »

Il avait promis d'envoyer à Fénelon ses remarques sur le livre des *Maximes ;* il les fit attendre deux mois et demi ; et quand elles furent remises par l'intermédiaire de M. de Noailles, il était déjà bien tard pour arrêter toute l'affaire.

Au moment où Fénelon voyait tant d'oppositions s'élever contre son livre, gardait-il au moins les deux approbations qu'il s'était plu à signaler, celles de M. de Noailles et du docteur Pirot, l'un des théologiens les plus renommés de la Sorbonne ? M. de Noailles, avait-on dit, ne trouvait rien à reprendre aux *Maximes des Saints*, et l'on se souvient du mot attribué à M. Pirot, *un livre d'or*. Nous n'avons trouvé aucun témoignage certain de cette double approbation : mais, à supposer que M. de Noailles et M. Pirot eussent eu un moment l'opinion qu'on leur prêtait, ils en étaient revenus (2). Suivaient-ils simplement le torrent ? Le croire serait leur faire injure. Mais enfin d'où aurait pu venir ce changement ? Une lettre de M. de Noailles nous en fournirait peut-être une explication qu'il nous répugne pourtant d'admettre. Bossuet avait déjà relevé les erreurs qu'il trouvait dans les *Maximes des Saints*, M. de Noailles, esprit doux et bien-

(1) *Lettre à l'abbé Bossuet, du 24 mars 1697.*

(2) On a trouvé et publié (*Revue d'histoire littéraire de la France, 15 juillet 1896*) un récit de l'affaire du Quiétisme, par M. Pirot. Il explique qu'on ne lui laissa prendre d'abord qu'une connaissance hâtive et sommaire du livre. S'il en avait été le maître, et si on lui en avait donné le temps, il l'aurait examiné plus à fond, pour en dire son sentiment.

veillant, ne cherchait que des moyens de conciliation ; il s'appliquait de tout son pouvoir à prévenir la querelle qui allait s'engager. « Je ne vous dis pas, écrit-il à Fénelon, de vous livrer absolument à Mgr de Meaux, mais seulement de faire usage de ses remarques (1). Je ferai tant que je pourrai le personnage de médiateur ; mais il faut que vous m'aidiez pour cela et que vous en fassiez plus que dans un autre temps, parce que vous n'avez pas présentement affaire seulement à Mgr de Meaux, mais au public, mais à une foule inconcevable de lecteurs, de prêtres, de religieux, et de gens de toute espèce et de toute condition. Je suspendrai mon jugement tant que je pourrai, mais je ne puis vous promettre de le faire entièrement, non pas à cause du déchaînement, mais parce que j'ai trouvé des choses changées ou ajoutées dans votre livre, que je n'avais point vues dans le manuscrit que vous m'avez communiqué, comme *le trouble involontaire* (2) ; et encore parce que les nouvelles réflexions que j'ai faites depuis la publication de votre livre (que certainement je désirais revoir encore), m'y ont fait trouver des endroits trop durs.

(1) Il semblait que la chose dût se faire sans difficulté ; car M. Tronson, écrivant le 26 mars à l'évêque de Chartres, pour lui rendre compte des dispositions où il a trouvé Fénelon, *notre ami* comme il l'appelle, dit : « Il est prêt à profiter des remarques que Mgr de Meaux et d'autres feront sur son livre, et de déférer absolument à ce que Mgr de Paris, M. Pirot et quelques autres personnes croiront qu'il doit expliquer ou corriger dans son ouvrage. » Cette lettre se trouve dans les œuvres de Bossuet, *lettres relatives au Quiétisme*, 102.

(2) Cette expression, *trouble involontaire*, Fénelon ne cessa de la désavouer ; elle avait été insérée dans le livre sans sa participation.

Mais rien ne m'empêchera de chercher avec empressement les moyens de justifier votre doctrine. Dieu m'est témoin de la douleur que j'éprouve de la voir soupçonnée, et du désir que j'ai de pouvoir détruire cette impression (1). »

Que Fénelon, à l'insu de M. de Noailles, ait modifié le texte qu'il lui avait d'abord remis, cela est fort invraisemblable. Ne serait-ce pas plutôt que M. de Noailles aurait pris connaissance du manuscrit un peu rapidement, et qu'en revenant ensuite à loisir sur le texte imprimé, il aurait cru y découvrir, comme nouvelles, des choses qu'à une première lecture il n'aurait pas remarquées ? Nous donnons cette conjecture pour ce qu'elle vaut. Il y a là un petit problème à résoudre ; mais quelle qu'en soit la solution, ni de l'un ni de l'autre côté la bonne foi ne nous semble pouvoir être mise en doute.

Dès le commencement d'avril, M. de Noailles et Bossuet, auxquels s'était adjoint Godet-Desmarais, parce qu'il avait été le premier à découvrir la renaissance du Quiétisme, s'étaient réunis pour examiner le livre des *Maximes*, en extraire les propositions dignes de censure, et les qualifier. Après huit ou dix conférences, la liste de ces propositions fut arrêtée : les évêques se promettaient d'apporter dans cette affaire toute la modération possible à l'égard de Fénelon ; et la chose leur semblait d'autant plus aisée qu'ils avaient espéré que Fénelon se rendrait à leurs observations. Il ne cessait d'assurer qu'il aurait la docilité d'un enfant et

(1) *Lettre du 29 mars 1697*, Œuv. IX, 134.

qu'il se rétracterait hautement aussitôt qu'on lui aurait montré ses erreurs. Mais ces erreurs, il ne les apercevait point par suite d'une incroyable préoccupation, il restait persuadé qu'il avait pour lui la raison et la vérité.

Quand on lui représente que ses idées ne rencontrent guère que des contradicteurs, il répond : « Il y a des cabales de ville et de cour, de doctrine et de politique, qui remuent ciel et terre contre moi (1). » A qui persuader cependant que, si beaucoup de ceux qui lui avaient été jusqu'alors fort attachés, entraient dans d'autres sentiments que les siens, c'était par esprit de cabale?

Il est une remarque que nous sommes bien forcé de faire, quoique à regret. Déjà bien souvent nous avons vu Fénelon protester de sa docilité ; il est tout prêt à se soumettre à ceux qu'il consulte. Voilà de belles assurances et presque de l'humilité. Mais enfin il faut en venir aux effets ; et sur quel point le voyons-nous jamais céder ? Il y a même ce malheur que ceux pour lesquels il avait professé le plus de confiance, deviendront à ses yeux des gens prévenus contre lui, des adversaires. Après Bossuet et Godet-Desmarais (2), ce sera le tour de

(1) *Lettre à l'abbé Brisacier, du 24 février 1697.* Œuv. IX, 131.

(2) Il écrit de Godet-Desmarais : « Ne vous fiez pas à la persuasion apparente de M. de Chartres ; car j'ai peine à croire qu'il n'y ait pas quelque mystère caché entre lui et M. de Meaux. *Lettre à M. de Chantérac, du 25 juin 1697.* Œuv. IX, 161. » Voir encore *lettres à M. de Beauvilliers, du 14 août 1697 ; à l'abbé Quinot, du 16 août ; à M. de Chantérac, du 18 et du 25 septembre.* Nous lisons dans la dernière : « Il (Godet-Desmarais) n'a aucune règle d'esprit ; il va comme on le pousse, avec véhémence, hauteur et indiscrétion, qu'il croit un grand zèle. » Œuv IX, 189, 193, 201, 204.

M. de Noailles (1), de M. Pirot (2). Jamais, il est vrai, de paroles vives, mais de douces plaintes, et, parfois, comme des gémissements de victime résignée, des reproches qui se font sentir plus qu'ils ne s'expriment. C'est ainsi qu'après avoir fait entendre à un ami, qui s'était prononcé contre ses opinions, qu'il a eu tort de juger si vite, et qu'une autre conduite eût été préférable, il ajoute : « Mais il n'y faut plus songer ; Dieu a permis que les choses n'aient pas pris un chemin si naturel. J'adore sa providence; loin d'avoir aucune peine à votre égard, je vous remercie des biens infinis qui me sont venus par là. Rien n'est bon que la croix de Jésus-Christ, sur laquelle il faut mourir attaché avec lui. La croix n'est véritable qu'autant qu'elle nous vient de nos meilleurs amis, de qui nous l'attendions le moins. Vous êtes tout ensemble mon bon ami et ma bonne croix, que j'embrasse bien tendrement (3). »

A propos de ces croix, voici les réflexions que fait l'ami ; après avoir essayé de convaincre Fénelon du fanatisme et des illusions de Mme Guyon, il ajoute : « Je suis très fâché qu'elle se soit attiré

(1) « Je n'ai jamais eu d'entretien approfondi avec M. de Paris sur aucune matière de suite, car vous savez qu'il ne peut ni creuser, ni suivre, ni embrasser une difficulté. — Il n'a jamais compris nettement, et encore moins retenu de quoi il était question entre nous sur ces matières. » *Lettre à M. de Chantérac du 18 et du 25 septembre 1697*. Œuv. IX, 202 205.

(2) Voir la *lettre de M. Pirot à M. Tronson, du 5 juin 1697*. Œuv. IX, 151. M. Pirot exprime la peine qu'il ressent de la défiance de Fénelon à son égard.

(3) *Lettre à l'abbé Boileau, du 28 octobre 1696*. Œuv. IX, 109. Voir encore une *lettre de Fénelon à M. de Noailles, du 8 juin 1697*. Œuv. IX, 152-159.

tant de choses fâcheuses, et à des personnes qui méritaient un autre sort. Je suis très persuadé de leur patience, Monseigneur ; ils aiment la croix, comme vous me faites l'honneur de me le dire, et ceux qui les crucifient. L'important est de ne point se méprendre en fait de croix. Il serait fâcheux d'en sentir le poids sans en recueillir le mérite. Quelque peine que j'aie à voir souffrir mes amis, je puis me consoler quand ils souffrent pour la justice. Qu'ils soient les martyrs de Jésus-Christ, c'est le comble de l'honneur et de la joie ; je serais inconsolable qu'ils fussent les martyrs de Mme Guyon. Qu'ils me pardonnent, s'il leur plait, cette excessive délicatesse (1). »

Si l'on n'y prend garde cependant, souvent, à première lecture, on se laisse toucher par ces lettres de Fénelon ; on est tout disposé à tourner en sa faveur, et il faut quelque effort de réflexion pour ne pas lui donner raison. Disons-le, d'ailleurs, dans ses plaintes et dans ses reproches, même les moins fondés, il est d'une absolue bonne foi ; il persuadera certains lecteurs, parce qu'il est bien persuadé de tout ce qu'il dit.

Ceux qui s'intéressaient à Fénelon, inquiets pour lui de la tournure que prenaient les choses, s'efforçaient de le retirer des difficultés où il s'était jeté. M. Tronson faisait auprès de lui une dernière tentative pour l'amener à souscrire à la condamnation des ouvrages de Mme Guyon : « Après avoir fait beaucoup de réflexions sur les soupçons que le

(1) *Lettre de l'abbé Boileau à Fénelon, du 26 novembre 1696.* Œuv. IX, 116.

public a formés contre vous, sur les suites qu'on doit craindre, et surtout sur le scandale qui en peut arriver, je ne puis m'empêcher de vous dire que, dans l'état où sont les choses, je ne crois pas que vous puissiez, en conscience, vous dispenser de condamner les livres de Mme Guyon, comme contenant les erreurs que les évêques ont censurées. Je prends trop de part à vos véritables intérêts pour ne pas vous proposer le seul moyen qui me paraît capable de remédier à tous les maux que l'on craint (1). »

L'évêque de Chartres, son ami depuis tant d'années, n'était pas moins pressant. Que le texte du livre des *Maximes* pût se concilier avec les explications qu'en donnait l'auteur, voilà ce que n'admettait point Godet-Desmarais, et après l'avoir écrit à Fénelon, il ajoutait : « Il est plus clair que le jour que le livre est contraire à toute la doctrine de l'Eglise. Que ne ferais-je pas, que ne donnerais-je pas de bon cœur pour sauver d'un tel naufrage le plus ancien et le meilleur de mes amis, dont la réputation est si chère à l'Eglise ? » Et un peu plus tard, en le conjurant de désavouer purement et simplement son livre : « Au nom de Dieu, croyez-en vos bons amis, et n'attendez pas le jugement de Rome qui ne peut vous être favorable (2). »

Mme de Maintenon, malgré son refroidissement à l'égard de Fénelon, fait ce qu'elle peut pour le sauver. « M. l'archevêque de Cambrai me parla un

(1) *Lettre du 16 avril 1697.* Œuv. IX, 139.

(2) *Lettre de la fin d'avril 1697.* Œuv. IX, 145, et *du 28 mai 1697.* IX, 150.

moment en particulier. Il sait le mauvais effet de son livre, et il le défend par des raisons qui me persuadent de plus en plus que Dieu veut humilier ce grand esprit, qui peut-être a trop compté sur ses propres lumières (1). »

Ce fut par le chancelier de Pontchartrain que le roi fut averti de ce qui se passait. Tout ce qui pouvait troubler la paix religieuse l'inquiétait, sans parler d'ailleurs du danger auquel était peut-être exposée l'éducation des princes. Dès l'abord, et sans entrer dans le fond même de la question, il ne pouvait que savoir mauvais gré à celui qui était cause de tout ce bruit, de ce vacarme, comme dit Mme de Maintenon.

Fénelon, après en avoir demandé la permission au roi, prit le parti de solliciter le jugement du Saint-Siège. Le 27 avril 1697 (2), il écrivit donc au pape Innocent XII, pour lui soumettre son livre.

Après ce recours au chef de l'Eglise, il n'y avait plus, à ce qu'il semblerait, qu'à attendre la décision que rendrait l'autorité suprême. Mais à cette époque, ne l'oublions pas, on vivait en plein gallicanisme; la question, pour être portée à Rome, n'était pas fermée en France. On crut que des conférences, auxquelles prendraient part, avec les prélats qui avaient été mêlés à toute l'affaire, des théologiens distingués, pourraient ramener l'accord. Le projet ne put aboutir, à cause des conditions qu'on y mit, tantôt d'un côté, tantôt de l'autre ; aussi le

(1) *Lettre à M. de Noailles, du 21 février 1697.*

(2) Œuv. IX, 141.

trouble ne fit encore qu'augmenter ; le débat allait s'envenimant (1).

Sous prétexte que M. de Meaux s'était déjà trop fortement déclaré contre lui, Fénelon ne voulait pas qu'on l'admît aux conférences. « Pour l'examen de mes explications, écrit-il, je ne puis consentir qu'on lui en fasse aucune part, et je finirai tout dès que j'apercevrai qu'on veut en faire compte avec lui (2). » Il sentait bien que Bossuet était son adversaire le plus redoutable, et que c'était lui qui menait les évêques. « M. de Paris, écrit Bossuet, craint M. de Cambrai et me craint également. Je le contrains, car sans moi tout irait à l'abandon et M. de Cambrai l'emporterait... MM. de Paris et de Chartres sont faibles et n'agiront qu'autant qu'ils seront poussés (3). — Je suis sa bête noire, » dit ailleurs Bossuet (4). Il eût encore été plus convaincu qu'il était en effet sa bête noire, s'il avait vu des lettres de Fénelon, où il aurait lu des phrases comme celle-ci : « Pour M. de Meaux, je ne saurais m'y fier; il n'y aurait à le faire ni bienséance, ni sûreté (5). »

On comprend que Bossuet dut être froissé de ce refus de Fénelon de communiquer avec lui. Aussi

(1) Sur ce projet de conférences, voir le *Mémoire de Fénelon à l'archevêque de Paris*, Œuv. II, 254, et la *lettre latine* au même, Œuv. II, 547.

(2) *Lettre à l'abbé de Chantérac, du 22 juin 1697*. Œuv. IX, 160. Voir encore une *lettre à M. de Noailles, du 6 juillet 1697*, Œuv. IX, 163.

(3) *Lettre à l'abbé Bossuet, du 10 juin 1697*. Voir encore la *lettre de Bossuet à M. de Noailles, du 1er juillet 1697*.

(4) *Lettre à l'abbé Bossuet, du 19 mai 1697*.

(5) *Lettre à M. Hébert, de la fin de juillet 1697*. Œuv. IX, 177.

il a beau se promettre de rester modéré, et recommander à son neveu de l'être : le moment arrivera, et il n'est pas éloigné, où nous aurons à regretter de vives et dures expressions, échappées dans le feu de la discussion.

Fénelon avait tort de vouloir exclure Bossuet des conférences; mais si, comme il l'assure, les évêques, avaient déjà, dans des réunions particulières, arrêté ce qui serait décidé, on comprend qu'il se refusât à venir discuter dans une assemblée où d'avance tout était réglé contre lui (1). Les évêques, qui ne voulaient pas souscrire à l'exclusion de Bossuet, continuèrent ensemble leurs séances. Fénelon s'en plaint à M. de Noailles : « Ainsi la personne que j'avais exclue de l'examen de mon livre m'en a exclu moi-même, et mon affaire s'est traitée sans moi, par des personnes qui n'auraient dû s'en mêler qu'avec moi (2) ».

De quelque manière que l'on veuille juger les exigences de Fénelon, légitimes ou non, toujours est-il que la proposition de tenir des conférences ayant échoué, ce fut sur lui qu'on en rejeta la responsabilité ; et Louis XIV, qui souhaitait fort que l'affaire pût se régler à l'amiable entre les évêques, fut fort mécontent. Du reste, il est probable qu'elles n'auraient pas abouti au but désiré. « Je crois qu'il faut finir la négociation, écrivait Mme de Maintenon à M. de Noailles, le 13 juillet

(1) Ex rumore vulgi audivi in tua domo palam conventus agi, quibus D. D. Meldensis et Carnotensis episcopi in libelli mei censura quasi proludebant. *Responsio ad epistolam Domini Parisiensis*. Œuv. II, 547.

(2) *Lettre du 8 juin 1697*. Œuv. IX, 153.

1697. Quant au retour de M. de Cambrai, il n'y a que Dieu qui puisse le faire ».

L'évêque de Chartres voulut encore tenter un dernier effort. Il eut des entrevues avec M. de Chantérac, qui représentait en cette circonstance Fénelon. Il demandait que Fénelon, qui assurait que toutes les difficultés roulaient sur de pures équivoques, et qu'il serait très facile et très naturel de les lever par des explications tirées du livre même (1), ne se contentât pas d'expliquer selon le sens des évêques les passages incriminés, mais qu'il ajoutât quelque terme pour reconnaitre tout au moins que ces passages avaient besoin d'explication. Il semble qu'il n'y avait pas là une exigence excessive: mais on ne put rien obtenir. Fénelon parlait bien d'une nouvelle édition de son livre; mais quand on le faisait préciser, ce serait une nouvelle édition où il ne ferait que reproduire textuellement la première en mettant seulement quelque éclaircissement en tête. Mais pour le livre même, il entendait n'y rien changer, pas même un mot. « Je ne veux jamais dire, écrit-il, que je me suis mal expliqué. Je ne veux même pas avouer les équivoques... Voilà mes résolutions précises : plutôt mourir que d'en rien relâcher (2) ». En vérité s'il ne s'agissait de Fénelon, ne serait-on pas tenté de croire que, dans cette obstination à ne pas changer un seul mot, il y avait surtout amour propre d'auteur ? Fénelon oubliait qu'il avait écrit dans l'*Avertissement des Maximes*

(1) *Lettre de Fénelon au roi, du 11 mai 1697*. Œuv. IX, 147.

(2) *Lettres entre M. de Chantérac et Fénelon, des 22, 23 et 24 juillet 1697*. Œuv. IX, 172-174.

des Saints : « Comment pourrions-nous être attaché à quelque expression, dès qu'elle scandalise quelque âme infirme ? Que les mystiques lèvent donc toute équivoque. » Ici ce n'étaient pas des âmes infirmes, mais des évêques qui s'effrayaient de certaines paroles : si la doctrine de Fénelon différait au fond de celle de ces évêques, pouvait-il s'étonner de leur insistance à tenir ferme contre lui sur des points essentiels ? Si elle était la même comme il prétendait, pourquoi n'avoir pas eu égard à leurs scrupules, et s'être refusé à des changements d'expression qui puissent dissiper tous les doutes ? « Je n'ai jamais cru ce qu'on prétend que je crois », répètera Fénelon. Soit; mais alors pourquoi s'obstiner à maintenir un texte qui prête à une fâcheuse interprêtation ? « Vous avez voulu voir ce que vous voudrez, écrit Bossuet, nous ne pouvons vous juger que sur vos paroles (1). » Mais Fénelon entend ne rien céder à *ces gens-là*, comme il les appelle; il se plaint de leurs dispositions à son égard : il n'y a rien d'assuré avec eux. Donc plus de négociation.

Plus de négociation. C'est sur ces mots que se termine sa dernière lettre. Fénelon aurait pu prévoir qu'on lui imputerait l'impossibilité de tout accord.

Après avoir relevé toutes les propositions qu'ils jugeaient erronées dans les *Maximes des Saints*, les évêques se décidèrent à communiquer à Louis XIV les résultats de leur examen. « Nous en avons fait notre rapport, et M. de Paris lui a porté

(1) *Réponse aux quatre lettres.*

notre avis commun, qui était que le livre était rempli, depuis le commencement jusqu'à la fin, dans son tout et dans ses parties, d'erreurs sur la la foi et de Quiétisme pallié; en sorte qu'on ne pouvait ni le soutenir, ni le corriger. On attend là dessus sa dernière résolution. Jusqu'ici il persiste à ne vouloir point abandonner son livre (1) ».

« Je suis persuadée, écrit Mme de Maintenon dans une lettre que nous avons déjà citée, que vous ne le croyez pas aussi imbu de ces maximes-là qu'il l'est en effet. Son cœur en est rempli, et il croit contenir la religion en esprit et en vérité. S'il n'était pas trompé, il pourrait revenir par des raisons d'intérêt. Je le crois prévenu de bonne foi. Il n'y a donc plus d'espérance (2) ». Si Fénelon montre une regrettable inflexibilité, cela peut être à nos yeux une aberration d'esprit; pour lui c'est un devoir de conscience qu'il accomplira même au prix de tous les sacrifices.

La disgrâce en effet était imminente. Louis XIV crut qu'il était temps de sévir contre un obstiné. Il marqua même, paraît-il, un assez vif mécontentement de ce que Bossuet, par trop de ménagements, ne lui avait pas dénoncé plus tôt les périls que Fénelon faisait courir à la religion et aux jeunes princes. « Nous parlâmes les derniers, écrit Bossuet; chacun sait les justes reproches que nous essuyâmes de la bouche d'un si bon maitre, pour ne lui avoir pas découvert ce que nous savions :

(1) *Lettre de Bossuet à l'abbé Bossuet, du 17 juin 1697.*

(2) *A M. de Noailles, 13 juillet 1697.*

de quoi ne chargeait-il pas notre conscience (1)? »

Mme de Maintenon se ressentit aussi de l'irritation du roi; elle en fut même malade; et comme il la trouva un jour pleurant : « Eh bien ! Madame, dit-il, faudra-t-il que nous vous voyions mourir pour cette affaire (2) ? »

Louis XIV, qui désirait fort voir la fin de toute cette controverse, adressa, le 26 juillet 1697, à Innocent XII la lettre suivante :

« TRÈS SAINT-PÈRE,

« Le livre que l'archevêque de Cambrai a composé ayant depuis quelques mois excité beaucoup de bruit dans l'Eglise de mon royaume, je l'ai fait examiner par des évêques, et par un grand nombre de docteurs et de savants religieux de divers ordres. Tous unanimement, tant les évêques que les docteurs, m'ont rapporté que le livre était très mauvais et très dangereux, et que l'explication donnée par le même archevêque n'en était pas soutenable. Il avait déclaré, dans la préface de son livre, qu'il voulait seulement expliquer et étendre la doctrine de ces mêmes évêques. Mais, après avoir tenté toutes les voies de douceur, ils ont cru être obligés en conscience de faire leur déclaration sur ce livre, et de la mettre entre les mains de l'archevêque de Damas, nonce de Votre Sainteté auprès de moi. Ainsi, Très Saint-Père, pour terminer une affaire qui pourrait avoir des suites très fâcheuses, si elle n'était arrêtée dans son commencement, je supplie humblement Votre Sainteté de prononcer le plus tôt qu'il lui sera possible sur ce livre et sur la doctrine

(1) *Relation sur le Quiétisme*, VI, 4. Voir encore les *lettres à l'abbé Bossuet du 16 septembre 1697, du 7 janvier et du 7 juillet 1698.*

(2) *Notes des Dames de Saint-Cyr.*

qu'il contient, assurant en même temps Votre Sainteté que j'emploierai toute mon autorité pour faire exécuter sa décision, et que je suis,

« Très Saint-Père,
« Votre très dévot fils ».

Les partisans de Fénelon répandirent le bruit que Bossuet avait composé la lettre du roi (1). Il en connaissait le sens général, mais non le texte même ; et ce qui le prouve, c'est que, le 23 septembre 1697, il écrit à son neveu, qui est à Rome : « Si la lettre du roi au pape se divulgue, envoyez-la nous : quoique nous en sachions le contenu, la propre teneur est bonne à garder ».

La décision du roi était arrêtée, et déjà connue de quelques-uns (2). Le 25 juillet Fénelon lui avait écrit, le suppliant de lui donner l'autorisation de se rendre à Rome, pour aller expliquer et justifier son livre. Quatre jours après, le 29, comme Mme de Maintenon ne lui accordait plus aucune audience, il la priait, par lettre, d'appuyer sa demande auprès du roi. (3) La réponse qu'il reçut le jeudi, 1er août, ce fut l'ordre de partir pour Cambrai. Aucune protestation, aucun murmure ne sortit de sa bouche. Voici en quels termes

(1) En 1722 l'abbé de Beaumont écrivait encore au marquis de Fénelon : « Il y a toute apparence que c'était M. de Meaux lui-même qui avait composé cette lettre du roi, et qui l'avait donnée toute faite au secrétaire d'Etat, avec lequel il était en très grande liaison, appuyé d'un parti auquel ce secrétaire était fort affectionné ; car c'était M. de Torci, dont l'attachement au Jansénisme a été si connu. » Œuv. X. 59.

(2) Bossuet écrit, à la date du 29 : « Le pauvre M. de Cambrai aura ordre de se retirer ».

(3) Œuv. IX, 175.

il annoncait aussitôt à Mme de Maintenon sa prompte obéissance :

« Je partirai d'ici, Madame, demain vendredi, pour obéir au roi. Je ne passerais pas à Paris, si je n'étais dans l'embarras de trouver un homme propre pour aller à Rome, et qui veuille bien faire ce voyage. Je retourne à Cambrai avec un cœur plein de soumission, de zèle, de reconnaissance et d'attachement sans borne pour le roi. Ma plus grande douleur est de l'avoir fatigué et de lui déplaire. Je ne cesserai aucun jour de ma vie de prier Dieu qu'il le comble de ses grâces. Je consens à être écrasé de plus en plus : l'unique chose que je demande à Sa Majesté, c'est que le diocèse de Cambrai, qui est innocent, ne souffre pas des fautes qu'on m'impute. Je ne demande de protection que pour l'Eglise, et je borne même cette protection à n'être point troublé dans le peu de bonnes œuvres que ma situation présente me permet de faire, pour remplir les devoirs d'un pasteur. Il ne me reste, Madame, qu'à vous demander pardon de toutes les peines que je vous ai causées. Dieu sait combien je les ressens. Je ne cesserai point de le prier, afin qu'il remplisse lui-même tout votre cœur. Je serai toute ma vie aussi pénétré de vos anciennes bontés que si je ne les avais point perdues ; et mon attachement respectueux pour vous, Madame, ne diminuera jamais ».

Le roi avait envoyé chercher le duc de Bourgogne, « avec lequel, écrit Saint-Simon, il fut longtemps seul dans son cabinet, apparemment pour le déprendre de son précepteur auquel il était fort attaché, et qu'il regretta avec une amertume que la séparation de tant d'années n'a jamais pu affaiblir (1) ». Le jeune prince, désolé de voir exiler son maître, s'était jeté aux pieds du roi, l'avait supplié de revenir sur sa sentence; il se donnait lui-même comme preuve de la pureté des doctrines qui lui avaient été enseignées : on pouvait l'interroger sur la religion; on s'assurerait ainsi que sa foi n'avait pas été en péril. Ses larmes et ses prières furent inutiles. Toutefois, et ce fut peut-être pour adoucir le chagrin du duc de Bourgogne, le roi, en retirant à Fénelon les fonctions de précepteur, lui en laissait le titre et les appointements, ainsi que son appartement au château de Versailles. Le prince put donc se flatter de l'espoir que la séparation n'était pas definitive, et que ce maître si bien aimé lui serait un jour rendu.

Le gouverneur, M. de Beauvilliers, faillit être compris dans la même disgrâce que le précepteur. Mais l'archevêque de Paris, M. de Noailles, consulté à son sujet, représenta avec force sa vertu, sa candeur, sa droiture (2). Louis XIV avait d'ailleurs pour lui une sincère affection; ajoutez que M. de Beauvilliers s'était déjà retiré du Quiétisme. « Je suis très ignorant, Madame, lisons-nous dans une de ses lettres à Mme de Maintenon,

(1) *Mémoires*, I, 437.

(2) Le récit de Saint-Simon (*Mémoires*, II, 126) est curieux. Le duc de Noailles comptait obtenir les dépouilles de Beauvilliers, et agissait de toutes ses forces contre lui. Le succès de ses intrigues semblait déjà assuré. Ce fut l'archevêque qui « sans hésiter se fit l'obstacle de la plus grande fortune d'un frère avec lequel il était parfaitement uni, et des établissements de sa maison les plus grands et les plus solides. »

de la matière dont il s'agit, vous le savez, et que par moi-même je serais incapable d'en juger. Mais Dieu depuis longtemps m'a fait la grâce d'être soumis à ceux qui ont autorité sur moi. Je n'ai donc nulle répugnance à juger des livres de Mme Guyon par la décision de mon pasteur, et je me soumets pleinement et sans restriction à la condamnation que M. l'archevêque de Paris en a faite. Je ne veux les excuser ni directement ni indirectement; et dans les occasions je m'expliquerai toujours en conformité de ce que je vous marque ici (1) ». M. de Beauvilliers fut sauvé.

Avant de partir pour Cambrai, Fénelon écrivit à M. de Beauvilliers une lettre que le duc rendit publique. De nombreux exemplaires en furent distribués, sous le titre de *lettre à un ami* (2). Fénelon avait-il prévu cette publicité? L'approuvait-il? Nous l'ignorons; mais tous ceux qui lui étaient dévoués pensèrent que cet écrit ne pourrait que tourner les esprits en sa faveur. La lettre était en effet fort habile, composée avec beaucoup d'art. Fénelon s'y montrait docile envers le Saint-Siège; il exposait sa doctrine en l'atténuant, de manière à la rendre acceptable à beaucoup de ceux que les *Maximes des Saints* inquiétaient. Il ne se plaignait pas, mais il était difficile qu'on ne le plaignît pas, tant il montrait de douceur et de dignité dans sa disgrâce : aucune amertume contre ceux avec lesquels il avait été en désaccord. Sa lettre cependant n'obtint pas tout le succès qu'on en avait

(1) *Lettre du 9 avril 1697*. Œuv. IX, 137.
(2) *Lettre du 3 août 1697*. Œuv. II, 282.

espéré. — « M. de Cambrai, écrit Bossuet, ne songe qu'à se donner un air plaintif, et à se faire regarder comme un homme opprimé. » Et un peu plus tard : « Sa lettre, qu'on a répandue avec tant de soin, soulève tout le monde autant que le livre (1) ». Il y a certainement de l'exagération : *tout le monde* ne se prononça pas si vite ni si fort contre Fénelon ; et la preuve c'est que Bossuet crut devoir répondre sous le nom d'un tiers ; mais toute cette lettre, comme tout ce qu'écrivait Bossuet, était singulièrement forte et décisive (2) : elle détruisit en grande partie l'effet qu'avait pu produire d'abord la lettre de l'archevêque de Cambrai.

(1) *Lettres à l'abbé Bossuet, du 12 et du 18 août 1697.*

(2) On peut la lire en tête des œuvres théologiques de Bossuet. Elle commence ainsi : « Vous voulez, Monsieur, que je réponde à une lettre de M. l'archevêque de Cambrai à un ami ; ou plutôt sous le nom d'un ami à tout le public. » — Saint-Simon (*Mémoires, I, 438*) dit, à propos de la lettre écrite à M. de Beauvilliers : « Elle fit un extrême plaisir à lire, sans trouver d'approbateurs. »

CHAPITRE IV

L'affaire du Quiétisme à Rome. — Luttes d'écrits

Déclaration des évêques. — Le débat est porté à Rome. — L'abbé de Chantérac et l'abbé Bossuet agents, à Rome, de Fénelon et de Bossuet. — Difficulté des correspondances. — Le pape Innocent XII. — Nomination de consulteurs ; leur examen et leur partage. — Le cardinal de Bouillon. — *Instruction pastorale* de Fénelon. — *Summa doctrinæ*, de Bossuet. — Réponse à la *Summa doctrinæ*. — Dissertation de Fénelon sur les *Oppositions véritables*. — *Instruction pastorale* de M. de Noailles. — *Lettres* de Fénelon *à M. de Noailles*. — *Réponse de M. de Noailles*. — *Réponse à M. de Noailles*. — *Mémoires à M. de Cambrai*, et *Préface sur l'Instruction pastorale*, de Bossuet. — *Lettres* de Fénelon *en réponse aux Mémoires*. — *Réponse* de Bossuet *à quatre lettres de M. de Cambrai*. — Trois nouvelles lettres à Bossuet. — *Relation sur le Quiétisme*, de Bossuet. — Déclarations du P. Lacombe. — Vertu de Fénelon mise un moment en doute. — *Réponse à la Relation sur le Quiétisme*. — *Remarques* de Bossuet *sur la Réponse*. — *Réponse* de Fénelon *aux Remarques*. — *Lettre pastorale* de l'évêque de Chartres. — *Lettres* de Fénelon *à l'évêque de Chartres*. — Derniers écrits de Bossuet et de Fénelon. — Désir de Fénelon d'aller à Rome. — Dispositions diverses des esprits à Rome. — Ardeur de Fénelon dans sa défense. — Louis XIV enlève à Fénelon son titre de précepteur. — Rôle de Louis XIV dans l'affaire.

Pour répondre à l'envoi que Fénelon avait fait de son livre à Rome, M. de Noailles et Bossuet crurent edvoir relever, dans un mémoire destiné au pape, les fausses interprétations données par l'archevêque de Cambrai aux trente-quatre articles. Bien que l'évêque de Chartres n'eût pas pris part aux conférences d'Issy, comme c'était dans son diocèse que s'étaient d'abord manifestées les doctrines qui avaient motivé ces conférences, il s'associa aux deux prélats.

Ce mémoire, connu sous le nom de *Déclaration des trois évêques*, et où étaient énumérées les principales erreurs du livre des *Maximes*, fut arrêté et signé par eux le 6 août 1697, et porté le lendemain au nonce (1), pour être transmis à Rome. Ils avaient soin de bien établir qu'ils étaient obligés de faire cette déclaration : « Puisqu'on nous appelle depuis si longtemps en témoignage, nous ne pouvons différer davantage de répondre (2) ». Mais ils n'entendaient pas du tout se porter comme accusateurs de M. de Cambrai. « En effet, écrit Bossuet à son neveu, pourquoi M. de Paris, M. de Chartres et moi serions-nous plutôt ses accusateurs que les autres évêques ? Ce qui nous donne le droit d'agir, c'est que M. de Cambrai nous ayant appelés en témoignage dans la préface de son livre, on nous regarderait avec raison comme les fauteurs et les garants de ses erreurs, si nous restions dans le silence; mais aussi nous ne pouvons aller au-delà d'une déclaration de nos sentiments (3) ».

Comme les amis de Fénelon parlaient de son

(1) Le nonce Delfini, dans toute cette affaire, écrivit d'une manière peu favorable à Fénelon.

(2) *Commencement de la déclaration.*

(3) *Lettre du 5 août 1697.*

affaire avec M. de Meaux : « Je supplie, dit Bossuet, qu'on ne me fasse point le tort de me considérer comme partie. Je n'ai aucune affaire avec M. de Cambrai que celle qu'il a avec tous les évêques et toute l'Eglise pour sa mauvaise doctrine (1) ». Que Bossuet en tenant ce langage soit sincère, nous n'en doutons pas un instant ; et il aurait pu en effet n'être que témoin, si, après le double appel fait au pape, on en était resté là, en attendant sa décision. Mais des deux côtés on écrivit encore, et beaucoup : le débat, en se prolongeant, ne pouvait que se passionner. Quoique Bossuet s'en défendît, il finit par être considéré comme l'adversaire, la partie de Fénelon : cette opinion des contemporains a été aussi celle de la postérité.

Bien que la déclaration portât la signature des trois évêques, on paraissait à Rome oublier M. de Noailles et M. Godet-Desmarais : le débat semblait être entre Bossuet et Fénelon. C'était en faveur du second que d'avance la plupart des esprits étaient disposés : sans doute on tenait Bossuet en haute estime pour ses travaux (2) ; mais Fénelon aussi était en grande réputation : on vantait beaucoup sa

(1) *Même lettre.* Voir encore ses *lettres du 3 septembre 1697, à M. de La Broue, et du 25 novembre 1697, à son neveu.* Le 9 décembre 1698 il écrira encore à ce dernier : « C'est M. de Cambrai qui a porté l'affaire au pape en lui soumettant son livre. Nous qui étions appelés en témoignage, nous l'avons rendu à toute l'Eglise : nous n'avons rien demandé au pape, nous ne sommes ni dénonciateurs ni accusateurs. »

(2) Si le neveu en écrivant à son oncle n'exagère pas, le pape lui aurait dit que Bossuet était « le premier évêque de l'Eglise, le soutien de l'Eglise en toute occasion. » *Lettre de l'abbé Bossuet à Bossuet, du 9 avril 1697.*

douceur, sa sincère et solide piété, et en même temps son génie facile et élevé, que quelques-uns plaçaient au niveau, et même au-dessus de celui de Bossuet (1).

D'ailleurs, ce qui aux yeux de beaucoup n'était pas un médiocre mérite, Fénelon était fort détaché (on le savait et ses amis avaient soin de le répéter) des principes de l'Eglise gallicane, dont Bossuet était le plus ferme défenseur. Ajoutez que les jésuites, fort puissants à Rome, étaient dévoués à Fénelon (2). Enfin, pour quelques-uns, dernière raison d'incliner plus vers lui, c'était son rang plus élevé dans la hiérarchie ecclésiastique (3).

Le gallicanisme de Bossuet, auquel nous venons de faire allusion, et qu'on lui a parfois si fort reproché, ne l'empêche point, dans toute cette affaire du Quiétisme, de marquer autant de défé-

(1) *Lettres de M. de Chantérac à M. de Langeron, 11 février et 13 mai 1698*. Œuv. IX, 322 et 403. L'admiration même un peu excessive pour Fénelon n'a rien que de fort naturel chez ses amis. Mais nous regrettons qu'on ait insinué que dans cette affaire du Quiétisme Bossuet obéit à un sentiment de jalousie contre Fénelon. *Lettre de M. de Chantérac à Fénelon, 15 février 1698*. Œuv. IX, 325. — Ramsay, *Histoire de Fénelon*, 34, 37, se fait l'écho de cette accusation qu'il avait entendue sans doute à Cambrai.

(2) Le confesseur du roi, le P. de La Chaise, avait même, comme de la part du roi, écrit à Rome, au cardinal de Janson, en faveur de Fénelon, et s'était attiré un désaveu formel. La correspondance de Bossuet avec son neveu, mars et avril 1697, est remplie de détails sur la conduite des jésuites et du P. de La Chaise. De tout temps Bossuet avait assez négligé la Compagnie.

(3) « J'ai vu M. le cardinal Noris... Lorsque je lui racontai comment M. de Meaux s'était levé contre votre livre, il me dit : Comment cela, puisque M. de Meaux est seulement évêque, et que M. de Cambrai est archevêque ? » *Lettre de M. de Chantérac à Fénelon, du 18 octobre 1697*. Œuv. IX, 215.

rence et de respect pour l'autorité du pape que l'ultramontain le plus décidé. Il est bien résolu à ne rien ménager pour défendre ce qu'il estime la vérité. « On sait, écrit-il, que je suis inexorable quand il s'agit de la religion, et qu'on ne m'en imposera pas sur la doctrine (1). » Mais cette déclaration, qu'il a faite avec les autres évêques, n'est pas un jugement par lequel ils entendent prévenir la décision du Saint-Siège. Ils la soumettent au pape à qui il appartient de prononcer souverainement. « Nous reconnaissons dans la chaire de S. Pierre le dépôt inviolable de la foi, et la source primitive et invariable des traditions chrétiennes. Pour moi, en mon particulier, je me soumets de bon cœur à cette autorité, et je me tiens pour assuré que ce qui sortira de ce siège sera le meilleur (2). » Il recommande à son neveu, qu'impatientent parfois les lenteurs de la curie romaine, et qui voudrait presser le jugement, de « parler toujours sobrement et avec tout le respect convenable..... Pour moi je vais toujours mon train, et je demeure invariablement attaché à faire valoir la conduite et l'autorité de Rome. Nous sommes dans les mêmes sentiments, M. de Paris, aussi bien que M. de Chartres (3) ».

Fénelon ne pouvant aller à Rome, puisque le roi, comme nous l'avons vu, lui en avait refusé

(1) *Lettre à l'abbé Bossuet du 31 août 1698.*

(2) *Lettre de Bossuet au cardinal d'Aguirre, du 6 avril 1698.* Il écrit encore à son neveu (20 juin 1699) qu'il faut conserver l'autorité de Rome « où consiste le salut et le soutien de l'Eglise et de la catholicité. »

(3) *Lettre du 7 juillet 1698.*

l'autorisation, voulut y avoir du moins un représentant qui défendrait son livre. Il fit choix, pour cette mission, de l'abbé de Chantérac ; et dès le lendemain de sa disgrâce, le 2 août, il écrivait de Paris au Saint-Père, pour lui demander d'accueillir avec bonté cet abbé dont il lui fait ce portrait : « Il est d'une bonne naissance, d'une grande habileté dans l'administration de mon église, d'une piété exemplaire, excellent théologien, et qui ne cherche en tout que la vérité. Il est mon parent, l'honneur et le modèle du clergé de Cambrai, où je l'ai fait venir il y a deux ans, pour m'aider, comme grand vicaire, dans l'accomplissement de ma tâche (1). »

Ajoutons que l'abbé de Chantérac était profondément dévoué à Fénelon, pour lequel il avait autant d'admiration que d'affection (2). Il fit promptement ses préparatifs pour partir, accompagné d'un abbé de La Templerie, curé dans le diocèse de Cambrai (3). Mais retardé par divers contretemps, il

(1) *Lettre latine au pape Innocent XII.* Œuv. IX, 134.

(2) Cette admiration va même jusqu'à lui faire dire, au cardinal Albani, à propos de la lutte de Fénelon contre les trois prélats, qu'il faut, sous le pontificat d'Innocent XII, « que les Athanase et les Chrysostome trouvent un asile assuré, dans l'autorité du Saint-Siège, contre le jugement de quelques évêques réunis contre eux. *Lettre de M. de Chantérac à Fénelon, du 8 mars 1698*. Œuv. IX, 345. »

(3) Fénelon semble l'avoir surtout choisi pour décharger M. de Chantérac de tous les soins matériels qu'exigeait une installation à Rome. Il s'acquitta de ce service à la satisfaction du prélat, qui le nomma, en 1698, chanoine de la métropole. Plus tard il eut à surveiller l'éducation du marquis de Laval, fils de la belle-sœur de Fénelon, pendant un séjour de ce jeune homme à Cambrai, en 1700.

ne put arriver au terme du voyage que vers le milieu de septembre.

Bossuet eut aussi son agent auprès de la cour pontificale. L'abbé Bossuet, son neveu, se trouvait à Rome depuis plus d'un an, avec l'abbé Phélippeaux, docteur en Sorbonne, chanoine et grand vicaire de Meaux. Ils allaient revenir quand la question du Quiétisme fut portée devant le pape. Leur retour fut ajourné, jusqu'à ce que cette affaire, qu'ils étaient chargés de suivre, eût reçu sa solution.

Comment les abbés de Chantérac et Bossuet s'acquittèrent-ils de leur mission ? Tous deux sans doute y apportèrent beaucoup de zèle ; mais chez le premier, comme on pouvait l'attendre de son âge et de son caractère, le zèle était tempéré par une retenue et une modération, réelles sans doute, mais qu'il ne faudrait pas cependant louer, comme on l'a fait quelquefois, avec exagération. M. de Chantérac était trop pénétré des exceptionnels mérites de son patron, pour garder toujours, en parlant de l'adversaire, toute la mesure convenable (1). Mais il faut reconnaître qu'en diverses circonstances il vit plus juste que Fénelon ; il lui donna de prudents avis ; et, comme nous le verrons, au besoin il n'hésitait pas à lui tenir le langage le plus franc et le plus ferme.

Tout autre était l'abbé Bossuet, jeune encore (il

(1) Il dira par exemple : « Les emportements et les malignités de M. de Meaux..... ; il joue un rôle de persécuteur à l'égard de Fénelon ; ses méchants raisonnements et ses injures..... ses manèges. » *Lettres des 12 et 18 octobre 1697, 13 mai et 14 juin 1698.* Œuv. IX, 210, 214, 403, 439.

avait à peine trente-trois ans), d'un esprit vif, délié, plein de ressources, hardi même dans ses rapports avec les cardinaux et le pape, il a l'oreille partout, il noue des intelligences de divers côtés ; il intrigue, il organise même, sans scrupule, un service d'espionnage (1). Mais ce qu'il y a de plus fâcheux, c'est l'extrême passion dont il est animé en toute circonstance contre Fénelon et les amis de Fénelon (2). Il pouvait donner à son oncle d'exactes et nombreuses informations ; mais vraiment un tel avocat a fait du tort dans la postérité à la cause qu'il soutenait. Bossuet eut la faiblesse de subir l'influence d'un neveu qui n'était pas digne de lui.

L'abbé Bossuet (il convient de remarquer toutefois qu'il était abbé de nom seulement; il ne reçut les ordres sacrés qu'après son retour en France, en 1700), menait d'ailleurs une vie légère, pour ne pas dire plus. Une aventure, vraie ou fausse, dont on

(1) S'il n'y avait que le témoignage de M. de Chantérac, qui prétend qu'on l'espionne, nous pourrions avoir un doute. Mais l'abbé Bossuet se vante lui-même de la chose : « Aussitôt le grand vicaire arrivé, il aura un espion, et nous serons instruits » *Lettre à Bossuet, du 3 septembre 1697.* — Il y a aussi une histoire d'opium donné à un courrier du cardinal de Bouillon, afin de le retarder, et de permettre au courrier de l'abbé Bossuet de le dépasser. *Lettres du cardinal de Bouillon à M. de Torci, du 17 mars 1699.* Œuv. IX, 710 ; *et de l'abbé Bossuet à Bossuet, du 7 avril 1699.*

(2) Nous passons sur des expressions violentes qui se rencontrent très souvent dans ses lettres, « grand menteur, insolent, qui se défend scandaleusement, emploie les moyens les plus odieux, parjure, mensonge, fausseté ; un charlatan, un déclamateur, le plus dangereux de tous les hommes. » — Mais voici qui dépasse toutes ces injures : « Une bête féroce qu'il faut poursuivre pour l'honneur de l'épiscopat et de la vérité jusqu'à ce qu'on l'ait terrassée. » *Lettre à Bossuet, du 25 novembre 1698.*

le fit le héros, amusa et scandalisa, tout à la fois, le public à Rome. Le bruit en vint à Versailles. Bossuet n'apprit tout ce qui se disait que par le roi qui avait reçu des rapports. « Comme je parlais au roi sur votre sujet, il m'a fait une histoire sur votre compte. On lui a dit que vous aviez été attaqué la nuit, pistolet appuyé, et qu'on vous avait fait promettre que vous n'iriez jamais dans une certaine maison, sinon la vie ». Bossuet fut fort ému; le neveu cria à la calomnie, et Bossuet se laissa assez aisément persuader de sa parfaite innocence. Le roi en fut-il aussi convaincu? Nous ne le savons pas ; mais ce qu'il est permis de supposer, c'est que le souvenir de toute cette affaire contribua peut-être au refus qu'il fit d'appeler à l'épiscopat l'abbé Bossuet, qui dut attendre, jusqu'à la Régence, une nomination longtemps désirée. Sa conduite à Rome nuisait à Bossuet. D'après l'abbé de Chantérac, une Eminence, qui n'était peut-être que l'écho de trop de gens, aurait dit : « Voilà qui est plaisant ; M. de Meaux veut faire le réformateur du clergé et des prélats ; et il nous envoie ici son neveu qu'il appelle un autre moi-même ; et il veut que l'on condamne le livre de M. de Cambrai comme un livre scandaleux, et il mène ici une vie bien plus scandaleuse. Son oncle le sait, et n'en dit mot : voilà ce qui me scandalise, et non pas le livre (1) ».

(1) Voir pour plus de détails sur toute cette fâcheuse affaire, les *lettres de Bossuet à son neveu, des 27 janvier, 9, 15 et 24 février, 31 mars, 6 et 20 avril 1698 ; de l'abbé Bossuet à Bossuet, des 18 et 25 février, 4 mars et 1er avril 1698 ; de M. de Noailles à l'abbé Bossuet, 24 mars et 7 avril 1698, et de Mme de Maintenon à Bossuet,*

Si vive que fut l'ardeur des deux parties, les rapports de M. de Chantérac et de l'abbé Bossuet, quand ils se rencontraient (et ils ne pouvaient manquer de se rencontrer quelquefois), étaient toujours empreints de politesse, et même de courtoisie : on aime à les voir ainsi fidèles à une qualité toute française : « J'oubliais de vous dire, écrit M. de Chantérac, que M. l'abbé Bossuet et moi nous nous trouvâmes, le jour de Sainte Luce, à Saint-Jean de Latran, au cortège de M. le cardinal (de Bouillon). Il n'avait point de place dans l'église, et je lui fis signe qu'il y en avait une commode dans le banc où j'étais assis : il y vint, et nous causâmes une demi-heure ensemble (1) ». Plus tard ils sont invités à la même table : « M. l'abbé Bossuet et moi, nous sommes trois ou quatre fois à dîner chez M. le cardinal. Il prend grand soin de me servir à table, il boit à ma santé : rien de plus honnête, et de ma part je fais aussi tout de mon mieux à son égard (2) ».

La volumineuse correspondance, à laquelle donna lieu des deux côtés l'affaire du Quiétisme, est fort curieuse sous beaucoup de rapports, à commencer par les voies et moyens dont il fallait user, pour faire parvenir sûrement les lettres à leur destinataire. Sans doute on avait la poste,

3 avril 1698. — Lire aussi, pour avoir les deux versions, les *lettres de M. de Chantérac à l'abbé de Langeron, 10 et 31 décembre 1697, 7 et 28 janvier, et 11 février 1698.* Œuv. IX, 268, 287, 292, 308 et 322.

(1) *Lettre de M. de Chantérac à l'abbé de Langeron, du 31 décembre 1697.* Œuv. IX, 288.

(2) *Lettre de M. de Chantérac à Fénelon, 25 octobre 1698.* Œuv. IX, 564.

mais dont le service était assez lent. Si une lettre était pressante, il fallait la dépêcher par courrier spécial, grosse dépense que Fénelon pouvait aisément se permettre avec son revenu considérable ; mais Bossuet, beaucoup moins riche, était obligé d'y regarder. La question d'argent revient souvent dans les lettres de Bossuet. Le neveu assure qu'il réduit autant que possible ses dépenses ; Bossuet se saigne pour subvenir aux frais de séjour à Rome : il est fort ménager, non par nature, mais par nécessité (1). Fénelon, heureusement pour lui, est affranchi des préoccupations de cette nature.

Outre sa lenteur la poste n'était pas bien sûre : dès cette époque le secret des lettres n'était pas fort respecté. Il fallait se mettre en garde contre les infidélités possibles et les recherches trop curieuses. L'abbé Bossuet change de cachet, parce qu'il s'aperçoit qu'on a dû prendre l'empreinte de celui dont il s'était d'abord servi. Il convient aussi d'un chiffre avec son oncle, afin que les lettres, ouvertes par fraude, restent énigmatiques pour celui qui n'a pas la clé du chiffre (2).

Si Bossuet se croit obligé à ces mesures de prudence, combien Fénelon, en disgrâce, avait de précautions à prendre pour déjouer la surveillance, l'espionnage, dont il ne pouvait manquer d'être

(1) Voir les *lettres de l'oncle au neveu, des 30 décembre 1697, 7 juillet, 21 décembre 1698, 5 janvier et 2 février 1699 ; et du neveu à l'oncle, des 21 janvier, 3 et 10 juin, 10, 16 et 30 décembre 1698, 3 et 10 février 1699.*

(2) *Lettres de l'abbé Bossuet à Bossuet, des 8 octobre 1697 et 8 avril 1698 ; et de Bossuet à l'abbé Bossuet, du 7 juillet 1698, et à M. de Noailles, du 27 juillet 1698.*

l'objet ! On se servira surtout de la poste de Bruxelles, c'est le plus sûr. « Ecrivez-moi aussi par Lyon et Paris : autrement ceux qui regardent à la poste soupçonneraient que nous avons un autre canal, et se mettraient en tête de le découvrir (1) ». Les lettres de quelque importance ne devaient pas être adressées directement, mais envoyées à des personnes sûres qui serviraient d'intermédiaire.

Outre son correspondant ordinaire, M. de Chantérac, Fénelon communiquait-il avec Rome par quelque autre voie ignorée de M. de Chantérac lui-même ? On peut être surpris du mystère qu'il garde sur ce point avec un serviteur aussi sûr et aussi dévoué; mais voici ce qu'il lui écrit : « Je dois vous dire que je sais, par des voies secrètes, que nos affaires vont mieux qu'on ne vous le fait entendre (2) ». Est-ce de Rome qu'il tient ces renseignements ? On peut le croire, bien qu'il ne s'explique point à cet égard.

C'est peu de jours avant sa condamnation, et quand M. de Chantérac considérait déjà sa cause comme perdue, que Fénelon témoignait encore cette confiance. On voit qu'il avait l'espérance tenace. Quand il avait recouru au pape, il n'avait

(1) *Lettres de Fénelon à M. de Chantérac, des 3, 18, 25 septembre et 27 novembre 1697.* Œuv. IX, 197, 201, 204, 252. Ce n'était pas seulement sa correspondance que Fénelon craignait de voir interceptée ; il avait aussi à se mettre en peine pour que les écrits qu'il composait pour sa défense pussent arriver à Rome. Ils étaient imprimés surtout à Douai ; et s'il faut en croire une lettre du P. Champy, récollet, à Bossuet, du 4 août 1698, on les apportait la nuit à Cambrai, dont la porte s'ouvrait par ordre du gouverneur, tout dévoué à Fénelon. De Cambrai les livres étaient portés par un courrier à la poste de Bruxelles.

(2) *Lettre du 31 janvier 1699.* Œuv. IX, 669.

point douté que le pape lui donnât raison. Innocent XII, fort âgé, d'humeur bénigne, et qui d'ailleurs dans les diverses nonciatures, où il avait passé la plus grande partie de sa vie, avait eu à s'appliquer aux affaires d'Etat bien plus qu'à la théologie, aurait mieux aimé n'avoir pas à s'occuper de cette querelle de doctrines, ni à se prononcer contre personne ; et le nonce, à Paris, marquait qu'on souhaitait fort à Rome que la chose se terminât en France, plutôt que d'être portée à l'Inquisition (1). Mais une fois saisi de l'affaire, non seulement par les prélats, mais par le roi lui-même il fallut bien que le pape se décidât à rendre un jugement.

Il nomma d'abord des consulteurs suivant l'usage. Leur rôle était simplement d'étudier la question sur laquelle on disputait, de l'éclaircir, d'apporter après leur avis motivé à ceux qui composaient le véritable tribunal, c'est-à-dire aux cardinaux de la congrégation du Saint-Office. Ce n'était qu'une instruction, mais qui avait son importance, parce qu'on choisissait ces consulteurs parmi les théologiens réputés comme fort distingués. Le pape désigna, pour ces fonctions, Bernardini, maître du sacré pâlais, dominicain ; le P. Massoulié, aussi dominicain ; le P. Gabrielli, procureur général des feuillants ; le P. del Miro, bénédictin ; le P. Granelli, observantin ; le P. Serani, procureur général des augustins, et le P. Alfaro, jésuite. Un religieux de l'ordre des mineurs conventuels, le P. Damascène, avait été aussi nommé ;

(1) *Lettre de Bossuet à l'abbé Bossuet, du 1er juillet 1697.*

mais il fut effacé de la liste, en novembre, quand le nonce, de la part du roi de France, eut représenté au pape que le P. Damascène était fort suspecté de partialité pour Fénelon.

Innocent XII fit appeler successivement tous les membres de la commission, pour leur recommander d'apporter à l'examen du livre toute la diligence et toute l'application possibles.

Les examinateurs, après quelques conférences préliminaires, se mirent à l'œuvre le 4 novembre. Le plus grand secret leur avait été recommandé ; mais les deux parties avaient, dans la commission, des amis qui les renseignaient exactement sur ce qui s'était passé dans chaque séance. Avec les correspondances de l'abbé de Chantérac et de l'abbé Bossuet, (et à cet égard on trouve dans leurs lettres une remarquable concordance, qui prouve comme ils étaient bien informés), on pourrait en quelque sorte dresser le procès-verbal des sessions qui furent fort nombreuses.

Il fut bientôt évident que, sur les sept consulteurs, deux seulement, Alfaro et Gabrielli, étaient favorables à Fénelon. Mais, au mois de décembre, à la commission fut adjoint, en remplacement du P. Damascène, un huitième membre, le P. Philippe, général des carmes déchaussés ; puis, en janvier, encore deux autres, le P. Le Dron, augustin, évêque de Porphyre, et sacriste du pape, et le prélat Rodolovic, secrétaire de la congrégation des réguliers et archevêque de Chiéti dans le royaume de Naples. M. le cardinal de Bouillon avait fait insinuer au pape que la présence d'évêques dans la commission donnerait plus de poids à l'avis qu'elle devait émettre.

Cette adjonction de trois consulteurs eut pour premier résultat de prolonger l'examen; car il fallut recommencer en partie la discussion. Mais elle eut encore un autre effet bien plus considérable : les trois nouveaux venus se trouvèrent être des défenseurs du livre des *Maximes*; ils furent ainsi cinq contre cinq (1). Comme ils disputaient entre eux avec chaleur, le pape crut devoir nommer deux cardinaux, Ferrari et Noris, qui seraient les présidents et les modérateurs de ces débats, et couperaient court aux chicanes opiniâtres et inutiles, mais sans exprimer eux-mêmes leurs sentiments sur le fond des choses (2).

Les conférences des examinateurs furent terminées à la fin d'avril 1698 : la division dura jusqu'au bout. Fénelon n'était donc pas condamné; mais ce n'était qu'un demi-succès, car il n'était pas non plus justifié. Il considéra cependant ce partage des voix comme une victoire.

Nous avons nommé le cardinal de Bouillon comme ayant contribué à faire ajouter deux évêques à la liste des consulteurs. En toute circonstance il faisait profession d'estimer beaucoup

(1) Pour l'abbé Bossuet « le caractère des qualificateurs favorables au livre ne mérite pas grande considération ». Voir ce qu'il dit de chacun d'eux en particulier, *lettre à Bossuet du 15 janvier 1699*. M. de Chantérac au contraire, *lettre à M. de Langeron, du 29 septembre* 1698. Œuv. IX, 538, traite les autres de « religieux sans dignité et sans caractère. » On voit combien le point de vue change suivant l'intérêt des plaideurs.

(2) *Lettre de M. de Chantérac à Fénelon, du 1er février* 1698. Œuv. IX, 311.

Bossuet aussi bien que Fénelon : pour l'un comme pour l'autre il n'avait pas assez d'éloges. Tout en protestant de sa volonté de rester neutre entre les deux adversaires (1), au fond il était pour Fénelon. Mais, chargé des affaires de la France à Rome, et trop bon courtisan pour rien faire ouvertement qui pût déplaire au roi, il ne rendait à l'archevêque de Cambrai que des services discrets. Mais il ne put cependant si bien cacher ses préférences qu'on ne finit par les soupçonner. Louis XIV lui imputa les retards apportés à la condamnation, et lui donna un successeur à Rome. Ce fut le commencement de l'éclatante disgrâce du cardinal.

Nous venons de dire comment, à la fin de leurs nombreuses conférences, les consulteurs s'étaient prononcés : il nous faut maintenant revenir en arrière.

L'examen doctrinal une fois commencé, il semblerait que des deux côtés on n'avait plus qu'à attendre la décision, sans engager aucun nouveau débat. Mais il en fut tout autrement : loin d'être suspendue, la lutte ne fit que devenir de plus en plus vive et ardente. Ni Bossuet ni Fénelon n'entendaient laisser à leur adversaire l'avantage d'avoir parlé le dernier : c'est ainsi que les écrits se multiplièrent. Nous devons les signaler, mais en nous bornant, pour la plupart, à quelques courtes indications : les analyser serait un long travail, et qui n'intéresserait guère de lecteurs. C'est toujours à peu près sur le même fond que roule toute cette controverse : elle semblerait monotone, et on

(1) Voir à ce sujet la fort curieuse *lettre de M. de Chantérac à Fénelon, du 26 juillet* 1698. Œuv. IX, 477.

y signalerait bien des répétitions, si le merveilleux talent des deux contradicteurs ne paraissait chaque fois renouveler le sujet.

De retour dans son diocèse, Fénelon donna une instruction pastorale pour expliquer sa doctrine (1). « J'ai soumis, disait-il en finissant, mon livre sans réserve à l'autorité du Saint-Siège. » Dans la lettre latine qu'il adressa en même temps (12 octobre) au pape, il annonce que désormais il ne répondra plus rien ; il sera muet (2). Il avait trop présumé de sa patience : car presque aussitôt il s'occupait d'une *Réponse à la Déclaration des prélats* (3), réponse qui parut au mois de décembre, et qu'il se hâta d'envoyer à l'abbé de Chantérac (4). Le plan de l'ouvrage est des plus simples : Fénelon prend la *Déclaration*, et la reproduit paragraphe par paragraphe, en français (elle avait été publiée en latin ; chaque paragraphe, fidèlement traduit, est suivi d'une réfutation) : le tout se compose de soixante-deux articles.

Aussitôt après la *Déclaration*, Bossuet, pour la confirmer et la développer, avait écrit un mémoire destiné à la cour de Rome (5). Il y résumait les

(1) Œuv. II, 286-328. Cette instruction est datée du 15 septembre 1697 ; mais elle ne fut publiée qu'à la fin d'octobre.

(2) « Nihil reponam. Ero sicut mutus non aperiens os suum, sicut homo non audiens, et non habens in ore suo redargutiones. » Œuv. IX, 209.

(3) Œuv. II, 329-382.

(4) *Lettres de Fénelon à l'abbé de Chantérac, du 31 décembre* 1697. Œuv. IX, 288 ; *et de l'abbé de Chantérac à Fénelon, du 25 janvier* 1698. Œuv. IX, 304.

(5) *Summa doctrinæ.* L'écrit est daté de Meaux le 20 août 1697. Mais il ne fut publié qu'au mois d'octobre suivant.

principes qu'il avait trouvés dans le livre des *Maximes*, les conséquences qui s'ensuivaient, les explications que l'auteur avait données, et il opposait ce qu'il estimait être la vraie et pure doctrine. Fénelon ne pouvait se dispenser de répondre à ce *Sommaire*, comme il l'avait fait pour la *Déclaration*. Mais il crut devoir négliger toute la première partie de l'ouvrage, qui « ne contient, dit-il, jusqu'au milieu de la douzième page, qu'une répétition des accusations déjà faites dans la *Déclaration* des trois prélats. Il serait inutile de répéter ici mes réponses. Je me contenterai même de choisir les principales objections qui sont dans cet écrit. » Il reproduit seize de ces objections, et les discute (1).

En annonçant à l'abbé de Chantérac qu'il va faire partir cette réponse, Fénelon ajoute : « Après quoi je laisserai M. de Meaux inonder le monde d'écrits contre moi. Il vaut mieux souffrir et travailler dans le diocèse que passer sa vie en écriture et en contention (2). » Cela en effet eût beaucoup mieux valu ; mais Fénelon ne put se retenir de reprendre la plume, non pas une, mais quinze ou seize fois encore. Aucune attaque ne se produisit que la riposte n'arrivât tout de suite. Mais n'en soyons pas étonnés : il faudrait être vraiment un saint (et les vrais saints sont si rares dans ce monde), pour subir les coups avec placidité, et sans combattre,

(1) *Réponse à l'ouvrage de M. de Meaux intitulé Summa doctrinæ*. Œuv. II, 382-420. Cette réponse était écrite dès le mois d'octobre ; mais elle ne fut rendue publique que vers le mois de février suivant.

(2) *Lettre du 27 novembre* 1697, Œuv. IX, 252.

surtout quand on se sent fort bien armé pour le combat.

Le premier écrit que donna Fénelon, après avoir annoncé qu'il n'en donnerait plus, ne fut pas même une défense : à son tour il prenait l'offensive. Il fit une dissertation pour établir que sur deux points, la nature de la charité et la nature de l'oraison passive, les opinions que professait Bossuet étaient erronées (1).

Tout aussitôt après Fénelon se retournait vers un autre adversaire. Au mois d'octobre, M. de Noailles avait adressé aux fidèles de son diocèse une instruction pastorale sur les illusions des faux mystiques. Il s'élevait avec force contre « les nouveaux spirituels, qui prétendent que, si l'on s'avisait de désirer Dieu comme son bien, même en rapportant tout à sa gloire, ce ne serait plus qu'une charité mélangée, intéressée, et ainsi dégradée. » Il signalait des excès de subtilité, étrangers à la vraie religion. « Le christianisme n'est pas une école de métaphysique. A force de vouloir purifier l'amour, qu'on prenne garde de ne pas le détruire... Cette étrange perfection, ces raffinements de spiritualité, on n'en a jamais ouï parler dans l'Eglise (2). »

Bien que Fénelon ne fût pas nommé dans cette instruction, il y était si clairement désigné, qu'à

(1) *Dissertation sur les oppositions véritables entre la doctrine de M. l'évêque de Meaux et celle de M. l'archevêque de Cambrai.* Œuv. II, 402-420. Cette dissertation est du mois de décembre 1697, comme on le voit par la *lettre de Fénelon à l'abbé de Chantérac, du 31 décembre* de cette année. Œuv. IX, 288.

(2) Cette instruction pastorale, datée du 27 octobre 1697, est reproduite dans les Œuvres de Fénelon, II, 420-466.

moins de passer condamnation sur toutes les imputations dont il était l'objet, il crut impossible de ne pas répondre. Il semble cependant ne s'y décider qu'à regret. Il écrivit quatre lettres à M. de Noailles (1). La première commence ainsi : « Monseigneur, j'ai gardé le silence autant que je l'ai pu, et il n'y a rien que je ne fisse encore pour n'être pas dans la nécessité affligeante où je me trouve de me plaindre à vous-même de votre dernière lettre pastorale. Mais enfin je dois à l'honneur de mon ministère, et au dépôt de la doctrine qui nous est confié en commun, de vous exposer mes sujets de plainte. A Dieu ne plaise, Monseigneur, que j'y mêle aucune passion, ou que je m'écarte jamais de la vénération que vous méritez, et de l'attachement que j'ai pour vous depuis si longtemps. »

L'intérêt propre, le sacrifice absolu de cet intérêt, la nature de la charité et de la contemplation, la béatitude, voilà les sujets qu'il traite dans ces lettres, et sur lesquels il donne de nouvelles explications. Ce simple énoncé pourrait faire croire que la controverse reste purement théologique; mais que l'on y prenne garde : voici que les personnes même sont mises en cause ; plus d'un trait ira les atteindre d'une manière quelque peu détournée. Ce que Fénelon ne dit pas, il le fait cependant penser. L'impression qui se dégage, pour le lecteur, de ces lettres écrites avec un art singulier, c'est que M. de Noailles n'a ni doctrine ni volonté qui lui soient propres : il va comme on le pousse et où on le pousse;

(1) Œuv. II, 467-519. Les trois premières parurent au mois de février 1698, et la quatrième en mars.

il n'est qu'un instrument entre les mains de Bossuet. On s'explique, à lire des pages comme celles-là, le mot d'un critique, que Fénelon excelle à porter des coups dangereux d'une main respectueuse.

M. de Noailles crut devoir répliquer, et il mit dans sa réplique une vivacité qui ne lui était pas ordinaire (1). Il fit l'historique des rapports qu'il avait eus, depuis l'origine de la controverse, avec Fénelon, qui s'était vainement efforcé de l'amener à ses sentiments : « Vous voulez faire entendre, dit-il, que j'ai suivi les impressions de certaines personnes contre votre amie. Je tâche de suivre les lumières de ma conscience, et non les préventions d'autrui. Quelque faiblesse que vous m'imputiez, vous savez mieux que personne qu'on ne me tourne pas comme on veut. Que n'avez-vous pas fait pour changer les idées que les livres de Mme Guyon et ce que je savais de sa conduite m'avaient données ? J'ai pourtant résisté à votre éloquence et à votre autorité. Ce que vous n'avez pu faire, croirez-vous qu'un autre le puisse ? » Il avait été, on le voit, piqué au vif par les insinuations de Fénelon.

Le terrain de la discussion se déplace peu à peu. Dans cette lettre la question de doctrine n'est plus traitée que fort brièvement ; mais on y voit ramas-

(1) *Réponse de M. de Paris aux quatre lettres de M. de Cambrai.* Mai 1698. Œuv. II, 519-538. — Cette réponse, remarquable par l'élégante simplicité et la pureté du style, avait été, dit-on, rédigée par Racine. On le crut sans doute chez les jésuites et on en fut mécontent : c'est ce qui expliquerait ce singulier sujet de thèse donné dans une de leurs écoles : « Racinius an est poeta ? An est christianus ? »

sés tous les griefs contre les procédés de Fénelon : c'est la relation du Quiétisme anticipée.

Quoique bien décidé à ne pas se séparer de Bossuet, M. de Noailles était peiné de cette lutte, et il souhaitait vivement en voir le terme : « Souffrez, Monseigneur, dit-il, qu'en finissant je me plaigne à vous du temps que vous me faites perdre, et de celui que vous perdez... Que fera le grand diocèse dont vous êtes chargé, et qui a sans doute besoin de toute votre application, tant que vous ne travaillerez qu'à justifier votre livre ? Pour moi qui sens plus que vous, parce que j'ai moins de force, la pesanteur de mon fardeau, je me crois si obligé d'éviter tout ce qui peut me détourner de mon ministère, que je ne veux plus employer mon temps à cette dispute. Vous écrirez tant qu'il vous plaira contre moi, je ne vous répondrai plus. Je craindrais que nos contestations ne servissent à la fin qu'à affaiblir la charité qui édifie, en travaillant à faire valoir la science qui enfle. » M. de Noailles tint parole : il ne fit plus paraitre une seule ligne sur toute cette affaire.

Une lettre que Fénelon lui écrivit pour se justifier sur tous les points où il était accusé, avait été rédigée d'abord en français ; mais avant d'être imprimée elle fut mise en latin, pour être envoyée à Rome et placée sous les yeux du pape et des cardinaux (1).

(1) *Responsio illustrissimi D. archiepiscopi et ducis Camerarensis ad epistolam illustrissimi D. Parisiensis archiepiscopi.* Œuv. II. 538-554. — *Lettre à l'abbé de Chantérac, du 20 juin* 1698. Œuv. IX, 441. Fénelon lui envoie, avec la *Responsio,* une lettre également en latin, « ou d'un tiers anonyme » mais qui en réalité est de

Fénelon n'avait pas encore fini de répondre à M. de Noailles, que déjà il revenait à la lutte avec son principal antagoniste. Vers la fin de février 1698, Bossuet avait publié cinq mémoires (1) : dans le premier étaient exposées les principales erreurs du livre des *Maximes* ; le second avait pour objet de détruire l'effet de trois lettres que les amis de Fénelon avaient répandues partout (2), et qui ne servaient qu'à détourner l'état de la question. Dans le troisième et le quatrième Bossuet relevait les fausses interprétations données par Fénelon de certains passages de saint François de Sales et de l'Ecriture ; dans le cinquième il établissait les principes pour l'intelligence des Pères, des scolastiques et des spirituels, sur les motifs de la charité. Les cinq mémoires étaient suivis d'une longue *préface sur l'instruction pastorale* de Fénelon, du mois de septembre 1697, instruction, disait Bossuet, où le mot *intérêt propre* n'est plus pris dans le même sens que dans le livre des *Maximes*. Il y signalait diverses propositions censurables, et s'efforçait d'établir la pure doctrine des Pères et des conciles sur la perfection.

lui. « Il est bon qu'elle soit vue, dit-il, sans paraître venir de moi. Consultez là-dessus les gens habiles. » Sous l'anonyme il lui était plus facile de se départir de « ce ton modéré, au moins devant le monde », dont parle M. de Noailles. Voilà des finesses qu'on regrette d'avoir à relever.

(1) *Divers écrits ou mémoires sur le livre intitulé : Explication des Maximes des Saints.*

(2) Ces trois lettres étaient : les deux premières, de Fénelon lui-même, *à un ami* (le duc de Beauvilliers) (Œuv. II, 282 ; *à la Supérieure des Nouvelles converties*, (Œuv. IX, 152 ; et la troisième de *M. l'abbé de Chantérac à M*[me] *de Ponchat*. (Œuv. IX, 133.

Aux mémoires de Bossuet, Fénelon répliqua par cinq lettres (1) qui le firent admirer même de ceux qui ne se rendaient pas à sa dialectique. Bossuet en témoigne tout le premier. En effet, la réponse, qu'il se croit obligé de faire (2) pour maintenir et confirmer la doctrine des précédents mémoires, commence ainsi : « Monseigneur, j'ai vu quatre lettres (3) que vous m'avez adressées, et j'ai admiré avec tout le monde la fertilité de votre génie, la délicatesse de vos tours, la vivacité et les douces insinuations de votre éloquence. » C'était une douce éloquence sans doute, mais parfois aussi une éloquence émouvante et fort élevée. Qu'on lise par exemple toute la fin de la quatrième lettre, à partir de ces mots : « Je ne puis finir sans vous représenter la vivacité de votre style, en parlant de ma réponse à votre *Sommaire.* » Telle est l'impression qu'on ressent de cette lettre qu'il faut se retenir pour ne point d'abord donner raison à Fénelon. Bossuet dut avoir quelque humeur du succès de son adversaire; du moins on est porté à le croire, quand on lit à la fin de sa réponse : « Pour des lettres, composez-en tant qu'il vous plaira; divertissez la ville et la cour; faites admirer votre esprit et votre éloquence, et ramenez les grâces des *Provinciales* : je ne veux plus avoir de part au spectacle que vous semblez vouloir donner au public. »

(1) *Lettres de M. l'archevêque de Cambrai à M. l'évêque de Meaux, en réponse aux divers écrits ou mémoires*, etc. (Avril-mai). Œuv. II, 554-626.

(2) *Réponse de Mgr l'évêque de Meaux à quatre lettres de Mgr l'archevêque de Cambrai.* Mai 1698.

(3) La cinquième lettre ne parut qu'après la réponse.

Les réponses appelaient d'autres réponses. Celle que Bossuet venait de faire aux quatre premières lettres, provoqua trois nouvelles lettres de Fénelon (1), sur le renoncement des parfaits à leur intérêt propre, sur le désir de la béatitude, sur la nature et les motifs propres de la charité, « discussions séches et épineuses », comme il le dit lui-même.

Jusque-là, à part quelques pages où M. de Noailles, comme nous l'avons vu, avait cru devoir exposer ses griefs sur les procédés de Fénelon, la controverse avait été surtout doctrinale. Elle allait prendre un autre caractère dans un nouvel écrit de Bossuet, le plus considérable, on peut le dire, de tous ceux auxquels cette mémorable et trop longue querelle donna naissance.

Dès le mois d'octobre 1697, l'abbé Bossuet suggérait à son oncle l'idée de porter l'attaque sur un nouveau terrain. Dans son animosité démêlant très bien le point faible de l'adversaire, avec cette clairvoyance que donne souvent la passion, il indiquait comment il fallait s'y prendre pour tourner le public contre Fénelon. « Si l'on pouvait, disait-il, faire un petit détail de la liaison de M. de Cambrai avec Mme Guyon, et de ce qui s'est passé dans cette affaire entre M. de Cambrai, vous, M. de Châlons, Mme de Maintenon et Mme Guyon, à l'occasion des trente-quatre articles, il faudrait y rapporter ce qui s'en est ensuivi : le refus qu'a fait M. de Cambrai d'approuver votre livre, l'invincible op-

(1) *Lettres de Mgr l'archevêque de Cambrai pour servir de réponse à celle de Mgr l'évêque de Meaux*. Œuv. II, 626-667 (Août 1698).

position qu'il a témoignée pour conférer avec vous, le scandale que son livre a donné et donne tous les jours, avec la manière d'agir et d'écrire de ce prélat. Une relation de tous ces faits, avec quelques réflexions, ferait bien voir l'intention de l'auteur, etc. (1) »

On peut regretter que Bossuet ait cédé aux suggestions de son neveu. D'abord cette manière d'argumenter était-elle digne de son génie ? Dans une controverse qui était et devait rester purement théologique, il s'agissait seulement de savoir quelles propositions étaient ou non conformes à la foi ; c'est là-dessus que l'Eglise avait à se prononcer, et non sur la conduite de l'une ou de l'autre partie. Au fond, les torts ou les mérites de Fénelon ne faisaient rien à l'affaire. Puis les personnalités ne pouvaient qu'aigrir des débats déjà fâcheux ; des blessures allaient être faites qui ne se guériraient plus facilement. Comment ces réflexions ne se présentèrent-elles pas à l'esprit de Bossuet ? Tout pénétré de cette idée qu'il fallait abattre une doctrine des plus pernicieuses, il jugea que les coups portés au défenseur de la doctrine atteindraient la doctrine elle-même, et il ne se trompait pas ; car tel est l'esprit humain qu'on juge souvent de la valeur des principes d'après l'estime que l'on se fait de ceux qui les soutiennent.

La *Relation sur le Quiétisme* parut au mois de juin 1698. A propos des lettres de Fénelon, Bossuet avait parlé des *Provinciales* : c'est de sa *Relation* surtout qu'on aurait pu dire que, par les grâces de

(1) *Lettre à Bossuet du 8 octobre* 1697.

la plaisanterie, aussi bien que par les mouvements d'éloquence, elle rappelait l'œuvre si célèbre de Pascal. Aussi obtint-elle le plus grand succès. Bossuet, dans un de ses voyages à Marly, présenta le livre au roi, qui se le fit lire, en parla à la promenade devant les courtisans, et dit qu'il n'y avait pas un mot qui ne fût vrai (1). Quelques jours plus tard, Mme de Maintenon écrivait à M. de Noailles : « Le livre de M. de Meaux fait un grand fracas ici. On ne parle d'autre chose. Les faits sont à la portée de tout le monde. Les folies de Mme Guyon divertissent. Le livre est court, tout le monde le lit... Il réveille la colère du roi sur ce que nous l'avons laissé faire un tel archevêque ; il m'en fait de grands reproches. » Et quelques jours après : « Mes quiétistes de la cour abjurent Mme Guyon presque aussi mal à propos qu'ils l'avaient soutenue. — Le livre de M. de Meaux, disent-ils, leur ouvre les yeux, — et il n'y a rien dans le livre de M. de Meaux qui ne vienne d'eux (2). »

Si tel fut, à Versailles, l'effet de la *Relation*, à Rome il ne fut guère moins considérable. Voici ce qu'écrivaient le même jour (22 juillet 1698), à Bossuet, l'abbé Phélippeaux et l'abbé Bossuet : « Les plus éminents protecteurs (de M. de Cambrai) ont été effrayés de la *Relation*, que nous avons distribuée entière, et qui fait ici un merveilleux effet ;

(1) Dangeau. *Journal*, 26 juin 1698.

(2) *Lettres des 29 juin et 3 juillet* 1698. — Charles Perrault, de l'Académie française, écrit, le 9 juillet 1698, à Bossuet, une lettre qui montre bien comment l'opinion était retournée. Il avoue que jusque-là il était pour Fénelon ; il trouvait que Bossuet le traitait trop rudement. Mais après la lecture de la *Relation*, il se rétracte et félicite Bossuet du service qu'il rend à l'Église.

cela seul les couvre de confusion. » — « Votre *Relation* achève de couvrir de honte les partisans de M. de Cambrai. Ils n'ont plus rien à dire sur les faits, au moins ceux à qui il reste encore un peu de bonne foi. »

Mais les deux abbés sont des agents de Bossuet ; en cette qualité, ne s'exagèrent-ils pas leur succès ? C'est l'abbé de Chantérac qui va répondre : « Lui et ses amis sont dans la dernière consternation, » assurait Phélippeaux, et ce n'était que l'exacte vérité. Trop sincère pour dissimuler les impressions qui lui reviennent de tous côtés, M. de Chantérac reconnait que les personnes mêmes qui étaient le mieux disposées pour Fénelon sont fortement ébranlées. « Si toutes les lettres que plusieurs particuliers ont reçues ces deux derniers ordinaires marquent que le déchaînement contre vous est si universel et si terrible, qu'on ne peut rien imaginer de semblable ; je vois qu'ici l'épouvante n'est guère moindre, et bien des gens craignent de paraître avoir quelque liaison avec moi. » Il s'efforce, dans ses conversations, de justifier Fénelon ; mais c'est, il l'avoue, sans succès : « Je vous rends compte de tout pour vous faire voir que j'emploie, sans me lasser, tout ce que Notre-Seigneur me donne de lumières et d'esprit pour vous défendre ; mais, en même temps, je dois vous dire qu'un si faible secours devient absolument inutile contre des impressions aussi violentes que celle que donne la *Relation* de M. de Meaux ; elle persuade, ou plutôt elle convainc tout le monde (1). »

(1) *Lettre du 26 juillet* 1698. Œuv. IX, 476.

— « A peine nos plus intimes amis osent-ils nous donner quelque marque d'une civilité commune (1). »

M. de Chantérac voit fort bien tout le mal que s'est fait Fénelon à biaiser quand il s'agissait de Mme Guyon. « Cette Mme Guyon nous fait un tort infini, et je vous dois cette fidélité de ne point me lasser de vous dire que vous devez vous séparer si entièrement d'elle dans toutes vos réponses, qu'il ne puisse pas rester le moindre soupçon à nos juges que votre livre a voulu faire l'apologie de sa doctrine ou de sa personne (2). » Dans son extrême franchise, M. de Chantérac va même représenter à Fénelon qu'on en est maintenant à suspecter ses mœurs.

Pour s'expliquer comment d'aussi indignes soupçons ont pu, même un seul instant, effleurer Fénelon, il faut savoir que le P. Lacombe venait de faire, au sujet de ses relations avec Mme Guyon, les déclarations les plus fâcheuses, auxquelles on ajouta foi d'abord, car est-ce chose ordinaire et naturelle de s'accuser soi-même, et faussement, de liaisons criminelles? Mais le P. Lacombe, qui depuis onze ans languissait en prison, y était devenu fou. L'enquête la plus minutieuse tourna tout à la justification de Mme Guyon; elle avait pu errer dans la doctrine, mais ses mœurs étaient restées irréprochables; et c'est ce que Bossuet reconnut et déclara

(1) *Lettre de M. de Chantérac à l'abbé de Beaumont, juillet* 1698. Œuv. IX, 479.

(2) *Lettre de M. de Chantérac à Fénelon, du 19 juillet* 1698. Œuv. IX, 470. — Voir aussi, du même, la *lettre à M. l'abbé de Langeron, du 22 juillet* 1698. Œuv. IX, 471.

dans le rapport qu'il fit à l'assemblée du clergé de 1700, sur l'affaire du Quiétisme (1). Mais on comprend quelle impression durent faire, au premier moment, les révélations, ou crues telles, du P. Lacombe ; Mme Guyon aurait-elle été pour Fénelon la pierre d'achoppement? M. de Chantérac s'émeut beaucoup des soupçons qui pouvaient s'élever ; non pas qu'il pût avoir lui-même l'ombre d'un doute sur la vertu de l'homme dont il était l'admirateur autant que l'ami ; mais les Romains connaissaient-ils assez Fénelon pour ne pas concevoir contre lui d'injustes préventions (2)? Voilà pourquoi M. de Chantérac insiste si fort pour que Fénelon cesse absolument de défendre en quoi que ce soit Mme Guyon, s'il ne veut autoriser les plus odieuses suppositions. « Vous me pardonnerez, Monseigneur, tout le mal que je vous ai dit. Je vous assure que j'en ai eu le cœur bien serré quelquefois d'être obligé de vous mander des choses si injustes et si cruelles ; mais il ne m'était pas permis de me taire, lorsque je voyais si clairement que votre silence seul pouvait nous faire périr (3). »

(1) « Pour les abominations qu'on regardait comme la suite de ses principes, il n'en fut jamais question ; et cette personne (Mme Guyon) en témoignait de l'horreur ». — Il faut dire toutefois qu'il y avait eu un moment où Bossuet avait partagé la pensée de tout le monde, et il était difficile qu'il en fût autrement. Il écrit à son neveu, le 15 décembre 1698 : « Il est prouvé que cette dame a commis le crime avec le P. Lacombe. »

(2) Voir la *lettre du cardinal de Bouillon à M. de Chantérac, du 26 mai* 1698. Œuv. IX, 421, relative aux soupçons qui s'accréditent à Rome sur les liaisons de Fénelon avec Mme Guyon.

(3) *Lettre du 30 août* 1698. Œuv. IX, 511. — Lire en outre, sur ces indignes suppositions, les *lettres de M. de Chantérac à Fénelon, des 21 juin, 5, 12, 19, 26 juillet et 16 août 1698 ; à l'abbé de*

Le scandale causé par les déclarations du P. Lacombe donnait plus de gravité à certaines expressions échappées à Bossuet dans l'ardeur de la lutte. Vers la fin de sa *Relation*, après avoir montré « ce prodige de séduction, » Fénelon s'égarant à la suite de Mme Guyon, il ajoutait : « Cette Priscille a trouvé son Montan pour la défendre(1).»

C'étaient là, à coup sûr, des paroles fort regrettables. Fénelon en fut blessé et indigné. *Priscille et Montan* reviendront bien souvent sous sa plume dans ses écrits postérieurs ; citer ces noms, c'est rappeler une cruelle injure qu'on lui a faite.

Il faut le dire cependant : si dures que fussent ces expressions, elles n'avaient pas, dans la pensée de Bossuet, la portée que certaines gens voulaient leur donner. Il se défend d'avoir voulu rien dire que l'on pût interpréter contre la pureté de mœurs de Fénelon. « M. de Cambrai en revient toujours à cette comparaison (de Priscille et de Montan)

Langeron, des 17 juin, 8 et 22 juillet ; et de Fénelon à M. de Chantérac, du 20 juin. Œuv. IX, Pages 440 à 494.

(1) *Relation*, XI, 8. — Les amis de Fénelon se plaignaient que ces expressions déjà si fortes eussent encore été aggravées par d'autres qui se trouvent dans le *Quietismus redivivus, Admonitio*, 28. M. de Chantérac (*lettre à M. de Langeron, du 9 septembre* 1698. Œuv. IX, 522) écrit à ce sujet : « Bien des gens sont choqués de cette expression, *sua Guyonia*, parce qu'en latin ce mot *sua* exprime l'attachement et le commerce le plus criminel qu'on puisse s'imaginer entre un Montan et une Priscille. Ailleurs il l'appelle aussi *intima amica*. Ces sortes d'accusations ne font pas grand honneur à nos évêques de France ». M. de Chantérac évidemment force ici le sens des mots. La vraie pensée de Bossuet ressort clairement de ce qu'après avoir écrit *amicam intimam*, il ajoute tout de suite : *Atque ex ipsa spiritualis vitæ ratione conjunctissimam*. Cette liaison toute spirituelle, Fénelon n'avait jamais songé à la nier.

comme si elle était trop odieuse. Priscille était une fausse prophétesse; Montan l'appuyait. On n'a jamais soupçonné entre eux qu'un commerce d'illusions de l'esprit. M. de Cambrai demeure d'accord que son commerce avec Mme Guyon était connu et roulait sur sa spiritualité, que tout le monde a jugée mauvaise. Je n'ai donc rien avancé qui ne soit connu, rien qui ne soit assuré; et, renfermant ma comparaison dans ces bornes, je ne dis rien que de juste (1). » Et, remarquons-le, ce n'est pas seulement dans un écrit destiné à être lu par le public que Bossuet s'exprime ainsi; mais nulle part, disons-le à son honneur comme aussi à l'honneur de Fénelon, nulle part dans sa correspondance particulière, où il peut dire librement tout ce qu'il pense (et on y peut relever sur certains points des qualifications excessives), on ne trouve d'insinuation contre la vertu de son adversaire (2).

Fénelon n'avait eu connaissance de la *Relation* que le 8 juillet (3). L'attaque était trop vive pour qu'il n'y répondit pas immédiatement. Il se mit à l'œuvre, et dès le 26 il envoyait à M. de Chantérac sa *Réponse* imprimée. Pour avoir été écrite en si peu de temps, cette défense n'en était pas moins des plus remarquables. Il reprenait, après Bossuet, toute cette querelle du Quiétisme; il racontait les

(1) *Remarques sur la réponse à la Relation sur le Quiétisme*, XI, 5.

(2) Il écrit à son neveu, le 1er juin 1699 : « Sur le Montan de la Priscille, je me suis assez expliqué. Ni Eusèbe de Césarée, ni saint Epiphane, ni saint Jérôme, ni saint Augustin, ni Philastrius, n'accusent Montan d'autre commerce avec les fausses prophétesses que de celui d'une fausse spiritualité. »

(3) « Il n'y a que trois jours que j'ai reçu cet ouvrage », écrit-il à M. l'abbé de Chantérac, le 11 juillet 1698. Œuv. IX, 463.

faits à son tour, les expliquant, les mettant dans un jour nouveau (1). Dans cet exposé, il déployait toutes les ressources d'un merveilleux talent, auquel ses adversaires mêmes étaient forcés de rendre hommage ; et l'on comprend que Bossuet, étonné de rencontrer un antagoniste si difficile à vaincre, ait dit : « M. de Cambrai a de l'esprit à faire peur (2). »

La réponse de Fénelon releva le courage de ses amis et de ses partisans. Fut-elle aussi triomphante qu'ils le proclament? Non, sans doute ; mais, enfin, il faut reconnaître qu'elle atténua l'effet produit par la *Relation*. D'une cause, trop faible sur bien des points, Fénelon avait tiré un parti inespéré, car on ne la considérait plus comme perdue.

Bossuet répliqua (octobre 1698). Comme le fond des discussions ne change pas, et que sous une forme différente les mêmes faits, les mêmes raisons reparaissent, nous pouvons passer vite. Toutefois la *Réponse* de Fénelon donna lieu à un nouveau sujet de contestation que nous devons signaler.

Le malheur de ces querelles trop prolongées c'est, que même les hommes supérieurs risquent fort de ne pas garder tout leur empire sur eux-mêmes, et ne se préservent plus entièrement de tout langage excessif. Nous avons vu Bossuet comparer Fénelon

(1) *Réponse à la Relation sur le Quiétisme.* Œuv. III, 5-52.

(2) A propos de la prodigieuse facilité que Fénelon ne cessa de déployer dans tout le cours de la controverse, quelqu'un dit : « C'est Dieu ou le diable qui lui fait ses livres. »

On a publié récemment (librairie internationale, 1901) une *Réponse inédite de Fénelon à Bossuet.* Ce n'est que la reproduction des notes marginales mises par Fénelon sur un exemplaire de l'écrit de Bossuet. Mais cet assemblage de notes, plein tout à la fois de lacunes et de répétitions, ne peut être considéré que comme une ébauche de la véritable *Réponse.*

à l'hérésiarque Montan ; Fénelon, à son tour, va, assez légèrement, imputer à Bossuet une faute qui, chez un prêtre, est plus qu'une faute, mais un crime, car c'en est un de révéler une confession (1).

Déjà, comme nous l'avons vu, dans une lettre à Mme de Maintenon, Fénelon avait avancé que Bossuet était inexcusable d'avoir redit des choses que Mme Guyon ne lui « avait confiées que sous le secret de la confession (2). » Cette fois c'est d'une confession de Fénelon lui-même qu'il s'agit ; mais dans cette *Réponse*, que tout le monde doit lire, l'accusation n'est plus exprimée en termes aussi formels ; elle est comme enveloppée dans le récit de la confiance qu'il témoignait à Bossuet ; mais elle apparait assez clairement pour que Bossuet crût devoir déclarer qu'il n'avait jamais entendu Fénelon au tribunal de la pénitence. « Quand M. de Cambrai me fait rompre le sceau sacré de la confession par un sacrilège punissable, s'il l'a prouvé, qu'on me châtie ; s'il avance témérairement un tel fait contre un évêque, son consécrateur, qu'il s'humilie une fois, c'est tout ce que je lui demande ; qu'il avoue qu'il est entraîné par la rapidité de son éloquence ; qu'il ne vante plus sa modération et sa douceur... On n'a guère de peine d'être doux quand on sait qu'on ne défend que la vérité. C'est ce qui nous force à lui répliquer que ce n'est donc pas la vérité qu'il défend, puisqu'il se laisse emporter, sans le moindre fon-

(1) *Réponse à la Relation*, XXX. — Œuv. III, 18.

(2) *Lettre du 7 mars 1696*. Œuv IX, 81-82.

dement et avec les exagérations les plus injustes, aux accusations les plus atroces (1). »

Dans l'écrit que Fénelon publia ensuite (2) pour répondre aux *Remarques*, il explique qu'il n'avait entendu parler que de communications confidentielles, de lettres divulguées par Bossuet : « Votre art, Monseigneur, est de réfuter ce que je n'ai pas dit, pour pouvoir nier un fait imaginaire, et détourner ainsi l'attention des lecteurs du fait véritable que je vous reproche... Je n'ai jamais parlé d'une confession auriculaire et sacramentelle (3) ». Acceptons que Fénelon n'ait pas véritablement à se rétracter; mais, avouons-le, il a eu

(1) *Remarques sur la Réponse à la Relation*, I, 22.

(2) *Réponse aux Remarques de M. l'évêque de Meaux*. Novembre 1698. Œuv. III, 53-88.

(3) *Réponse aux Remarques*. Œuv. III, 66. — Voici le passage de Fénelon sur lequel porte la différence d'interprétation : « Il (M. de Meaux) va jusqu'a parler d'une confession générale que je lui confiai, et où j'exposais comme un enfant à son père toutes les grâces de Dieu et toutes les infidélités de ma vie. — On a vu, dit-il, dans une de ses lettres qu'il s'était offert à me faire une confession générale. Il sait bien que je n'ai jamais accepté cette offre. — Pour moi je déclare qu'il l'a acceptée et qu'il a gardé quelque temps mon écrit. Il en parle même plus qu'il ne faudrait, en ajoutant tout de suite : — Tout ce qui pourrait regarder des secrets de cette nature sur des dispositions intérieures est oublié, et il n'en sera jamais question. — La voilà cette confession sur laquelle il promet d'oublier tout et de garder à jamais le secret. Mais est-ce le garder fidèlement que de faire entendre qu'il en pourrait parler, et dè se faire un mérite de n'en parler pas, quand il s'agit du Quiétisme ? Qu'il en parle, j'y consens. Ce silence, dont il se vante, est cent fois pire qu'une révélation de mon secret. Qu'il parle selon Dieu : je suis si assuré qu'il manque de preuves, que je lui permets d'en aller chercher jusque dans le secret inviolable de ma confession. » *Réponse à la Relation*. XXX. Œuv. III, 18.

tout au moins le tort de ne pas s'exprimer tout d'abord assez clairement : son langage prêtait à l'équivoque.

Nous avons cru devoïr exposer tout d'une suite les divers écrits auxquels avait donné lieu la *Relation sur le Quiétisme*. Il faut maintenant revenir en arrière pour mentionner une lettre pastorale de l'évêque de Chartres, datée de Saint-Cyr, du 10 juin 1698 (1). Il établissait que le pur amour du livre des *Maximes* était contraire à la vertu d'espérance; que Fénelon s'était éloigné de la tradition chrétienne sur la perfection évangélique; qu'il avait souvent varié dans ses explications sur le désintéressement des parfaits. Ce ne fut qu'après sa *Réponse à la Relation* que Fénelon, au mois de septembre, se retourna contre l'évêque de Chartres et lui écrivit deux lettres de réfutation (2). D'humeur assez pacifique, M. Godet-Desmarais, qui croyait d'ailleurs s'être suffisamment expliqué, s'en tint là; mais Bossuet, sous le nom d'*un Théologien*, reprit la question déjà traitée par l'évêque de Chartres (3); et Fénelon se crut encore obligé de répondre par deux nouvelles lettres (4).

Avant de parler de ces écrits, qui furent les derniers en date, nous aurions eu à en citer quelques

(1) Cette lettre est aux Œuvres de Fénelon, III, 88-124.

(2) *Lettres de Mgr l'archevêque duc de Cambrai, pour servir de réponse à la lettre de Mgr l'évêque de Chartres, sur le livre intitulé : Explication des Maximes des Saints.* Œuv. III. 124-162.

(3) *Réponse d'un théologien à la première lettre de M. de Cambrai à M. de Chartres*, janvier 1699.

(4) *Lettres de M. l'archevêque duc de Cambrai à M. l'évêque de Chartres, en réponse à celle d'un théologien.* Mars 1699. Œuv. III, 162-189.

autres, si nous avions voulu suivre l'ordre chronologique. Mais pour plus de clarté nous avons dû rapprocher les ouvrages où sont débattues contradictoirement les mêmes questions, mettre en regard l'attaque et la défense. Ceux que nous avons encore à mentionner n'égalent les autres, ni en importance ni en intérêt ; et pour ne pas fatiguer le lecteur nous nous bornerons, pour la plupart, à une simple indication du titre.

Au mois d'août 1698, Bossuet publia trois dissertations latines (1), qui, suivies d'une quatrième (2), en septembre, provoquèrent trois lettres de Fénelon en français (3).

Dans la dernière, *Réponse à l'écrit intitulé Quæstiuncula*, Fénelon ne se défend pas seulement, il attaque à son tour certaines doctrines de Bossuet ; il ne veut pas cependant se faire accusateur : « Je me suis contenté de vous représenter la nouveauté de vos opinions. Je n'ai pas cru les devoir dénoncer à l'Eglise, de peur qu'on ne crût que j'agisse par ressentiment, et contre les règles de la modération que je vous reproche d'avoir violées à mon égard (4) ». Quand on pourrait aisément rendre les coups, il y a sans doute quelque générosité à ne

(1) *De nova quæstione tractatus tres : Mystici in tuto, Schola in tuto, Quietismus redivivus*. Le latin de ces écrits est extrêmement rude, à peine correct, mais d'une grande précision.

(2) *Quæstiuncula de actibus a charitate imperatis*. On peut considérer ce petit traité comme le résumé le plus précis de la question et des variations de Fénelon.

(3) *Lettres de Mgr l'archevêque duc de Cambrai à Mgr l'évêque de Meaux, pour répondre à divers traités*. Octobre et novembre 1698. Œuv. III, 189-248.

(4) III, 247.

pas le faire : mais pourquoi Fénelon ne persévère-t-il pas dans cette résolution ? Il n'accusera pas Bossuet, mais il cherche à le faire accuser.« Après ce que j'ai si expressément dit dans la *Réponse à Quæstiuncula*, écrit-il à M. de Chantérac, je ne puis ni ne dois me rendre dénonciateur de M. de Meaux sur ses ouvrages; mais si l'affaire dure assez pour en donner le temps, vous pourriez lâcher quelque religieux qui fût zélateur de la bonne doctrine, et qui le déférât au Saint-Office. Il faudrait qu'il présentât un certain nombre de propositions extraites des livres de ce prélat, et que la chose se fît de la manière la plus propre à ôter tout soupçon que je fusse l'auteur de cette démarche ». Et comme il sent qu'il y a là quelque chose qui n'est peut-être pas d'une droiture absolue, il ajoute : « La démarche n'est pas de mon goût naturel ; mais un vieillard, d'une singulière sagesse et piété, que vous connaissez à Paris depuis quarante ans, a fait passer jusqu'à moi, par voie détournée, ce conseil comme un moyen de couper promptement le nœud gordien (1) ». Aucune suite ne fut donnée à cette idée, soit que M. de Chantérac ne pût mettre la main sur le religieux qu'il aurait fallu trouver, soit plutôt qu'il ait éprouvé des scrupules à user de ces moyens détournés. Il n'y a même pas dans ses lettres un mot de réponse sur ce sujet : le silence est dans certains cas une désapprobation.

(1) *Lettre du 16 janvier 1699*. Œuv. IX, 648. Il y revient dans ses lettres du 31 janvier et du 6 février. Œuv, IX, 669, 675. Déjà en écrivant à M. de Chantérac les 25 et 30 octobre 1698, Œuv. IX, 555, 569, il demande que l'on fasse faire, en italien ou en latin, sous le nom de quelque étranger, un livre contre ses parties.

En décembre, Fénelon, pour justifier le livre des *Maximes*, réunit des passages tirés des Pères et des écrits des Saints, où se retrouvent, et plus fortement exprimées encore, les idées qu'il a lui-même présentées (1). Mais ce n'étaient pas là, lui répondait-on, des preuves aussi décisives qu'il le supposait : ce ne sont que de pieuses exagérations qui ne doivent pas être prises à la lettre : « il n'en faut prendre que le gros, et regarder à l'intention ». On comprend et on excuse les élans mystiques ; mais dans un traité dogmatique il faut plus d'exactitude et de rigueur.

Fénelon donnait en même temps un opuscule (2) où tout son système était réduit à cinq propositions qu'il essayait d'établir, en s'appuyant sur le témoignage même de son adversaire. En janvier 1699, Bossuet opposait à cet écrit une réponse (3) à laquelle Fénelon répliqua en février (4).

Avant cette réplique, Fénelon avait encore, en janvier, publié trois lettres à Bossuet, la première sur la charité, les deux autres sur douze propositions présentées à la censure des docteurs de Paris (5).

Enfin, comme Bossuet, en mars, pour répondre à l'ouvrage paru trois mois plus tôt en faveur des

(1) *Les principales propositions du livre des* Maximes des Saints *justifiées par des expressions plus fortes des saints auteurs.* Œuv. III, 248-308.

(2) *Préjugés décisifs, par Mgr l'archevêque de Cambrai, contre Mgr l'évêque de Meaux.* Œuv. III, 335-339.

(3) *Réponse aux Préjugés décisifs de Mgr l'archevêque de Cambrai.*

(4) *Lettre sur la réponse de Mgr l'évêque de Meaux à l'ouvrage intitulé :* Préjugés décisifs. Œuv. III, 339-354.

(5) Œuv. III, 354-404.

principales propositions du livre des *Maximes*, donnait un nouvel écrit, les *Passages éclaircis* (1). Fénelon, quelques jours après, apportait à l'appui de sa doctrine un nouveau plaidoyer en deux lettres (2).

La décision du Souverain Pontife sur le fond de l'affaire mit fin à cette guerre de plume ; mais on voit que la guerre, jusqu'à la dernière heure, resta vive. Tout en la suivant avec beaucoup d'attention et d'intérêt, à Rome on jugeait qu'elle durait trop, qu'elle retardait ainsi l'œuvre des juges, forcés à chaque instant d'étudier de nouvelles pièces (3). Les deux adversaires eux-mêmes expriment souvent le désir de voir la clôture du débat ; mais chacun d'eux entend parler le dernier : ils invoquent, Bossuet le droit de la vérité, Fénelon le droit de la défense.

Toutefois, malgré ce désir très sincère des deux parts, nous n'en doutons point, d'en finir avec tous ces dits et contredits, ni l'un ni l'autre à aucun moment ne laissent percer de fatigue dans la continuation de cette lutte. Fénelon surtout, seul contre trois à certaines heures, est étonnant d'activité, de prestesse : Bossuet lui-même a peine à

(1) *Les passages éclaircis, en réponse au livre intitulé : Les principales propositions du livre des Maximes justifiées.*

(2) *Lettres à Mgr l'évêque de Meaux, en réponse à l'écrit intitulé : Les passages éclaircis.* Œuv. III, 309-335.

(3) « Le pape a ordonné qu'on ne s'arrêterait plus à ces nouveaux écrits. Les examinateurs en paraissent fatigués, parce que d'un côté on les presse de finir leurs congrégations, et de l'autre on leur donne tous les jours de nouveaux écrits à examiner ». *Lettre de M. de Chantérac à Fénelon, du 30 mars 1698.* Œuv. IX, 365.

le suivre : il est obligé, pour porter ses coups, de prendre mieux son temps : c'est le vieil Entelle, que l'on nous permette cette comparaison, aux prises avec Darès.

Mais comme Entelle aussi, et malgré toute la souplesse, toutes les habiletés de Darès, Bossuet doit triompher. Certes personne plus que nous n'admire ce prestigieux talent de Fénelon ; jamais cause n'a été soutenue par un aussi merveilleux avocat, et avec une pareille fertilité de moyens. Mais si l'on y regarde d'un peu près, trop d'arguments sont plus spécieux que solides. Il y a un art d'éluder les difficultés, de déplacer insensiblement la vraie question, auquel il n'est pas toujours étranger; sa pensée n'est pas si précise, si bien arrêtée, qu'on la retrouve toujours la même et sans variation ; on avait cru le saisir ; on s'aperçoit bientôt qu'on ne le tient plus. Avec lui on reste trop souvent dans le demi-jour; avec Bossuet on se sent en pleine clarté (1).

Tout en comptant sur le succès de ses écrits, Fénelon aurait voulu aller à Rome plaider oralement sa cause. « Ma présence ferait des merveilles », écrit-il (2). Pendant un an il ne cesse d'ex-

(1) Trop souvent sa doctrine semble flottante, équivoque ; là où il faudrait une rigoureuse précision dans les termes, il emploie des expressions impropres, *passif* pour *paisible*, *activité* pour *empressement inquiet*. Pour déterminer le vrai sens des mots et présenter ainsi des idées nettes et exactes, Bossuet est amené à instituer une discussion grammaticale, par exemple sur les mots *croire* (Passages éclaircis, XVII), et l'*intérêt éternel* (Réponse aux quatre lettres). — Fénelon a trop besoin d'expliquer, de corriger, d'atténuer sa pensée, qui va ainsi se transformant peu à peu.

(2) *Lettre à M. de Chantérac, 26 juillet 1698*. Œuv. IX, 474.

primer ce désir à M. de Chantérac. Louis XIV lui avait interdit ce voyage : Fénelon voudrait que le Souverain Pontife intervînt pour faire lever cette interdiction. Ne craignez point de presser le pape pour mon voyage à Rome. S'il le demandait au roi, on ne pourrait le lui refuser. C'est sur quoi il faut insister (1). L'abbé de Chantérac fait donc des démarches en ce sens ; mais les gens même les mieux disposés pour Fénelon estiment que ce voyage présenterait plus d'inconvénients que d'avantages (2). Fénelon ne se rend point à leurs raisons : non content de prescrire à M. de Chantérac de persévérer dans la demande (3), lui-même s'adresse au nonce, puis directement au pape (4). Il ne lui vient aucune réponse favorable ; mais sans se laisser encore décourager : « Le principal serait que j'allasse à Rome. N'écoutez point tous ceux qui pensent autrement : pressez, pressez, pressez (5) ».

De Cambrai, où le retient la volonté du roi, Fénelon, avec une activité qui ne s'est pas épuisée dans ses écrits, poursuit son affaire à Rome. Il semble que dans un débat tout dogmatique, en vue d'un jugement à rendre par le Saint-Siège en matière doctrinale, toute question de personnes,

(1) *Lettre à M. de Chantérac, 22 octobre 1697.* Œuv. IX, 222.

(2) *Lettre de M. de Chantérac à Fénelon, du 14 décembre 1697.* Œuv. IX, 272.

(3) *Lettres à M. de Chantérac, des 12 novembre 1697, 6 juin, 5, 11 et 18 juillet 1698.* Œuv. IX, 242, 430, 456, 463, 466.

(4) *Lettres au nonce, du 7 janvier, et au pape, du 12 juin 1698.* Œuv. IX, 294, 434.

(5) *Lettre du 2 août 1698.* Œuv. IX, 484.

toute influence politique aurait dû être tenue à l'écart. Il n'en fut pas ainsi : toute la correspondance de Bossuet et de Fénelon avec leurs agents est à cet égard des plus curieuses. On voit que des deux côtés on s'efforce de faire jouer toute sorte de ressorts. Constatons par exemple, en le regrettant, que si le grand duc de Toscane fait agir en faveur de Bossuet, par contre l'ambassadeur de l'Empereur sollicite pour Fénelon (1), comme s'il s'agissait d'affaires temporelles.

L'appui demandé aux ordres religieux semble plus légitime. Il est visible cependant qu'un certain nombre de moines se font les partisans de l'un des deux adversaires par des considérations étrangères à la question. « Liez-vous avec les jésuites, mais en secret, et avec tous les bons réguliers », écrit Fénelon à M. de Chantérac. « Témoignez au général des jésuites, je vous en conjure, combien je le révère, et avec quel zèle cordial je serai jusqu'à la mort ami fidèle de sa Compagnie (2). » Le gallicanisme de Bossuet déplaisait fort aux jésuites; d'ailleurs il ne cachait point son éloignement pour leur casuistique. Fénelon au contraire se rapprochait d'eux sur divers points de doctrine : il leur était dévoué comme ils le furent pour lui ; car en toutes circonstances ils lui rendirent autant de services qu'ils purent (3).

(1) *Lettre de M. de Chantérac à M. l'abbé de Langeron, du 8 avril 1698.* Œuv. IX, 370. *Lettres de l'abbé Bossuet à Bossuet, du 29 avril et du 1er juillet 1698.*

(2) *Lettres du 3 septembre 1697 et du 27 mars 1698.* Œuv. IX, 199, 362.

(3) « La Compagnie, écrit Fénelon à M. de Chantérac (*lettre du*

Les dominicains étaient dans de tout autres sentiments : soit pour des raisons exclusivement théologiques, soit, comme le disent des amis de Fénelon, par esprit d'opposition aux jésuites, ils se

18 septembre 1697, (Œuv. IX, 203) ne cesse de me servir en France, et de soutenir le pur amour. » Et ailleurs (*Lettre du 30 août* 1698. (Œuv. IX, 509) : « Je vous conjure de voir le Père Général des jésuites, et de lui dire que je suis plus que jamais content de ses Pères et ami de sa Compagnie. » Plus tard sa condamnation est vivement ressentie par les jésuites, et comme si elle les atteignait eux-mêmes. Fénelon recommande de donner secrètement quelque marque de vive et cordiale reconnaissance au P. Général des jésuites. « Sa Compagnie doit voir combien nos ennemis sont les siens, et ce que les gens qui m'ont étranglé lui préparent. » *Lettre à M. de Chantérac, du 27 mars* 1699. Œuv. IX, 718. — Le P. Sanadon, à propos de la condamnation, écrit à Fénelon : « Tout le monde en est sensiblement affligé chez nous, et cette douleur universelle confirme ce qu'on écrivait il y a quelque temps, que tous les jésuites, à l'exception de deux ou trois, ont regardé vos intérêts comme les leurs. Le mauvais succès, Monseigneur, ne nous en détachera point : c'est une tempête qui passera ». Sanadon semble même espérer que les idées de Fénelon finiront par triompher : « Dieu n'abandonnera pas ses amis, et la doctrine pure et orthodoxe de la charité ne sera pas sans des défenseurs zélés. Après que Votre Grandeur, Monseigneur, a éclairci si bien une question si importante, et si mal entendue de tant de théologiens, on croit ici qu'il sera plus avantageux à la vérité que vous laissiez passer quelque temps sans en parler. Votre Grandeur verra elle-même ce qui sera le plus utile pour la religion. » *Lettre du 30 mars 1699.* Œuv. IX, 721. — Il est évident que le P. Sanadon ne se soumet pas intérieurement à la décision rendue : que fait-il donc de l'infaillibilité du Saint-Siège de tout temps soutenue par la Compagnie ?

Que Fénelon soit toujours resté fort attaché aux jésuites, on peut le voir par les grands ménagements qu'il a pour eux. « La religion est en péril extrême, écrivait Bossuet à Louis XIV, entre deux partis opposés, dont l'un est celui des jansénistes, et l'autre celui de la morale relachée. » Et sous l'impulsion de Bossuet l'Assemblée de 1700 condamna l'un et l'autre parti. Certes Fénelon n'a jamais entendu aucunement favoriser la morale relâchée ; mais enfin on peut remarquer qu'il ne poursuit pas la casuistique reprochée aux jésuites avec la rigueur qu'il déploie contre les doctrines du Jansénisme.

déclaraient pour Bossuet. M. de Chantérac se plaint que parmi les examinateurs nommés figurent quatre dominicains, quoiqu'il n'y ait qu'un seul religieux de chacun des autres ordres. « On peut craindre, dit-il, que cette espèce d'émulation ou d'antipathie, qui se trouve toujours entre ces deux ordres, ne produise entre eux quelque diversité de sentiment à notre préjudice (1). »

Tout en soutenant, comme c'était son devoir, les intérêts de Fénelon, et en cherchant à créer un mouvement d'opinion qui lui fût favorable, M. de Chantérac, il faut le reconnaître, mettait dans sa conduite plus de réserve et de respect de lui-même que les abbés Bossuet et Phélippeaux ; ceux-ci ne reculaient devant aucune démarche ni même aucune intrigue. Mais en cela, il convient de le dire, ils ne servaient pas Bossuet comme Bossuet voulait être servi. Il recommandait que l'on ne se remuât pas si fort; mais, de si loin, comment serait-il obéi? « Vous me mandez, lui écrit l'abbé Phélippeaux, de ne me donner que le moins de mouvement que je pourrai. Rien n'est si facile; mais si je ne m'en donne, je ne sais qui s'en donnera. Au reste, je puis assurer que ceux que je me suis donnés ont été nécessaires, et qu'ils n'ont été

(1) *Lettre à M. l'abbé de Langeron, du 15 avril 1698.* Œuv. IX, 378. Après la condamnation, M. de Chantérac, *lettre du 4 avril 1699.* Œuv. IX, 733, rend compte à Fénelon d'une visite qu'il a reçue d'un des examinateurs dominicains, le P. Massoulié : « Il témoignait beaucoup plus de joie de triompher des jésuites que de vous. — Ce sont eux, dit-il, qui vous ont attiré tout ce désagrément. Ils vous ont fait grand tort par tous les conseils qu'ils vous ont donnés, et qui n'ont servi qu'à vous faire tomber dans le précipice au lieu de vous en retirer. »

aperçus de personne, puisque je vais, sans valet, et le soir, et que je ne vois que des personnes sûres et fidèles, qui sont de mes amis. Il serait peut-être bon que je m'en donnasse davantage; mais ma première maxime est d'obéir et de suivre vos volontés (1). »

Que l'on fût ultramontain ou gallican, cela n'avait aucun rapport avec cette question du Quiétisme; mais il pouvait paraître habile de compromettre auprès de la cour de Rome les trois prélats français, en les représentant, à cause de leur gallicanisme, comme des adversaires de l'autorité du pape, auxquels on ne doit pas donner raison contre un archevêque dévoué aux droits du Saint-Siège. Ce moyen, qui du reste fut employé en pure perte, nous aimerions mieux que Fénelon n'y eût pas eu recours. C'est ainsi que la déclaration des évêques contre le livre des *Maximes des Saints* est dénoncée comme une dangereuse entreprise et une sorte d'usurpation sur l'autorité de l'Eglise romaine. N'est-ce pas respecter bien peu le vicaire de Jésus-Christ (2) ? Mais il importe de donner une leçon au clergé gallican, « si jaloux, si prévenu contre la puissance romaine... Rien ne servirait tant à relever l'autorité de Rome, si ébranlée en France... Cette affaire donne une occasion heureuse et toute naturelle ou d'établir ou d'affermir cette autorité légitime du Saint-Siège en France (3). »

(1) *Lettre à Bossuet, du 18 novembre 1697.*

(2) *Lettres de Fénelon, au pape Innocent XII, du 12 octobre 1697,* Œuv. IX, 209 ; *à M. de Chantérac, des 30 août et 5 décembre 1698.* Œuv. IX, 506, 606.

(3) *Lettres de Fénelon à M. de Chantérac, du 3 septembre 1697, et*

« Je me suis dévoué aux maximes ultramontaines contre celles de France, » écrit quelque part Fénelon (1). Une de ces maximes n'est-ce pas que le pape est infaillible dans ses décisions en matière de foi? Dès lors nous ne comprenons plus ce que nous lisons dans plusieurs des lettres de Fénelon, que Rome ne pourrait le condamner sans « se faire grand tort à elle-même, sans se dégrader, sans s'avilir, sans se couvrir de déshonneur à la vue de toutes les nations catholiques et hérétiques (2). » Ce n'est pas tout, on peut ainsi « mettre la saine doctrine en grand danger et préparer un schisme. (3) » On souffre quand on voit dans quelles contradictions un grand esprit peut tomber, quand une fois il s'est attaché à des erreurs qu'il a prises pour des vérités, et aussi, disons-le, quand à la suite d'une longue et vive querelle, l'amour-propre finit par être fort surexcité. Comment Fénelon n'a-t-il pas senti que son langage était offensant pour l'Eglise, lorsqu'il écrivait : « Quand on condamnera dans mon livre le langage des Saints, les protestants, fort attentifs à cette dispute, se récrieront : L'Eglise romaine varie, elle condamne ce qu'elle a souvent approuvé : elle reconnaît que les Saints qu'elle a

du 10 octobre 1698. Œuv. IX, 199 et 543 ; *de M. de Chantérac à M. de Langeron, du 11 octobre 1698*, Œuv. IX, 546. — On peut lire encore les *lettres de Fénelon à M. de Chantérac, des 21 août, 18 et 25 octobre 1698, 23 janvier et 20 février 1699*. Œuv. IX, 497, 550, 553, 658 et 686.

(1) *Lettre de Fénelon à M. de Chantérac, du 6 mars 1699*. Œuv. IX, 697.

(2) *Lettres de Fénelon, des 21 août, 18 et 25 octobre 1698, 23 janvier et 20 février 1699*. Œuv. IX, 497, 550, 557, 659, 686.

(3) *Lettre à M. de Chantérac, du 10 octobre 1698*. IX, 543.

canonisés étaient des quiétistes, et que leurs écrits sont pernicieux. Les quiétistes diront : On n'a pu nous condamner sans flétrir les Saints ; on est réduit à abandonner leurs expressions, tant elles sont décisives pour nous (1). » Et pourquoi cet abandon de la vraie doctrine? « Pour plaire à la cour de France. Qu'est-ce qui peut décréditer davantage Rome que cette conduite? Ceux qui demandent ce sacrifice et qui font tant d'efforts pour l'arracher, que peuvent-ils désirer de plus propre à faire savoir à toutes les nations que Rome agit par politique, et non par des principes fermes sur les dogmes et sur les règles essentielles de sa vraie autorité(2) ? » Chez ce gallican Bossuet, dont on essaie de rendre suspects les sentiments à l'égard de l'Eglise romaine (3), on ne trouve nulle trace de suppositions aussi peu respectueuses envers la papauté.

« Pour plaire à la cour », lisons-nous plus haut. On a, en effet, quelquefois prétendu que c'était le roi qui avait arraché la condamnation de Fénelon. L'assertion est-elle exacte? Voilà ce qu'il convient d'examiner.

Que Louis XIV désirât voir Rome se prononcer contre le précepteur qu'il venait de disgrâcier et de renvoyer à Cambrai, cela nous semble hors de doute ; mais la décision qu'il désirait, il n'enten-

(1) *Lettre à M. de Chantérac, du 10 octobre 1698.* Œuv. IX, 543.

(2) *Au même, lettre du 5 décembre 1698.* Œuv. IX, 606.

(3) « Vous verrez jusqu'à la fin ma droiture, ma docilité, mon zèle pour le Saint-Siège, mon amour pour la paix. Dieu veuille que vous trouviez M. de Meaux aussi docile pour l'Eglise romaine, et aussi prêt à lui soumettre sa doctrine. » *Lettre de Fénelon au nonce, avril 1698.* Œuv. IX, 372.

dait pas l'imposer, et se faire en quelque sorte juge d'une doctrine. Nous avons vu sa lettre à Innocent XII ; tout ce qu'il demande, c'est un prompt jugement, et il le recevra avec déférence, quel qu'il soit. C'est ce que déclare en toute occasion l'ambassadeur du roi à Rome, le cardinal de Bouillon, et c'est ce que répète aussi, à plusieurs reprises, M. de Chantérac, pour donner plus d'assurance aux partisans de Fénelon. L'abbé Bossuet ne cessait d'insinuer partout que Louis XIV avait pris fait et cause pour les adversaires de Fénelon, et ce qui sembla lui donner raison, c'est la disgrâce qui, le 2 juin 1698, vint frapper quelques-uns des amis de Fénelon. Ce jour-là l'abbé de Beaumont, sous-précepteur des princes, l'abbé de Langeron, lecteur, et MM. du Puy et de l'Echelle, gentilshommes de la manche, furent congédiés sous prétexte qu'ils étaient entachés de Quiétisme, mais en réalité parce qu'ils gardaient un attachement trop persistant à l'homme qui avait encouru l'animadversion du roi (1). Aucun ne reçut la moindre récompense de ses services. En même temps le frère de Fénelon, exempt des gardes du corps, fut cassé de son emploi. Il s'en fallut de bien peu que l'abbé Fleury, malgré sa haute valeur, ne fût aussi renvoyé. « Il

(1) « Après le coup qui a frappé quatre de mes amis, MM. de l'Echelle, du Puy, de Langeron et de Beaumont, je n'ai plus personne pour faire répandre mes réponses à Paris. » *Lettre de Fénelon à M. de Chantérac, du 13 juin 1698.* Œuv. IX, 436. — On voit par là qu'ils avaient continué de servir Fénelon. M. de Langeron était d'ailleurs en correspondance suivie avec M. de Chantérac, qui le tenait au courant de toute la suite de l'affaire à Rome.

n'a été conservé, écrit Bossuet, que parce que j'en ai répondu (1). »

Un dernier acte de Louis XIV acheva de montrer à tous les yeux que Fénelon était tout à fait perdu dans son esprit. Dans les premiers jours de janvier 1699, le roi lui ôta le titre de précepteur dont il avait consenti jusque-là à ne pas le dépouiller, et il eut soin de faire savoir au Souverain Pontife que l'archevêque de Cambrai ne faisait plus partie de la maison des princes. Le *Télémaque*, dont on commençait à faire circuler des copies manuscrites, fut, on peut le croire, pour quelque chose dans cette nouvelle rigueur (2).

Il avait été assez facile d'exciter la colère de Louis XIV en lui faisant entendre que ce livre était dirigé contre son gouvernement et sa personne ; et la dernière mesure prise contre Fénelon était une claire indication des sentiments du roi. Mais enfin on ne voit pas jusqu'ici qu'il ait voulu peser sur le pape et lui dicter un jugement. Le 23 décembre 1698, il lui écrit en ces termes :

TRÈS-SAINT-PÈRE,

Dans le temps que j'espérais de l'amitié et du zèle de Votre Sainteté une prompte décision sur le livre de l'archevêque de Cambrai, je ne puis apprendre sans

(1) *Lettre à l'abbé Bossuet, du 30 juin 1698.*

(2) Fénelon n'avait pas songé à donner ce livre au public. « Tout le monde sait, écrit-il plus tard, qu'il ne m'a échappé que par l'infidélité d'un copiste. » *Mémoire au P. Le Tellier.* Œuv. VII, 665. — Pour plus de détails sur le *Télémaque*, sur le but que Fénelon s'était proposé, sur le bruit que fit tout de suite cet ouvrage, et comment on voulut y voir la critique de Louis XIV, voir notre *Histoire de l'éducation des princes dans la maison des Bourbons de France, II, 63-75.*

douleur que ce jugement, si nécessaire à la paix de l'Eglise, est encore retardé par les artifices de ceux qui croient trouver leur intérêt à le différer. Je vois si clairement les suites fâcheuses de ces délais, que je croirais ne pas soutenir dignement le titre de fils aîné de l'Eglise, si je ne réitérais les instances pressantes que j'ai faites tant de fois à Votre Sainteté, et si je ne la suppliais d'apaiser enfin les troubles que ce livre a suscités dans les consciences. On ne peut attendre présentement ce repos que de la décision prononcée par le Père commun, mais claire, nette, et qui ne puisse recevoir de fausses interprétations ; telle enfin qu'il convient qu'elle soit, pour ne laisser aucun doute sur la doctrine, et pour arracher entièrement la racine du mal. Je demande, très Saint-Père, cette décision à Votre Béatitude, pour le bien de l'Eglise, pour la tranquillité des fidèles, et pour la propre gloire de Votre Sainteté. Elle sait combien j'y suis sensible, et combien je suis persuadé de sa tendresse paternelle. J'ajouterai à tant de grands motifs, qui la doivent déterminer, la considération que je la prie de faire de mes instances, et du respect filial avec lequel je suis, etc.

La lettre est sans doute fort pressante, mais que l'on en pèse toutes les expressions : il n'en est pas une seule qui ne respecte l'indépendance du juge. Plus tard, il est vrai, au mois de mars 1699, dans un mémoire adressé à Rome, Louis XIV insiste pour une condamnation formelle, et annonce que s'il ne l'obtient pas il « saura ce qu'il a à faire, et prendra des résolutions convenables. » Mais que l'on y fasse attention, lorsqu'il parle ainsi, c'est après que le livre de Fénelon « a été reconnu rempli d'erreurs graves par la congrégation du Saint

Office et par le pape lui-même. » La condamnation était déjà virtuelle : Louis XIV veut, pour couper court à toutes « les subtiles interprétations d'un esprit fécond en inventions captieuses, » qu'elle soit explicite ; mais est-ce vraiment l'avoir dictée ? Remarquons, d'ailleurs, qu'au moment où le mémoire parvenait à Rome, la décision, telle que le roi la demandait, était rendue et publiée. Il n'a donc pas, disons-le pour sa justification et aussi pour celle du pape, exercé dans cette affaire une influence abusive.

CHAPITRE V

La condamnation du livre des *Maximes*

Confiance de Fénelon dans l'issue de l'affaire du Quiétisme. — S'il était condamné il donnerait sa démission. — La congrégation du Saint Office. — Censure du livre des *Maximes* par les docteurs de Sorbonne. — Réunions de la congrégation du Saint Office. — Derniers efforts de Fénelon pour échapper à la condamnation. — La condamnation est prononcée. — Fénelon se soumet au jugement rendu; son mandement. — Assemblées métropolitaines pour l'acceptation du bref. Assemblée de Cambrai. — Rapport sur l'affaire du Quiétisme à l'assemblée générale du clergé de 1700. — La soumission de Fénelon a-t-elle été absolue? — Sentiments que laisse cette lutte dans l'esprit de Fénelon. — Ardeur excessive des deux adversaires dans cette controverse.

Fénelon s'était si bien fait illusion sur l'excellence de sa doctrine, qu'il ne doutait pas d'abord que la cour de Rome ne lui donnât pleinement raison (1). Il en était si persuadé qu'il annonçait, et faisait annoncer par ses amis, que s'il était condamné il se mettrait lui-même en pénitence, après avoir donné sa démission de l'archevêché de Cambrai : car, après une pareille flétrissure, pourrait-il avec autorité exercer ses fonctions épiscopales? Il l'écrit dès le mois de septembre 1697, il

(1) « Son livre ne pouvait être censuré, *vel minima notula.* » *Lettre de M. de Chantérac à Fénelon, du 1er mars 1698.* Œuv. IX, 339.

le répète à plusieurs reprises (1); il le déclare même au nonce (2) et au pape : mais à ce dernier il fait entendre que s'il est justifié (et il n'en fait pas le moindre doute), la déchéance de ses adversaires s'imposera. « S'ils triomphent, je suis résolu à renoncer à mon archevêché, à me réfugier dans un désert pour y pleurer jusqu'à la fin de mes jours un si grand scandale. Mais s'ils succombent, c'est à eux par contre de subir ce châtiment. Il ne faut pas que ceux qui cherchent à accabler leurs frères contre toute règle obtiennent l'impunité ; ce serait de l'exemple le plus pernicieux dans la maison de Dieu, et une grave atteinte à l'autorité du Saint-Siège (3). » Heureusement on n'en vint pas à cette extrêmité : Cambrai et Meaux purent également conserver leur pasteur.

M. de Chantérac aurait mieux aimé sans doute que Fénelon ne parlât point ainsi de démission.

(1) *Lettres à M. de Chantérac, des 25 septembre 1697, 20 juin, 11 et 26 juillet, 25 octobre et 14 novembre 1698.* — Œuv. IX, 205, 442, 463, 474, 559, 583.

(2) *Lettre au nonce, du 7 janvier 1698.* Œuv. IX, 295.

(3) « Si vicerint, archiepiscopatu Camerarensi libentissime abdicato, ad desertum locum confugere est animus, ubi tantum scandalum ad mortem usque defleam. Sin minus adversarii, uti par vice versa, easdem pœnas dent, ne qui fratrem inique opprimunt impune abeant : quod exitiosissimo exemplo foret in domo Dei, et supremæ Sedis auctoritatem sensim infringeret. » *Lettre du 12 juin 1698.* Œuv. IX, 434. — Le 13 août suivant (Œuv. IX, 490-492), il écrit encore au pape dans le même sens. — M. de Chantérac (*lettre à Fénelon du 28 juin 1698*, Œuv. IX, 452), raconte que dans l'audience qu'il vient d'avoir du pape, lorsqu'il a déclaré ces intentions de démission et de pénitence, « ce bon Saint-Père ne pouvait souffrir de m'entendre me servir de ces expressions, et me faisait signe avec ses deux mains, d'un air tout affligé, que c'était assez, ne pouvant proférer que cette aspiration de douleur : Ha ! ha ! ha ! »

Une fois seulement il répond à ce sujet; puis il ne l'aborde plus que pour engager Fénelon (le pape vient de rendre sa décision) à ne plus rien dire qui puisse rappeler ses précédentes déclarations : « On se souvient de ce que vous avez dit en plusieurs rencontres qu'une condamnation vous déshonorerait entièrement, qu'il ne vous resterait plus d'autre parti que celui de vous démettre et de vous retirer dans une solitude... Il serait dangereux de renouveler ces sortes d'idées, parce qu'on ne regarderait plus ces expressions que comme des paroles d'emportement et de chagrin, et point du tout comme un sentiment de piété. » Il lui fait même entrevoir qu'on pourrait se servir de ces paroles comme d'un prétexte pour prendre contre lui de rigoureuses mesures (1).

On voit dans la correspondance M. de Chantérac passer par de fréquentes alternatives de crainte et d'espérance; mais jamais il ne se montre aussi assuré que Fénelon d'une heureuse issue de l'affaire. Il n'en est pas de même, remarquons-le, du parti adverse : l'idée ne vient pas un seul instant à Bossuet et à ses amis qu'ils puissent ne pas avoir gain de cause : la condamnation du livre des *Maximes* sera plus ou moins sévère, mais à leurs yeux elle est certaine : leur confiance n'est pas ébranlée même par le partage des consulteurs : ils comptent sur la congrégation du Saint Offices (2).

(1) *Lettre du 19 mars 1699.* Œuv. IX, 714.

(2) « Je vous réponds sur ma tête que le livre sera condamné, pourvu qu'on juge, et on jugera. » *Lettre de Phélippeaux à Bossuet 17 décembre 1697.*

Cette congrégation allait en effet se réunir à son tour, et se prononcer avec une autorité que n'avaient point les premiers consulteurs; car ceux-ci, nous l'avons déjà dit, n'exprimaient qu'un avis; le Saint Office avait à rendre un jugement. Ce n'était plus une commission formée en vue d'une affaire spéciale, de religieux choisis peut-être pour les opinions qu'on leur supposait, et dont on pouvait ainsi suspecter l'impartialité. C'était un tribunal, institué d'une manière générale et permanente pour toutes les questions de foi, et composé de princes de l'Eglise.

Ceux qui en faisaient alors partie étaient les cardinaux de Bouillon, Nerli, Casanate, Carpegna, Marescotti, Spada, d'Aguirre, Albani, Panciatici, Ferrari, Ottoboni et Noris. La congrégation comprenait dix-sept cardinaux, il est vrai; mais l'un d'eux, Cibo, doyen du sacré collège, était trop âgé pour s'occuper encore d'affaires. Quatre autres, des Ursins, de Médicis, Porto-Carrero et d'Estrées, ne résidaient pas à Rome. Il n'y en eut donc que douze pour prendre part au jugement.

Les séances des consulteurs finirent le 25 septembre 1698. Le pape ordonna aux membres du Saint Office de s'assembler à la Minerve dès le lendemain, pour délibérer sur la manière de procéder. Avant d'ouvrir entre eux aucune discussion, ils avaient à entendre les dix examinateurs, qui devaient, l'un après l'autre, donner leur avis motivé sur chacune des propositions extraites du livre des *Maximes*, et il n'y en avait pas moins de trente-huit. Cela devait prendre un temps assez considérable, quoiqu'il y eût trois réunions par semaine. Ainsi c'est au mois de novembre seulement que les cardinaux purent se mettre au jugement de l'affaire. Si de nombreuses intrigues s'agitèrent autour d'eux, on ne voit pas, il faut le reconnaître, qu'elles aient eu de l'influence sur leurs délibérations : ils ne se laissèrent toucher par aucune autre considération que celle des intérêts de la foi.

Au moment où ils allaient commencer l'examen des doctrines qui leur étaient déférées, une censure du livre des *Maximes* fut publiée à Paris. Elle avait été redigée par M. Pirot, et soixante docteurs de Sorbonne l'avaient signée. « Ils ont été surpris ou gagnés, dirent tout de suite les partisans de Fénelon ; ils ne sont d'ailleurs qu'une minorité ; tous les autres sont pour M. de Cambrai (1) ». En réponse à ces suppositions, on accepta les signatures de tous les docteurs qui se trouvaient à Paris et qui les avaient déjà offertes ; et le nombre des adhérents à la censure s'éleva ainsi à plus de deux cent cinquante.

Venant d'une faculté de théologie aussi célèbre que celle de Paris, une telle manifestation était grave : Fénelon songea à lui opposer des déclarations contraires d'autres facultés, Salamanque, Louvain, Cologne (2). Aucune suite ne put

(1) « Le gros des docteurs modérés est entièrement pour moi. » *Lettre de Fénelon à M. de Chantérac, du 3 octobre 1698*. Œuv. IX. 539.

(2) *Lettres de Fénelon à M. de Chantérac, des 30 août, 3 et 25 octobre et 7 novembre 1698*. Œuv. IX, 509, 539, 557, 574. — On voit par *une lettre du docteur Stevaert, de Louvain, à Fénelon, du 15 janvier 1699*, Œuv. IX, 647, que Fénelon lui avait écrit pour provoquer en sa faveur un avis de cette université.

être donnée à ce projet. Mais pour détruire l'effet de la censure des docteurs parisiens, on raconta « qu'en un seul soir on les avait tous pris à la hâte, chacun chez soi », pour extorquer leur signature; « M. de Meaux allait lui-même de porte en porte (1) ». Se représente-t-on Bossuet en semblable expédition ? L'histoire est assez ridicule; mais Fénelon la tient « d'un zélé religieux qu'il n'a jamais vu », et qui vient de lui écrire; et il l'accepte si bien, qu'à son tour il dénonce la chose au pape (2). M. de Chantérac, et nous avons ici une nouvelle preuve de sa modération et de son esprit judicieux, ne se laisse pas aussi aisément persuader. Il estime que des accusations téméraires ne peuvent que nuire à leur auteur. « Vous êtes partie, écrit-il à Fénelon, et vous avancez des faits que vous ne sauriez prouver. Si l'on ne doit pas croire à vos accusateurs sur leur seule parole, pourquoi vous croira-t-on quand vous entreprendrez à votre tour de les accuser sur des faits qui ne peuvent assurément que les rendre très odieux (3) ? »

Tout ce qu'on raconte revient aux oreilles de Bossuet, qui hausse les épaules. « Quand on a dressé et signé, écrit-il, cette sorte de censure,

(1) *Lettre de Fénelon à M. de Chantérac, du 25 octobre 1698*. Œuv. IX, 556.

(2) Per singulas domos itum est clam sub noctem. Una hora tot in locis totum negotium tumultu confectum est. Formula jam ad arbitrium scripta singulis suscribenda proponitur : ne quidem in vocula mutanda libertas elucet. Nulla mora datur. *Lettre du 25 octobre 1698*. Œuv. IX, 560.

(3) *Lettre du 28 février 1699*. Œuv. IX, 693. — En toute occasion la franchise de M. de Chantérac est grande. On peut lire, par exemple, sa *lettre à Fénelon, du 23 août 1698*, Œuv. IX. 503, sur la conduite incertaine et parfois mystérieuse du prélat.

j'étais dans mon diocèse où M. de Paris me l'envoya.... On la donne pour ce qu'elle est, c'e. t-à-dire pour l'avis de beaucoup de particuliers seulement, sans autorité de corps. Elle rembarrera les cambraisistes, qui se vantent d'avoir l'École pour eux, et fera voir l'unanimité de nos sentiments (1) ».

Pour répondre à la censure, Fénelon écrivit les deux lettres dont nous avons déjà fait mention. Persuadé que c'était Bossuet qui avait suscité contre lui cette levée de docteurs : « Je m'adresse à vous, lui dit-il, comme à la source de tous les desseins formés contre moi, et je prends l'Église à témoin du dernier qui éclate (2). » Mais dans l'intimité aussi bien qu'en public Bossuet repousse cette imputation. Il écrit encore à son neveu : « Partout M. de Cambrai me dit : *Vous trompez, vous altérez*, etc., comme si j'étais l'auteur de la censure ; au lieu qu'il est vrai que je n'ai eu aucune part ni au conseil, ni à l'exécution ; et je n'ai rien su ni des qualifications ni des signatures, je dis rien, qu'après que tout a été fait. M. le nonce l'a su dès l'origine ; et je le priai même, lorsque j'en fus informé, de le mander à Rome, ce qu'il m'a dit avoir fait... Si j'avais eu la moindre part à la censure, elle serait plus juste, par conséquent plus forte, et l'on n'aurait pas omis des propositions capitales (3). »

(1) *Lettre à l'abbé Bossuet, du 2 novembre 1698.*

(2) *Première lettre.* Œuv. III, 372.

(3) *Lettre du 16 février 1699.* Plus tard Bossuet, *Avertissement sur les douze propositions*, proteste avec énergie contre cette accusation d'avoir provoqué la déclaration des docteurs. Voir encore sa *lettre à M. de La Broue, du 24 février 1699.*

Une fois entrés dans leurs fonctions de juges, les cardinaux du Saint Office se tinrent dans une grande réserve à l'égard des deux parties ; et pour se soustraire à leurs sollicitations, plusieurs même ne voulurent plus donner audience ni à M. de Chantérac ni à l'abbé Bossuet. Le secret sur ce qui se passait dans la congrégation était mieux gardé qu'il ne l'avait été pour les réunions tenues par les consulteurs; il n'était pas cependant si absolu qu'on ne sût, au moins d'une manière] générale, dans quel sens les cardinaux opinaient : sur ce point l'abbé Bossuet, avec son entregent, parvenait à se faire assez exactement renseigner.

Le pape, malgré son âge avancé, s'appliquait avec le plus grand soin à cette malheureuse affaire, comme il l'appelait, ne cachant point combien il en était affligé(1). Il assistait souvent aux séances. Dès les premières il fut visible que pas un des cardinaux ne se prononcerait positivement pour Fénelon. Celui de tous qui lui était le plus favorable, et qui désirait fort qu'on pût lui éviter une condamnation, le cardinal de Bouillon, défendait sa personne plus que ses doctrines : il cherchait toute sorte de moyens termes, d'expédients, pour concilier la pure vérité catholique avec les égards dus à un prélat aussi éminent que l'archevêque de Cambrai. Ainsi il aurait voulu que le Saint-Siège fît une déclaration où, sans nommer personne, il établirait les vrais principes, qualifiant d'erronées toutes les propositions qui s'en écarteraient. Il

(1) Voir la *lettre du cardinal de Bouillon à Louis XIV, du 10 février 1699*. Œuv. IX, 678.

insistait sur ce point que, dans les passages reprochés à Fénelon, on pouvait distinguer deux sens, l'un censurable, il est vrai, mais l'autre soutenable, et qui sans doute était celui de M. de Cambrai (1).

Dès les premières séances les cardinaux Casanate, Carpegna, Marescotti, Panciatici, s'étaient sans aucune hésitation nettement déclarés contre le livre qui leur était déféré. Ils amenèrent à leur avis tous les autres, y compris le cardinal de Bouillon, qui, du moment où les distinctions qu'il voulait faire admettre eurent été repoussées, crut devoir joindre son suffrage à celui de tous les juges (2).

Fénelon, averti que sa cause, qu'il avait crue d'abord si bonne, était bien compromise, et forcé de se rendre à l'évidence, redoublait d'efforts pour échapper au moins à une condamnation formelle. Sur les pressantes instances de M. de Chantérac, il se prononce nettement et sans restriction contre les erreurs qu'on lui attribue, et contre les livres de Mme Guyon (3). Il fait suggérer par M. de Chan-

(1) Un instant le pape, qui regrettait d'avoir à condamner Fénelon, parut incliner vers cette sorte de *mezzo termine*. C'est alors que Louis XIV écrivit cette lettre fort vive, dont nous avons cité quelques lignes, mais qui n'arriva à Rome, comme nous l'avons dit, que lorsque l'idée d'adoucir ainsi la condamnation avait déjà été définitivement écartée.

(2) On a écrit quelquefois que les cardinaux s'étaient partagés comme l'avaient fait les consulteurs. Le bruit en avait bien couru, mais sans aucun fondement. En réalité le jugement fut rendu à l'unanimité des voix.

(3) *Lettre de M. de Chantérac à Fénelon, du 6 décembre 1698.* Œuv. IX, 609. *Lettres de Fénelon, au pape, du 13 décembre 1698.* Œuv. IX, 618-621, *et à M. de Chantérac, du 26 décembre 1698.* Œuv. IX, 632.

térac les partis que l'on pourrait prendre, pour lui épargner ce qu'il appelle un opprobre. « Remuez tous les grands ressorts pour éviter une conclusion si flétrissante pour moi (1). » Que si l'on voulait à toute force déclarer fausses les propositions qu'il avait avancées, il s'y résignait ; mais il demandait qu'on ne les désignât point comme extraites de son livre; qu'on ne les rapportât pas dans les termes dont il s'était servi, et qu'on en choisît d'autres qui n'en rappelassent pas le souvenir; que l'on condamnât en même temps des propositions contraires, de façon que les censures du Saint-Siège, en portant sur les deux extrêmes, n'eussent point l'air de s'appliquer spécialement au livre des *Maximes*. En imposant silence aux deux parties également, on pourrait interdire la réimpression de ce livre ; ou bien le laisser réimprimer, avec des notes explicatives, mais mises en marge, et qui n'entreraient dans le corps du texte que beaucoup plus tard, quand la dispute serait entièrement finie (2). Tout cela, avouons-le, n'est-ce pas pour se donner quelque apparence de succès, en obtenant que la condamnation, réelle au fond, soit comme dissimulée ? Est-ce autre chose qu'une question d'amour propre ? Qu'il soit fort préoccupé de la situation qui lui sera faite, c'est un souci fort légitime sans doute; mais peut-être ce souci, tout personnel, est-il excessif, et après tout d'un intérêt secondaire,

(1) *Lettre à M. de Chantérac, du 14 décembre 1698.* Œuv. IX, 621.

(2) *Lettres à M. de Chantérac, des 14 novembre et 19 décembre 1698, 9 janvier, 20 février, 6 et 13 mars 1699.* Œuv. IX, 582-586, 626, 641, 686, 697-698, 705-706.

alors qu'il s'agit de déterminer des dogmes, des règles de foi.

Tous ces efforts furent en pure perte. Le pape fit sien le jugement du Saint Office, et il choisit, pour rédiger le décret, les cardinaux Ferrari, Noris, Albani et Casanate. Ce dernier avait été d'avis, dans la congrégation, avec Panciatici, Carpégna et Marescotti, que diverses propositions fussent qualifiées d'hérétiques. Mais les autres cardinaux ne voulaient pas, par égard pour Fénelon, et le pape se rangea à leur sentiment, d'une expression aussi forte. Mais à part ce ménagement la condamnation fut aussi rigoureuse qu'elle pouvait l'être. Ainsi dans le bref, daté du 12 mars 1699, le nom de Fénelon se trouve en toutes lettres, et on lit que son livre « contient des propositions qui, soit dans le sens des paroles tel qu'il se présente d'abord, *in obvio*, soit eu égard à la liaison des principes, sont téméraires, scandaleuses, malsonnantes, offensent les oreilles pieuses, sont pernicieuses dans la pratique, et même erronées respectivement, *respective*.» Défense était faite à tous les fidèles de garder l'ouvrage. Vingt-trois propositions étaient expressément condamnées; et le pape ajoutait qu'il n'entendait aucunement, par cette réprobation spéciale, approuver les autres choses contenues dans le livre.

Aussitôt que le bref fut publié à Rome, l'abbé de Chantérac écrivit à Fénelon : « Voici le temps, Monseigneur, de mettre en pratique ce que la religion vous a jamais fait comprendre de plus saint dans la parfaite conformité à la volonté de Dieu. Voici le temps, si je l'ose dire, pour vous et pour ceux qui vous sont unis, d'être obéissant à Jésus-Christ jusqu'à la mort, et à la mort de la croix, afin que ceux qui vivent ne vivent plus en eux-mêmes. Vous avez besoin de toute votre piété et de toute la soumission que vous avez si souvent promise au pape dans vos lettres, pour posséder votre âme avec patience en lisant le bref qu'il vient de donner et de publier contre votre livre. Il serait inutile de vous dire ici certaines circonstances qui ont accompagné cette décision, et qui ne serviraient qu'à la rendre plus accablante. Le zèle de quelques particuliers allait jusqu'à croire rendre service à Dieu de demander d'autres choses encore plus flétrissantes et d'un plus grand éclat, et le pape a cru faire beaucoup pour vous de leur résister là-dessus... Tous vos amis, Monseigneur, croient que vous devez recevoir ce bref avec une parfaite soumission, telle que vous l'avez promise, simple et sincère... Il semble que Notre Seigneur vous donne à édifier autant toute l'Église par là, comme on veut faire croire qu'elle a été scandalisée par votre livre. Ce seul exemple donnera une plus grande idée de la perfection des vertus chrétiennes que tout ce que vous auriez pu dire de plus saint sur la religion... Je prie Notre Seigneur d'être votre force dans une épreuve si accablante. Il me semble que je veux bien sincèrement partager vos peines avec vous (1). »

En cette circonstance M. de Chantérac justifiait mieux que jamais ces paroles que lui adressait Fénelon : « Je vois que Dieu qui me crucifie vous

(1) *Lettre du 14 mars 1699*. Œuv. IX, 709.

appelle à être mon Simon Cyrénéen, pour m'aider à porter ma croix. Portez-la donc patiemment, non pour l'amour de moi, mais pour l'amour de celui qui nous la présente. Elle vous sera plus utile qu'à moi, car vous la portez mieux (1). » Et quelques jours après, quand l'affaire est entièrement terminée, voici en quels termes il remercie l'abbé, et ces touchants témoignages d'affection ne font pas moins d'honneur au maitre qu'au serviteur : « Votre retour fera ma plus sensible consolation. Je ne vous dois pas moins que si les plus grands succès avaient suivi votre travail ; j'ai compris tout ce que vous avez fait et souffert : je vois bien que vous ne m'en avez mandé que la moindre partie. Ma reconnaissance, ma confiance, ma vénération et ma tendresse pour vous sont sans bornes. Venez au plus tôt, afin que nous nous consolions dans le sein du véritable consolateur. Nous vivrons et mourrons n'étant qu'un cœur et qu'une âme (2). » M. de Chantérac du reste devait avoir hâte de quitter Rome, où il se trouvait abandonné de tous. « Nous voici à présent, écrit-il, dans une affreuse solitude: aucun de ceux que l'on appelle nos bons amis ne m'est venu voir (3). »

Fénelon, avant d'avoir la lettre où M. de Chantérac lui annonçait le décret rendu contre son livre, savait déjà sa condamnation. Dès que la nouvelle en était parvenue à la cour, son frère, le comte de Fénelon, était parti en poste de Paris pour Cam-

(1) *Lettre du 27 février 1699*. Œuv. IX, 691.

(2) *Lettre du 27 mars 1699*. Œuv. IX, 718.

(3) *Lettre à Fénelon, du 28 mars 1699*. Œuv. IX, 719.

brai, et il y arrivait le 25 mars, jour de l'Annonciation. « C'était, écrit M. de Bausset, au moment où l'archevêque allait monter en chaire pour prêcher sur la solennité du jour. Quelque affecté qu'il fût d'une décision si contraire à son attente, la religion conserva un tel empire sur cette âme vertueuse, qu'il se recueillit seulement quelques instants pour changer tout le plan du sermon qu'il avait préparé : il le tourna sur la parfaite soumission due à l'autorité des supérieurs. La nouvelle de la condamnation de Fénelon avait déjà rapidement circulé dans la nombreuse assemblée qui l'écoutait. Cette admirable présence d'esprit, ce mouvement sublime, ce calme qui attestait d'avance la soumission de l'archevêque de Cambrai, et qui en était l'engagement solennel, firent couler de tous les yeux des larmes de tendresse, de douleur, de respect et d'admiration (1). »

Cette soumission immédiate, absolue, du haut de la chaire, a été si souvent racontée et célébrée qu'on est tout d'abord tenté de croire que c'est là un fait hors de toute discussion. Mais à y regarder d'un peu près, l'exactitude de ce récit ne laisse pas que d'inspirer des doutes fort sérieux. L'histoire de ce sermon changé sur l'heure et tourné du côté de l'obéissance s'était, il est vrai, répandue tout de suite à Versailles, à Rome : on avait fait de grandes louanges de Fénelon, et M. de Chantérac lui écrit pour le féliciter (2) : c'est dans cette lettre que M. de

(1) *Histoire de Fénelon*, *III*, 69. Si M. de Bausset ne dit pas, tout en le donnant à entendre, que Fénelon annonça lui-même sa condamnation, d'autres l'ont dit expressément.

(2) *Lettre du 18 avril* 1699, et une autre *du 25 avril*, Œuv. X, 8.

Bausset a puisé les détails qu'il donne. Mais remarquons que M. de Chantérac ne parle que d'après des ouï-dire. Fénelon ne répond rien qui puisse confirmer ou démentir ce qu'on raconte : que ce soit par modestie, si l'on veut; mais comment se fait-il que les deux historiens de Fénelon qui ont vécu dans son intimité, et qui n'oublient rien de ce qui peut relever les mérites de l'illustre archevêque, M. de Ramsay et le marquis de Fénelon, se taisent complètement sur une circonstance si glorieuse de sa vie ? Leur silence serait inexplicable s'ils avaient regardé comme vrai ce qui s'était dit. Mais ce qui nous paraît encore plus décisif, c'est une lettre écrite, de Cambrai, dès le 31 mars, remarquez cette date, par un des aumôniers de Fénelon, et quel témoin peut être mieux informé que celui-là ? « Notre affliction et notre surprise a été grande, dit-il; mais je regarde comme une grande grâce l'occa-

et *15*. Bossuet, écrivant à son neveu, lui parle également de ce qui a été à ce sujet raconté à Versailles. — On peut lire aussi une lettre très curieuse adressée à Fénelon par un P. Campioni qui est dans l'enthousiasme. Il compare Fénelon à Abraham, et bien entendu, pour donner l'avantage à Fénelon. Nous traduisons un passage de cette lettre : « Abraham a été prêt à immoler son fils, mais pendant un seul jour, et il n'eut pas à l'immoler. Vous, c'est pendant des années que vous avez été prêt à immoler, et vous l'avez immolé en effet, votre enfant, l'enfant non de votre chair, mais de votre esprit. Abraham, recevant à l'improviste l'ordre de Dieu, garde en lui-même son secret ; vous, apprenant aussi à l'improviste la décision du souverain pasteur des âmes, vous avez changé la composition du discours préparé pour votre peuple ; vous vous êtes étendu sur l'éloge de l'obéissance, et vous l'avez louée non seulement en paroles, mais aussi par vos actes. Vous avez annoncé à tout le peuple la censure infligée à votre ouvrage. » *Lettre du 12 mai* 1699. Œuv. X. 27.

sion que j'ai eue de connaître à fond la sainteté de notre prélat, qui a éclaté dans cette affliction, une des plus grandes que puisse avoir un homme en cette vie. » Puis après avoir parlé de la résignation et de la tranquillité de Fénelon : « Monsieur son frère fut témoin d'un catéchisme qu'il fit dimanche en dialogue, comme il a fait pendant ce carême, avec la même liberté que s'il n'avait eu aucune affaire. » Le catéchisme fait comme à l'ordinaire, c'est déjà une assez belle marque d'empire sur soi-même, et les assistants purent justement en être frappés. Ne serait-ce pas là l'origine de l'histoire, telle qu'elle se fit ensuite, avec des amplifications, en passant de bouche en bouche ? L'aumônier ajoute qu'on ne s'entretient pas du tout de la condamnation : on la connaît, mais « la chose, quoique publique ici, est ensevelie dans un profond silence, ce qui marque combien on aime ce prélat (1). » Mais qu'on parût vouloir ignorer, par égard pour Fénelon, la décision rendue contre lui, après que Fénelon l'aurait annoncée lui-même dans sa métropole, est-ce vraisemblable ? — Rappelons encore que, d'après les règles établies en France, aucun bref ne pouvait être accepté et publié sans la permission du roi, et jamais Fénelon ne songea à s'affranchir de cette règle. Il écrit le 27 mars : « Les usages de France, qu'on me ferait un crime irrémissible de violer, ne permettent pas de reconnaître la bulle jusqu'à ce qu'elle ait été reçue au parlement. Ainsi il faut nécessairement que j'attende cette formalité avant que de faire aucun acte

(1) *Lettre de M****.* Œuv. IX, 723.

de soumission (1). » *Aucun acte de soumission;* ces paroles sont formelles : est-ce là le langage d'un homme qui l'avant-veille se serait hâté de proclamer son obéissance? Nous pouvons donc maintenant l'assurer : Fénelon n'a pas, à la première nouvelle de sa condamnation, tenu la conduite qu'on lui a prêtée : toute cette scène quelque peu dramatique n'est qu'une légende; mais ajoutons qu'être l'objet d'une légende ce n'est pas une louange médiocre : il est des actes que l'on n'attribuera qu'aux âmes élevées, parce qu'à elles seules on fait l'honneur de les en croire capables.

Fénelon avait écrit tout de suite le mandement par lequel il voulait communiquer à ses diocésains la décision du Saint-Siège. La publication en fut retardée par les difficultés de forme dont nous parlions. Dès qu'elles furent levées, il donna ce mandement, le 9 avril (2). Après avoir dit qu'il adhérait au bref, tant pour le texte du livre que pour les vingt-trois propositions, simplement, absolument, et sans ombre de restriction, et qu'il condamnait, dans la même forme et avec les mêmes qualifications, tout ce que le bref avait condamné, il ajoutait : « Nous nous consolerons, nos très chers

(1) *Lettre à M. de Chantérac, du 27 mars 1697.* Œuv. IX, 717. — Voir encore la *lettre du 29 mars, à M. de Beauvilliers,* Œuv. IX, 720. — Un des correspondants de Fénelon n'a pas un seul instant voulu croire à ce qu'on racontait, et il en donne à Fénelon cette raison : « On a dit que Votre Grandeur avait fait un discours très soumis le jour de l'Annonciation dernière dans sa métropole. Je n'ai jamais cru cette nouvelle, et je suis persuadé que Votre Grandeur ne fera rien là-dessus que le bref ne lui soit notifié dans les formes. » *Lettre de M***** à Fénelon, du 3 avril 1699.* Œuv. IX, 729.

(2) Œuv. III, 410.

frères, de ce qui nous humilie, pourvu que le ministère de la parole que nous avons reçu du Seigneur, pour votre sanctification, n'en soit pas affaibli; et que, nonobstant l'humiliation du pasteur, le troupeau croisse en grâce devant Dieu. C'est donc de tout notre cœur que nous vous exhortons à une soumission sincère et une docilité sans réserve, de peur qu'on n'altère insensiblement la simplicité de l'obéissance pour le Saint-Siège, dont nous voulons, moyennant la grâce de Dieu, vous donner l'exemple jusqu'au dernier soupir de notre vie. A Dieu ne plaise qu'il soit jamais parlé de nous, si ce n'est pour se souvenir qu'un pasteur a cru devoir être plus docile que la dernière brebis du troupeau, et qu'il n'a mis aucune borne à sa soumission. »

« La publication de mon mandement, écrit Fénelon, ne pouvait être plus forte que je la fis pour ne m'épargner en rien; et j'en fis faire deux éditions, l'une française et l'autre latine, dont je distribuai à mes dépens plus de sept cents exemplaires. J'en envoyai à tous les doyens de districts, pour en faire part à tous les curés de ce diocèse (1). Louis XIV exigea cependant qu'un second mandement fût donné, où serait inséré tout entier le bref du pape. Cette exigence était assez inutile; mais Fénelon obéit (2).

Dans une lettre du 29 mars 1699, Fénelon s'étonne que quelques personnes aient pu craindre qu'il ne

(1) *Lettre à M. le marquis de Barbesieux, du 30 septembre 1700.* Œuv. X, 48.

(2) Voir ce second mandement, daté du 1er septembre 1700. Œuv. III, 419.

se soumit point : « Qu'ai-je donc fait à tous ces gens-là pour leur faire penser que j'aurais tant de peine à préférer l'autorité du Saint-Siège à mes faibles lumières, et la paix de l'Eglise à mon livre ? » Et il proteste que cet acte de soumission ne lui cause absolument aucune peine : « Je n'ai de consolation qu'à obéir ; et si on m'avait connu tel que je suis à cet égard-là, on n'aurait jamais eu les vaines alarmes qu'on s'est laissé donner (1). » Fénelon donne un démenti à ces craintes, mais il est certain qu'elles étaient fort répandues. L'abbé de Brisacier s'en fait l'écho : « Je sais qu'un grand nombre de vos serviteurs et de vos amis, soit dans des communautés entières, soit dans des maisons particulières, font depuis longtemps, et surtout depuis l'arrivée du courrier, des prières ardentes pour vous, Monseigneur, afin qu'il plaise à Dieu de vous donner le courage de reconnaître que vous vous êtes trompé dans votre livre, et de réformer vos sentiments sur ceux de saint Pierre (2). »

Fénelon se hâta d'écrire au pape pour l'assurer de sa parfaite docilité. Toutefois il aurait désiré qu'un bref établît la saine doctrine de la charité. Il envoyait à l'abbé de Chantérac une double lettre : la seconde était conçue dans les mêmes termes que la première, quant à la déclaration de soumission absolue ; mais Fénelon y exprimait en outre le désir que nous venons d'indiquer (3). M. de Chantérac, après avoir consulté ses amis, décide-

(1) *Lettre à M. de Beauvilliers*. Œuv. IX, 720.

(2) *Lettre à Fénelon, du 30 mars 1699*. Œuv. IX, 721.

(3) *Lettre au pape, du 4 avril 1699*. Œuv. IX, 730-731, avec les variantes. *Lettre à M. de Chantérac* (même date). Œuv. IX, 729.

rait laquelle des deux lettres il fallait remettre. L'avis de tous fut que par la remise de la seconde on semblerait essayer de revenir sur l'affaire.

A Rome on fut ravi des sentiments que manifestait Fénelon. Le pape, qui avait éprouvé un grand chagrin d'avoir à se prononcer contre un archevêque qu'il aimait et estimait, saisit cette occasion pour lui donner un témoignage de satisfaction. Il lui adressa un bref où il le louait du zèle avec lequel il s'était soumis à la décision pontificale (1). Le bref aurait été encore plus élogieux, si plusieurs cardinaux n'avaient représenté au pape qu'il aurait pour effet d'affaiblir la sentence rendue.

Pour que cette sentence fût acceptée régulièrement en France, Louis XIV voulut qu'elle fût examinée d'abord par les assemblées métropolitaines : c'était d'ailleurs donner plus de solennité à la condamnation. Chaque archevêque reçut donc l'ordre de réunir ses suffragants pour recevoir le bref, et convenir avec eux des moyens les plus propres à en assurer l'exécution ponctuelle. La situation de Fénelon était des plus singulières : il avait à présider une assemblée où l'on allait instruire contre lui. Juge et accusé tout à la fois, il se conduisit, dans une circonstance aussi délicate, avec une parfaite dignité.

Le 24 mai 1699, les évêques de Tournai, d'Arras et de Saint-Omer (2), se réunirent avec Fénelon au

(1) *Bref du 12 mai 1699*. Œuv. X, 26.

(2) On peut remarquer l'absence de l'évêque de Namur. C'est que l'assemblée se tenait sur l'ordre du roi, et conformément aux pratiques de l'Eglise gallicane ; et Namur était en terre espagnole : son évêque n'avait donc rien à voir dans cette affaire. C'est un exemple des singularités résultant de la réunion dans une même province ecclésiastique de diocèses appartenant à des nationalités différentes.

palais archiépiscopal pour la tenue de l'assemblée provinciale. L'affaire du bref occupa les deux séances du 25 et du 26. Fénelon commença par déclarer que pour lui il n'avait point à délibérer; qu'il avait déjà reçu la constitution papale, avec tout le respect et la soumission dus au Saint-Siège, comme le prouvait son mandement dont il donna lecture, et qu'il était encore prêt à réitérer cette acceptation, avec les évêques ses co-proviinciaux.

Il semble qu'après cette déclaration, il n'y avait plus lieu de délibérer. Mais l'évêque de Saint-Omer, M. de Valbelle, ne l'entendait pas ainsi. Il reprit le mandement de Fénelon. — Il n'y trouvait, disait-il, qu'une soumission de respect, et non une soumission intérieure et de cœur, telle que l'exigeait l'Église, aucune parole qui exprimât quelque sorte de repentir. — Fénelon répondit que l'assemblée se tenait, non pour examiner son mandement, mais pour faire tous ensemble ce qu'il avait déjà fait en son particulier, un acte d'adhésion au jugement du Saint-Siège ; que d'ailleurs adhérer à un jugement, c'est se former un jugement intérieur conforme à celui auquel on adhère. — Les évêques d'Arras et de Tournai se rendirent sans peine aux raisons de Fénelon. Le lendemain, M. de Valbelle demanda que tous les écrits publiés pour défendre le livre des *Maximes* fussent supprimés (1). Fénelon fit remarquer que c'était aller plus loin que le pape, qui n'avait ni

(1) En cela M. de Valbelle ne faisait que répondre au désir de Bossuet, qui lui avait écrit, le 16 mai 1699, pour l'engager à faire comprendre dans la condamnation tous les écrits apologétiques.

condamné ni prohibé ces ouvrages ; que du reste, après avoir ainsi exprimé son avis, il était prêt à conclure, comme président, à la pluralité des voix, au nom de l'assemblée, tout ce qu'elle ferait même contre son sentiment particulier. Cette fois, les évêques] d'Arras et de Tournai opinèrent comme celui de Saint-Omer (1). L'espèce d'acharnement que M. de Valbelle montra dans toute cette affaire, contre son métropolitain, fut partout sévèrement jugée, tandis que la modération de Fénelon fut fort admirée.

Quelques défauts de forme, le *motu proprio*, auraient pu mettre obstacle à l'acceptation du bref. Mais Louis XIV avait hâte d'en finir, et l'on ne s'arrêta pas à des difficultés qui, en d'autres circonstances, auraient été regardées comme fort sérieuses. La constitution apostolique fut enregistrée au parlement le 14 août 1699.

L'Assemblée générale du clergé se réunit à Saint-Germain le 23 juillet 1700. Un instant Fénelon avait craint d'être {mandé, pour renouveler, avec des explications plus amples et plus précises, sa déclaration de soumission. Il avait reçu à ce sujet un avis secret (2); mais cet avis se trouva faux. Rien n'indique d'ailleurs qu'on ait jamais songé à lui infliger cette humiliation.

Ce fut Bossuet que l'Assemblée chargea du rapport sur l'affaire du Quiétisme. Il rendit pleine

(1) Pour plus de détails, voir le *Procès-verbal de l'assemblée provinciale*. Œuv. III, 412-418, et les *lettres de Fénelon à M. de Chantérac, des 8, 22 et 29 mai 1699*. Œuv. X, 22, 30 et 31.

(2) *Lettre de Fénelon à M. l'abbé de Langeron, du 1er juillet 1700*. Œuv. VIII, 394.

justice à la docilité de Fénelon. « Mgr l'archevêque de Cambrai, dit-il, sans hésiter déclara sa soumission absolue et sans réserve... Les ennemis de l'Église parurent surpris d'un changement si soudain et si exemplaire, et ils auraient bien voulu ne pas le croire. Mais l'Église, qui sait la grâce attachée à l'obéissance, reconnut dans la soumission de cet archevêque l'effet naturel de l'humilité chrétienne et de la subordination ecclésiastique (1) ».

Ramsay raconte ce qu'il avait souvent entendu Fénelon dire à Cambrai, dans l'intimité : « Ma soumission n'était point un trait de politique, ni un silence respectueux, mais un acte intérieur d'obéissance rendu à Dieu seul. Selon le principe catholique, j'ai regardé le jugement de mes supérieurs comme un écho de la volonté suprême. Je ne me suis point arrêté aux passions, aux préjugés, aux disputes qui précédaient ma condamnation. J'entendis Dieu me parler comme à Job du milieu de ce tourbillon et me dire : *Quel est celui qui mêle des sentences avec des discours inconsidérés ?* Et je lui répondis du fond de mon cœur : *Puisque j'ai parlé indiscrètement, je n'ai qu'à mettre ma main sur ma bouche, et me taire.* Depuis ce temps-là, je ne me suis point retranché dans les vaines subtilités de la question de fait et de droit. J'ai accepté ma condamnation dans toute son étendue. Il est vrai que les propositions et les expressions dont je m'étais servi, et beaucoup d'autres bien plus

(1) Il n'est pas du tout exact que Bossuet dans ce rapport ait outrepassé les qualifications dont le pape s'était servi. Nous avons cherché, sans les trouver, les expressions de *blasphématoires*, et *hérétiques*, que l'on a attribuées à Bossuet.

fortes avec bien moins de correctifs, se trouvent dans les auteurs canonisés ; mais elles n'étaient point propres pour un ouvrage dogmatique. Il y a une différence de style qui convient aux matières et aux personnes différentes. Il y a un style du cœur et un autre de l'esprit, un langage de sentiment et un autre de raisonnement. Ce qui est souvent une beauté dans l'un est une imperfection dans l'autre. L'Église, avec une sagesse infinie, permet l'un à ses enfants simples, mais elle exige l'autre de ses docteurs. Elle peut donc, selon les différentes circonstances, faire condamner la doctrine des Saints, rejeter leurs expressions fautives dont on abuse (1) ».

Signalons un témoignage d'humilité dont nous parlerons plus tard avec quelques détails, le don fait à la métropole de Cambrai, d'un ostensoir qui rappelait la juste condamnation du livre des *Maximes* ; puis ces phrases du testament : « Dès que le pape Innocent XII a condamné mon ouvrage, j'ai adhéré à son jugement du fond de mon cœur et sans restriction, comme j'avais d'abord promis de le faire. Depuis le moment de la condamnation je n'ai jamais dit un seul mot pour justifier ce livre ; je n'ai songé à ceux qui l'avaient attaqué que pour prier avec un zèle sincère pour eux, et que pour demeurer uni à eux dans la charité fraternelle (2) ».

Après tout cela, un doute peut-il s'élever sur l'absolue sincérité de la soumission de Fénelon ?

(1) *Histoire de Fénelon*, 74-75.

(2) Œuv. X. 135. — Le testament est daté du 5 mai 1705, dix ans avant la mort de Fénelon.

Non, assurément, répondent ses admirateurs. Et pourtant, il faut bien le dire, si décisifs que semblent les témoignages que nous avons rappelés, ils n'ont pas convaincu tous les esprits. Nous devons donner les raisons invoquées par ceux qui se refusent à partager l'opinion commune.

Sans doute, disent-ils, dans tous les écrits destinés à passer sous les yeux du public, Fénelon ne montre que docilité pour les décisions du Saint-Siège, et sentiments de mansuétude à l'égard de ses adversaires : mais cette docilité, cette mansuétude, sont-elles aussi réelles qu'on l'a cru ? Nous avons sa correspondance ; et, par sa correspondance, nous pouvons mieux que ses contemporains pénétrer dans ses intimes sentiments : or, plusieurs fois, il répète que Rome ne pourra le condamner sans s'avilir, sans se deshonorer (1) ; n'est-ce pas vouloir infirmer d'avance, si elle lui est défavorable, la décision qui sera rendue ? Voici encore de fâcheuses expressions : « Si des cardinaux qui veulent être papes, et qui ne savent rien décident... (2) ». Quand les juges sont ainsi inculpés d'ambition et d'ignorance, la sentence pontificale était déjà prononcée. Fénelon, il est vrai, ne le savait pas encore ; mais comment concilier le manque de respect aux juges avec l'adhésion sans

(1) *Lettre à M. de Chantérac, du 21 août 1698.* Œuv. IX, 497. — Voir encore la *lettre à M. de Chantérac, du 13 février 1699*, IX, 680, où il établit que sa condamnation, dans une matière doctrinale où il a pour lui la vérité et la doctrine des saints, ne sera qu'un acte de faiblesse et une concession politique faite au roi. — Et le 27 du même mois : « La pure et saine doctrine des saints sera bafouée. » Œuv. IX, 691.

(2) *Lettre à M. de Chantérac du 21 mars 1699.* Œuv. IX, 707.

réserve au jugement ? « J'abandonnerai mon livre par pure obéissance, comme je souscrirai par pure obéissance à une censure (1) ».

Mais oublions, si l'on veut, tous ces propos tenus au cours de l'affaire, dans un moment sans doute d'humeur irréfléchie ; qu'ils ne comptent point : ils sont d'avant le jugement : mais après ? Après ? Écoutons Fénelon, alors que le docteur suprême a parlé, et que le décret de l'autorité infaillible doit être accepté sans protestation, sans murmure : « On a accablé celui qui soutenait seul la bonne doctrine sur la charité, qui reste accablée avec lui... Si le pape m'avait cru *piissimo, santissimo, dottissimo* (expressions dont le pape s'était servi en parlant de Fénelon), il n'aurait eu garde de me vouloir flétrir sans nécessité... A Paris et ici les honnêtes gens sont beaucoup plus édifiés de ma soumission qu'ils ne le sont du bref (2). Nous vivons dans un temps où l'on voit des choses que l'on n'avait point encore vues, et il faut tout souffrir... Rien n'est véritablement décidé sur le fond de la doctrine ; tous les honnêtes gens me plaignent, et trouvent que j'avais raison, et donnent tort à M. de Meaux dans notre controverse... Dieu a permis un mauvais succès (3). Je n'admettrai rien d'ambigu ni sur la pureté de mes opinions en tout temps, ni sur l'orthodoxie de la doctrine que j'ai soutenue (4). Celui qui errait a prévalu, celui

(1) *Lettre à M. de Chantérac, du 20 février 1699*, Œuv. IX, 687.

(2) *Au même, lettre du 11 avril 1699*. Œuv. IX, 736-737.

(3) *Au même, lettre du 17 avril 1699*. Œuv. X, 6, 7.

(4) *Au même, lettre du 1er mai 1699*. Œuv. X, 20.

qui était exempt d'erreur a été écrasé (1) ». Sont-ce là des témoignages de la soumission tant vantée ? (2)

Dans une cause où des deux côtés on prétend n'avoir en vue que le triomphe de la vérité, il semble que, cette vérité une fois définie par l'irréfragable autorité de l'Église, il ne doive plus exister d'adversaires. La perfection chrétienne serait même d'avoir quelque reconnaissance pour celui qui, en soutenant contre nous la bonne cause, ne nous a vaincus que pour contribuer à nous affranchir d'une erreur. Mais c'est là un effort qu'on ne saurait attendre que d'un saint. N'y avait-il pas eu un moment où Fénelon s'était cru capable de cet effort ? « Si je me trompe, je demande à Dieu qu'il daigne m'ouvrir les yeux. Alors j'aurai une reconnaissance éternelle pour ceux qui ont eu le zèle de me vouloir corriger, quoiqu'ils aient passé les bornes en le faisant (3) ». Tout au moins, à défaut

(1) *Mémoire au P. Le Tellier, 1710*, Œuv. VII, 665.

(2) Fénelon dira, il est vrai, que nul ne peut savoir mieux que lui ce qu'il pense et ce qu'il croit, et qu'il n'a jamais cru les erreurs qui lui ont été imputées ; si certaines propositions de son livre ont été condamnées, il se défend de les avoir entendues dans le sens où le pape les a condamnées : C'est ainsi qu'il peut dire qu'il n'a point erré. — A la bonne heure ; mais les jansénistes, dont il est l'adversaire le plus décidé, en disent autant pour les propositions tirées du livre de Jansénius, et déclarées fausses ; ils distinguent entre le sens que leur a donné Jansénius, et le sens où les prend le pape. Cette distinction Fénelon la combat avec force, et comme nous le verrons, il écrit des pages nombreuses pour établir que le pape est juge souverain de la question de fait, c'est-à-dire qu'il peut décider avec une pleine autorité du sens dans lequel une proposition doit être prise. — Il est assez malaisé de ne pas trouver quelque contradiction entre ce que Fénelon dit pour sa défense personnelle, et ce qu'il écrit contre les jansénistes.

(3) *Lettre à Mme la Maréchale de Noailles, du 28 février 1698*. Œuv. VII, 528.

d'une si éminente et presque surhumaine vertu, convient-il de déposer toute rancune : en a-t-il été ainsi ? « Le procédé de mes confrères qui ont falsifié, tronqué, calomnié sur les faits, manqué de parole, rejeté les voies pacifiques, est inexcusable (1) ». Et dans une lettre latine à Gabrielli, l'un des cinq examinateurs qui s'étaient prononcés pour lui : « Aujourd'hui que M. de Meaux me voit réduit au silence par respect pour le siège apostolique, il élève impunément la voix ; et, oublieux de toute humanité, il s'efforce, voyant son frère enchaîné, de l'égorger *(fratrem vinctum humanitatis oblitus jugulare nititur)*. Je me tairai cependant, et dans le secret de mon cœur je dirai à Dieu seul : Seigneur, je souffre violence, répondez pour moi (2) ».

Fénelon proteste souvent qu'il ne lui reste dans le cœur rien contre les trois prélats. « Dieu m'est témoin que je veux être toute ma vie pour eux dans les sentiments que l'union fraternelle demande entre des évêques, et que je les respecte sincèrement (3). » Or, que voyons-nous après que Rome a mis fin aux débats ? L'évêque de Chartres lui fait des avances qui sont froidement accueillies, et les tentatives de Godet-Desmarais pour faire renaître l'ancienne amitié restent inutiles (4). Bossuet, de

(1) *Lettre à M. de Chantérac, du 8 mai 1699.* Œuv. X, 23-24.

(2) *Lettre du 22 septembre 1700.* Œuv. X, 48.

(3) *Lettre à M. de Sève, évêque d'Arras, du 28 avril 1699.* Œuv. X, 17.

(4) *Lettre du marquis de Denonville au comte de Montbéron, du 9 avril 1699.* Œuv. IX, 733. Voir encore la *lettre de Fénelon à l'abbé de Langeron, du 11 octobre 1701.* Œuv. VII, 550.

son côté, va trouver M. de Beauvilliers, et le prie d'écrire de sa part à M. de Cambrai que jamais lui, Bossuet, n'a cru ni dit que sa soumission ne serait qu'apparente et extérieure; à ce compliment, qui pouvait être une occasion de rapprochement, il ne reçoit aucune réponse (1). Bossuet meurt; le bruit s'est répandu que son oraison funèbre a été prononcée à Cambrai par Fénelon, qui aurait même dit qu'il avait à M. de Meaux l'obligation d'avoir été retiré par lui de l'erreur; Fénelon se défend d'avoir jamais eu pareille pensée (2). Dans la visite qu'il reçoit peu après de l'abbé Le Dieu, le secrétaire de Bossuet, on parle de cette mort encore toute récente, et Le Dieu fait cette remarque : « M. l'archevêque de Cambrai n'a pas dit le moindre mot à la louange de M. de Meaux. » Ce silence a de quoi nous étonner (3). Plus tard, il se décidera à faire l'éloge de ce grand homme, mais avec quelle réserve ! « Vous ne me faites pas justice, Monsieur, écrit-il à M. de Sacy, si vous croyez que les louanges données aux talents de feu M. de Meaux et à ses écrits peuvent me blesser... En toute occasion,

(1) *Lettres de Bossuet à l'abbé Bossuet, des 6 avril et 1er juin 1699.* — M. de Bausset (*Histoire de Bossuet, X, 23*) fait le récit des démarches que Bossuet voulut tenter, par l'intermédiaire de l'abbé de Saint-André, pour se remettre en bons termes avec Fénelon. Des circonstances fortuites empêchèrent seules ces démarches.

(2) *Lettres du P. Lami à Fénelon, du 16 août 1704, et de Fénelon au P. Lami, du 23 août.* Œuv. VII, 591.

(3) Le Dieu, *Mémoires*. III, 170. Nous regrettons de ne pouvoir ici partager l'avis d'un écrivain fort distingué, M. Emmanuel de Broglie, qui trouve (*Fénelon à Cambrai*, 52-53) ce silence plein de dignité et de simplicité. Bossuet laissait assez d'admirables écrits qu'on pouvait louer grandement, *sans encourir le reproche d'hypocrisie*, et sans rien dire qui eût rapport au Quiétisme.

je loue sans peine et avec plaisir tout ce que je trouve de louable dans les ouvrages de ce prélat. Ceux qui me voient tous les jours pourraient vous dire que, quand on parle de théologie, de philosophie, de poésie ou d'éloquence, je tâche de faire bonne justice à un grand nombre de choses très estimables que j'ai remarquées dans les ouvrages de M. de Meaux, ou que je me souviens de lui avoir entendu dire en conversation (1). » *Choses estimables*, l'éloge peut paraître un peu sec.

Le cardinal de Noailles essaie, jusqu'à la mort de Fénelon, de rétablir avec lui d'amicales relations ; la maréchale de Noailles s'y emploie de tout son pouvoir, et sans jamais se lasser. A toutes les tentatives de cette vieille amie, Fénelon oppose une résistance polie, mais invincible (2). Quand M. de Noailles, à son tour, sera fâcheusement engagé dans certaines erreurs théologiques, Fénelon le poursuivra avec un zèle, une rigueur même, qui pourra ne pas paraître exempte de tout ressentiment personnel. *Manet alta mente repostum*. Qu'elle est donc à prendre en pitié, notre pauvre humanité, quand on voit de telles faiblesses se trahir, même chez les meilleurs, même chez Fénelon ! « Je n'ai rien sur le cœur pour le passé (3). » Il

(1) *Lettre du 24 décembre 1707*. Œuv. VII. 631-632. Nous sommes fâchés de n'avoir pas la lettre à laquelle répond Fénelon.

(2) Voir dans la *Correspondance, lettres diverses*, les lettres assez nombreuses à ce sujet. Jusqu'en 1712 la maréchale renouvelle ses efforts. — Il y a (Œuv. VII, 553) une lettre latine, sous le nom de l'abbé de Chantérac au cardinal Gabrielli. En réalité elle est de Fénelon ; car on en a la minute toute de sa main avec des corrections et des ratures. Fénelon laisse voir clairement son refus de se rapprocher de M. Godet-Desmarais et de M. de Noailles.

(3) *Lettre à M. Hébert, du 27 septembre 1701*. Œuv. X, 49.

l'écrit, et il en est bien persuadé, tant il est difficile de descendre jusqu'au fond de sa propre conscience, et de démêler sûrement ce qui se cache dans les derniers replis du cœur ! Que l'on ne voie pas dans les sentiments persistants de Fénelon à l'égard de ses adversaires comme une secrète protestation contre leur triomphe, la chose est malaisée.

—Nous avons exposé les deux opinions sur la soumission de Fénelon ; le lecteur choisira. Mais quelle que soit celle qu'il adopte, elle donnera toujours lieu, il faut en convenir, à des objections ; il a là une sorte de problème à résoudre.

Qu'une pure discussion de doctrines soit devenue, comme nous l'avons vu, une lutte de personnes, il ne faut pas nous en trop étonner. C'est une des infirmités de notre nature qu'un peu de passion se mêle vite au désir de faire triompher ce que nous regardons comme la vérité. Bossuet avait vu l'orthodoxie menacée ; reconnu de tous pour le défenseur attitré de l'Église, il signala le danger et crut qu'il n'avait qu'à le signaler pour le conjurer. Grande fut sa surprise en voyant se produire dans cet épiscopat, dont il était, depuis près de vingt ans, le directeur (l'expression est de Saint-Simon), une résistance inattendue ; et cette résistance, d'où venait-elle ? d'un disciple. Il en fut comme blessé ; c'était presque une révolte.

Le disciple, lui, se croyait le droit de ne plus l'être. Elevé maintenant en Israël, ayant d'ailleurs conscience de sa juste valeur, pourquoi ne serait-il pas maitre et docteur à son tour, et à ce titre le rival de celui dont il avait jusque-là subi la domination? Et s'il avait à entrer en controverse avec un pareil adversaire, ne serait-il pas glorieux de laisser aux yeux des spectateurs la victoire indécise?

L'amour-propre mis ainsi en jeu chez l'un et chez l'autre, et à leur insu, les coups qu'ils se portèrent dans l'ardeur de la lutte furent moins mesurés. Bossuet a des vivacités de langage, des jugements d'une rigueur singulière; le *Montan de la nouvelle Priscille* en est un exemple; il dit tout ce qu'il a dans le cœur avec une rude franchise, sans ménagement; nous avons déjà vu sa déclaration: « Je suis inexorable quand il s'agit de la religion. » Fénelon sait mieux contenir et envelopper l'expression de ses sentiments (1): mais que l'on y prenne garde; avec cette apparente modération, il écrivait ce que Bossuet appelle des *réponses bénignement outrageantes et moqueuses* (2). L'attaque est moins directe, mais que l'insinuation est parfois cruelle! « Quoi! Monseigneur, vous dites la messe, et vous parlez ainsi! De la même main dont vous présentez sur l'autel au Père le Fils qui est la vérité éternelle, vous écrivez que....., etc. (3).»

Dans cette *lettre sur la réponse aux préjugés décisifs*, Fénelon fait ressortir combien il y a d'opposition entre son langage et celui de Bossuet: « J'ai répondu longtemps au style le plus âcre et le plus hautain du ton le plus simple et le plus patient...

(1) On sent cependant, la lutte se prolongeant, un certain changement dans le style de Fénelon. Voir à ce sujet ce que lui écrit M. de Brisacier, *lettre du 23 avril 1698*. Œuv. IX, 387.

(2) *Lettre à l'abbé Bossuet, du 17 mars 1698.*

(3) *Lettre sur la réponse aux préjugés décisifs.* 4. Œuv. III, 344.

J'ai évité beaucoup de termes durs qui vous sont les plus familiers (1). » Oui, sans doute, mais cette douceur ne fait que recouvrir l'aiguillon qui saura bien se faire sentir. Se tromperait-on à dire que si d'un côté il y a plus de véhémence, de l'autre il y a plus de fiel (2) ? »

Dans les écrits pour l'impression on est tenu à plus de réserve ; on se surveille ; dans une correspondance on laisse aller sa plume. Nous trouverons dans les lettres des deux adversaires trop de choses que plus tard ils auraient effacées, nous n'en doutons point, s'ils avaient eu à se relire ; mais dans le feu de la dispute on n'y regarde pas de si près, on outre si facilement sa pensée. A mesure que la querelle se prolonge, on sent que l'irritation gagne Bossuet, qui ne cesse d'ailleurs d'être excité par son neveu. Il en arrive, dans ses lettres, (remarquons toutefois qu'il ne dit tout cela qu'à son neveu et à nul autre), jusqu'à écrire : « L'impudence de M. de Cambrai est extrême... Il sait si bien dissimuler... Ces bassesses sont indignes d'un archevêque... L'hypocrisie de ce prélat... Écrits remplis d'impostures... Le mauvais et dangereux caractère de son esprit... Son audace à mentir... Rampant et insolent outre mesure... Dange-

(1) Œuv. III, 340.

(2) Expression de Joubert. « Fénelon a le fiel de la colombe, dont ses reproches les plus aigres imitent les gémissements, et parce que Bossuet parlait plus haut, on le croyait plus emporté, II, 354. » — Fénelon lui-même se rendait compte que sous sa modération apparente se cachaient des traits bien vifs contre Bossuet : « L'amertume est dans les choses que je n'ai pu éviter de dire ; elle n'était point dans les termes dont je me suis servi. » *Lettre au nonce, 7 décembre* 1698. Œuv. IX. 613.

reux esprit qui peut tout entreprendre et tout défendre, ce qui compose le génie le plus propre à faire un hérésiarque (1). » Nous avons choisi quelques unes des expressions les plus fortes, mais nous pourrions en citer d'autres encore.

Il faut bien reconnaître aussi dans la correspondance de Fénelon des excès de langage. Sans doute, il n'a pas la véhémence de Bossuet ; elle n'est point dans son caractère ; mais nous n'aurons que trop de paroles amères et méprisantes à relever, trop d'accusations peu justifiées. Nous l'avons déjà vu désigner les trois évêques par l'expression dédaigneuse de « ces gens-là. » Il dira encore : « Des gens de cette trempe, d'un naturel plein de pièges... Ils ont de la mauvaise foi... M. de Paris donne une instruction pleine de venin qui cache, dans un style modeste et radouci, les accusations les plus atroces et les plus envenimées. » Ce terme « atroce », appliqué aux écrits de ses contradicteurs, revient fort souvent. — « M. de Meaux calomnie outrageusement... C'est l'esprit de mensonge qui persécute la doctrine de la perfection... Il a un style plein de hauteur, d'insulte, d'âpreté, d'animosité.., outre ses intrigues secrètes, il écrit toul ce que la fureur et l'artifice peuvent inspirer; hautain et véhément, quand il a pour lui une autorité absolue ; mou et faible, dès que l'autorité lui manque... Le ton fanfaron de M. de Meaux... Les prélats sont des furieux (2). »

(1) *Lettres à l'abbé Bossuet, des 23 novembre 1697, 6 et 25 janvier, 30 juin, 16 août, 7 et 14 septembre, 5 octobre 1698.*

(2) *Lettres à M. de Chantérac, des 3 décembre 1697 ; 7 janvier, 18 et 27 mars, 3, 16 et 25 avril, 27 septembre, 10 octobre, 14 novem-*

Mais c'est assez et même trop peut-être. Fallait-il cependant jeter le voile sur ces misères ? Nous ne l'avons pas cru. Ne rien dissimuler, voilà la première condition de l'histoire. Chez les plus grands et les meilleurs l'humanité perce toujours par quelque endroit. Saint Jérôme a-t-il toujours été assez modéré dans sa polémique avec saint Augustin ? Ne prenons pas au pied de la lettre, et comme l'expression d'un sentiment véritable et réfléchi, tout ce qui se dit et s'écrit dans le feu de la dispute. Sans doute on voudrait effacer, chez Bossuet et chez Fénelon, des lignes regrettables ; mais quelques ombres peuvent-elles obscurcir l'éclat de tant de qualités des plus rares ?

Et maintenant, si l'on voulait faire le départ des fâcheux procédés, à qui, de Bossuet ou de Fénelon, faudrait-il en imputer le plus ? A cet égard, nous le savons, c'est contre Bossuet que longtemps l'opinion s'est prononcée ; mais n'a-t-elle pas été trop sévère pour lui ? Tout bien considéré, nous nous demandons si en concluant à l'égalité des torts, nous ferions injure à Fénelon (1).

Mais malgré ce que la passion a d'excessif et de condamnable, il faut convenir pourtant qu'elle donna à ce débat un intérêt singulier. En dehors de l'école, une controverse de cette nature, sur des questions aussi spéciales, aussi ardues, aurait laissé

bre 1698, et 6 mars 1699. Œuv. IX, 256, 293, 356, 362, 367, 382, 387-8, 537, 543, 585-6, 698. *Lettre au nonce, du 7 janvier 1698.* Œuv. IX, 294.

(1) Le sage d'Aguesseau, dans ses Mémoires, semble bien à cet égard tenir la balance égale entre les deux adversaires, quand il écrit : « L'un et l'autre ne surent peut-être pas assez se garantir d'un excès de véhémence et même d'amertume. »

le public indifférent. Mais elle s'anima de toute l'ardeur des deux adversaires, de toute la vivacité de leurs sentiments. Ce ne fut plus seulement une lutte de doctrines, mais de personnes, et quelles personnes ! les deux évêques les plus admirés pour leurs talents supérieurs. Elle attira et retint ainsi pendant trois années l'attention publique ; et aujourd'hui encore les monuments d'éloquence qui nous restent de ces débats, sont dignes de notre étude, malgré deux siècles écoulés.

Nous en avons fini avec l'affaire du Quiétisme. Nous allons maintenant suivre Fénelon dans son diocèse, où nous pourrons l'admirer sans réserve ; car c'est à Cambrai que ses vertus vont briller de tout leur lustre.

CHAPITRE VI

L'entourage de Fénelon. — Les rapports avec le gouverneur, les intendants, les suffragants, les chapitres et les abbayes.

Le diocèse de Cambrai reste en souffrance, pendant la querelle du Quiétisme. — Entourage de Fénelon à Cambrai : MM. de Chantérac, de Beaumont, de Langeron ; les secrétaires et les aumôniers. — M. du Puy. — Les neveux de Fénelon. — Emploi de la journée. — Le gouverneur de Cambrai, M. de Montbéron ; les intendants de Flandre et du Hainaut, MM. de Bagnols, de Bernières, de Roujault. — Les suffragants. — Fénelon dans ses fonctions de métropolitain. — Le caractère flamand. — Le vicariat (conseil épiscopal). — Les chapitres. — Les abbayes. — L'affaire de l'abbé de Liessies.

Un des effets les plus fâcheux de l'affaire du Quiétisme, c'est que Fénelon, empêché par les nécessités de la polémique qu'il avait à soutenir contre les évêques, ne pouvait s'acquitter de ses fonctions épiscopales aussi exactement qu'il l'aurait voulu : le pasteur n'était pas tout à son troupeau. Il était le premier à le regretter amèrement, et à la fin d'une de ses lettres à Bossuet, il laisse échapper ce cri de douleur : « Que les autres hommes soient hommes, c'est ce qui ne doit pas surprendre. Mais que les ministres de Jésus-Christ, ces anges de l'Eglise, donnent au monde profane et incrédule de telles scènes, c'est ce qui demande des larmes de sang. Trop heureux si, au lieu de toute cette guerre d'écrits, nous avions toujours fait le catéchisme dans nos diocèses, pour apprendre aux pauvres villageois à craindre et aimer Dieu (1) ».

On se plaignait dans le diocèse que l'archevêque se relâchait du zèle que promettaient les premiers mois de son ministère : les ordinations, les visites pastorales étaient en souffrance. Ces plaintes arrivaient à Rome jusqu'à l'abbé de Chantérac, et en bon et fidèle serviteur il croit de son devoir d'informer Fénelon de tout ce qui se dit (2). Fénelon essaie bien de se justifier ; mais lui-même, dans une lettre au pape Innocent XII, gémit sur le triste état de son diocèse : « Pendant toute cette querelle si affligeante, de nombreux troupeaux languissent, privés des soins du pasteur. Depuis bientôt deux années le champ du céleste Père de famille, au lieu de se couvrir d'une riche moisson, est tout hérissé de ronces et d'épines. Les chemins de Sion sont en deuil ; Sion est dans la désolation, tandis que les impies et les hérétiques font éclater leur joie et leur orgueil (3) ».

(1) *Lettre sur la réponse aux Préjugés décisifs.* Œuv. III, 354.

(2) *Lettres de M. de Chantérac à Fénelon, des 22 février et 15 mars 1698*, Œuv. IX, 331 et 353 ; et de *Fénelon à M. de Chantérac, des 18 mars et 5 juillet 1698*. Œuv. IX, 356 et 456.

(3) « Dum ita indecore confligimus, numerosi greges pastorali sollicitudine destituti languent, jam ferme a biennio summi Patris familias ager, pro segete ampla, vepribus ac spinis inhorruit. Lugent viæ Sion ; ipsa oppressa est amaritudine, gaudent et gloriantur impii et hæretici. » *Lettre du 13 août 1698*. Œuv. IX, 490.

Le jugement du Souverain Pontife mettait fin à une trop longue controverse ; l'exil d'ailleurs donnait Fénelon tout entier à ses diocésains : désormais il ne devait plus vivre qu'avec eux et surtout pour eux. Mais après avoir été condamné à Rome, obtiendrait-il leur confiance tout entière ? « Je me justifierai aux yeux de mon troupeau, écrit-il à M. de Chantérac, par ma patience, par mon travail, par ma conduite toute opposée à l'illusion (1) ». Jamais promesse ne fut mieux tenue.

Mais avant de le suivre dans ses fonctions épiscopales, pénétrons dans son existence intérieure, voyons comme il est entouré. Parmi ceux qui forment sa société habituelle, trois surtout lui sont particulièrement chers. Le premier, que nos lecteurs connaissent déjà par la mission qu'il remplît à Rome pendant la querelle du Quiétisme, Gabriel de La Cropte de Chantérac, un peu plus âgé que l'archevêque, et comme lui du Périgord, était d'une bonne famille, et parent assez proche de la mère de Fénelon. Après avoir fait ses études à Saint-Sulpice, il avait embrassé le ministère ecclésiastique. De bonne heure il avait inspiré beaucoup d'affection et d'estime à Fénelon, qui s'empressa de l'appeler auprès de lui à Cambrai, le fit grand vicaire et archidiacre. Nous avons vu, par la lettre où il l'accrédite auprès du pape, quel cas il faisait de ses services. M. de Chantérac, au bout de deux années passées à Rome, l'affaire qui l'y retenait une fois terminée, revint à Cambrai, pour n'en plus partir qu'à la mort de Fénelon. Il se retira alors dans le

(1) *Lettre du 4 avril 1699.* Œuv. IX, 730.

Périgord, où il ne survécut que sept mois à son illustre ami.

Le renvoi, au mois de juin 1698, de l'abbé de Beaumont, sous-précepteur, et de l'abbé de Langeron, lecteur du duc de Bourgogne, était une preuve que le ressentiment du roi, loin de s'apaiser, allait plutôt croissant. Les nouveaux disgraciés vinrent rejoindre Fénelon et vivre avec lui. Pantaléon de Beaumont, né en 1660, était le fils d'une sœur consanguine de Fénelon. Actif et gai, c'était lui surtout qui apportait dans l'archevêché du mouvement et de l'animation : s'il n'avait pas l'esprit tout à fait aussi ecclésiastique que Fénelon l'aurait voulu (1), il était de si belle humeur, si dévoué, et avec cela la droiture et la sincérité même, que l'oncle avait la plus vive tendresse pour ce neveu, pour son *Panta*, comme il l'appelle familièrement par abréviation du nom de Pantaléon, pour son cher et unique Panta : « Je n'ai qu'un Panta au monde ; conserve-le moi, je t'en prie (2). » L'abbé de Beaumont, nommé en 1716 évêque de Saintes, mourut en 1744.

L'abbé de Langeron, né en 1658, s'était dès sa première jeunesse intimement lié avec Fénelon « Il faisait, écrit celui-ci, la douceur de ma vie

(1) « L'abbé de Beaumont a fait beaucoup trop pour moi par ses soins et assiduités pendant mon indisposition. C'est le meilleur cœur qu'il y ait en ce monde. J'espère que la grâce opérera peu à peu dans son cœur pour l'arracher à ses goûts et le livrer au ministère. Il faut prier et l'attendre. » *Lettre au marquis de Fénelon, 1er juin 1713*. Œuv. VII, 467.

(2) *Lettres à l'abbé de Beaumont du 16 septembre 1702 et de mai 1705*. Œuv. VII, 423, 425.

depuis trente-quatre ans (1) ». Il l'avait accompagné, en 1686, dans sa mission du Poitou (2). Pour ne point se séparer d'un ami si cher, Fénelon l'avait fait attacher à l'éducation du duc de Bourgogne. Dans son emploi auprès du jeune prince, M. de Langeron avait parfaitement réussi ; car c'était le maître que l'élève aimait le mieux après Fénelon.

Si M. de Beaumont, à cause de sa haute taille, était *le grand Panta,* M. de Langeron était *le petit abbé.* Le contraste qu'ils offraient amenait souvent d'innocentes plaisanteries. « Embrassez, écrit Fénelon à M. de Langeron, autant que vos petits bras le pourront faire, le grand abbé. » Une autre fois, comme une absence de cet ami se prolonge, il faut enlever, pour le rapporter à Cambrai, le cher gavache : « Panta, le grand Panta, n'a qu'à le prendre sur ses épaules (3). » Gavache, c'est M. de Langeron. Si nous rapportons ces expressions familières, c'est pour montrer dans quelle intimité vivaient le prélat et les trois abbés : à eux quatre ils ne faisaient qu'un seul cœur.

Si l'on veut saisir cependant quelque différence dans les rapports de chacun des abbés avec Fénelon, voici ce qu'on peut remarquer. M. de Chantérac était surtout l'homme de l'administration

(1) *Lettre à la maréchale de Noailles, du 20 novembre 1710.* Œuv. VII, 679. Nous avons une pièce de vers adressée par Fénelon à l'abbé de Langeron. Œuv. VI, 657.

(2) Dans une *lettre au marquis de Seignelai, du 8 mars 1686,* Œuv. VII, 197, Fénelon rend compte des conférences contradictoires faites dans cette mission entre lui et M. de Langeron.

(3) *Lettres des 20 juillet 1700 et 11 octobre 1701.* Œuv. VII, 537 et 550.

diocésaine, le bras droit de l'archevêque. — M. de Beaumont s'occupait plus particulièrement du gouvernement de la maison, des affaires temporelles. — Pour toutes les choses relatives à la spiritualité, à la dévotion, à la vie intérieure, M. de Langeron était celui dont l'âme répondait le mieux à celle de Fénelon, et c'est ainsi qu'il avait pris sur lui une influence réelle, quoique discrète (1). Si Fénelon avait eu besoin d'un directeur de conscience, c'est M. de Langeron qui eût été ce directeur. Il en prenait même quelquefois le rôle. C'est dans une de ces circonstances que Fénelon lui écrit : « Vos remontrances me firent quelque légère peine sur-le-champ ; mais il était bon qu'elles m'en fissent, et elles ne durèrent pas. Je ne vous ai jamais tant aimé. Vous manqueriez à Dieu et à moi, si vous n'étiez pas prêt à me faire ces sortes de peines, toutes les fois que vous croirez me devoir contredire. Notre union roule sur cette simplicité ; et l'union ne sera parfaite que quand il y aura un flux et reflux de cœur sans réserve entre nous (2). »

(1) Dans son testament, VI, en désignant pour exécuteurs testamentaires MM. de Chantérac et de Langeron, Fénelon ajoute : « M. l'abbé de Chantérac, mon parent, qui a été mon conseil dans ce diocèse, qui m'a témoigné une amitié à toute épreuve, et pour qui j'ai une grande vénération. M. l'abbé de Langeron, ami précieux, que Dieu m'a donné dès notre jeunesse, et qui a fait une des plus grandes consolations de ma vie. »

(2) *Lettre du 20 juillet 1700*. Œuv. VII, 537. — En dehors des trois abbés dont nous venons de parler, nous n'en voyons aucun qui ait occupé à l'archevêché une position considérable, et qui puisse être le personnage dont il est question dans ce passage de l'*Éloge de Fénelon*, par d'Alembert : « Ses ennemis avaient eu la détestable adresse de placer auprès de lui un ecclésiastique de grande naissance, qu'il croyait n'être que son grand vicaire, et

Il y avait encore, vivant à l'archevêché, des secrétaires, des aumôniers. Nous pourrions relever dans la correspondance les noms de quelques-uns ; mais on ne voit pas qu'aucun d'entre eux ait exercé une action de quelque importance. Mais il suffisait qu'ils fussent les habitants de la maison pour être tous les commensaux de Fénelon. L'abbé Le Dieu, que nous avons déjà cité, en nous racontant ce qu'il a vu aux deux repas où il a pris part, dit : « L'entretien fut très aisé, doux, et même gai. Le prélat parlait à son tour, et laissait à chacun une honnête liberté; je remarquai que ses aumôniers, secrétaires, et son écuyer, parlèrent comme les autres, fort librement, sans que personne osât ni railler ni épiloguer... Je n'aperçus rien envers personne de ces airs hautains et méprisants que j'ai tant de fois éprouvés ailleurs (1) ». Et Le Dieu ajoute cette remarque, qu'en faisant toujours à ses ecclésiastiques l'honneur de les avoir à sa table, Fénelon agit tout autrement que beaucoup de prélats, par exemple l'archevêque de Reims, qui a partout une table à part pour ses prêtres. M. de Noailles lui-même en usait à peu près de la

qui était son espion. Cet homme, qui avait consenti à faire un métier si vil et si lâche, eut le courage de s'en punir. Après avoir observé longtemps l'âme douce et pure qu'il était chargé de noircir, il vint se jeter aux pieds de Fénelon en fondant en larmes, avoua le rôle indigne qu'on lui avait fait jouer, et alla cacher dans la retraite son désespoir et sa honte. » Un ecclésiastique *de grande naissance, grand vicaire*, peut-on admettre qu'il ne soit pas nommé quelque part dans la volumineuse correspondance que nous possédons ? D'Alembert n'a indiqué aucune autorité sur laquelle il s'appuie. Tout ce récit est si invraisemblable qu'il est permis de le tenir pour faux.

1) III, 158.

même manière « étant évêque de Châlons, et bien plus depuis qu'il fut archevêque de Paris, et encore plus depuis qu'il est cardinal. C'est donc une grande modestie dans M. de Cambrai, avec sa qualité de duc et de prince de l'Empire, et avec ses grandes richesses, d'avoir à sa table tous ses prêtres autour de lui. »

Nous avons vu que MM. du Puy et de L'Echelle, gentilshommes de la manche, avaient été renvoyés de la cour en même temps que les abbés de Beaumont et de Langeron. Ils venaient souvent à Cambrai, surtout M. du Puy : accueilli toujours avec empressement à l'archevêché, il y faisait d'assez longs séjours, mais jamais assez longs au gré de Fénelon. « Il commence à nous importuner sur son départ. Il veut faire tous ses arrangements ; mais je le dérangerai le plus longtemps qu'il me sera possible. Il est trop bon homme : quel moyen de le laisser aller sitôt (1) ! » Il était comme de la maison. M. du Puy, « le meilleur homme qu'on puisse voir », le bon *Puteus*, (on avait ainsi latinisé son nom), ou par abréviation *Put*, se chargeait à Paris des commissions et des affaires de Fénelon ; il lui procurait des domestiques. « Je voudrais bien qu'il pût sans embarras avoir la bonté de me choisir un laquais de figure raisonnable, sage et sachant bien écrire : il le mènerait en venant ici (2). » C'est par son intermédiaire que passaient d'ordinaire les lettres

(1) *Lettre de Fénelon au marquis de Fénelon, du 19 avril 1703.* Œuv. VII, 461.

(2) *Lettre de Fénelon au marquis de Fénelon, du 8 janvier 1713.* Œuv. VII, 448.

adressées aux intimes amis, et aussi à Mme Guyon, avec qui Fénelon, car il ne put jamais se déprendre d'elle entièrement, ne cessa d'entretenir une correspondance secrète (1).

Des hôtes beaucoup plus jeunes venaient souvent animer le palais archiépiscopal ; nous voulons parler de Messieurs les neveux, comme on les appelait. Le père de Fénelon n'avait pas eu, de deux mariages, moins de dix-sept enfants. Avec tant de frères et sœurs, on peut juger si Fénelon eut une bande nombreuse de neveux et de petits-neveux. Il aimait d'en avoir toujours quelques-uns auprès de lui. Tout en les laissant s'ébattre joyeusement dans les longues galeries ou dans le jardin de l'archevêché, il avait toujours l'œil ouvert sur eux. Pendant les absences pour les tournées pastorales, c'était à M. de Beaumont qu'était remise la charge de veiller sur *les jeunes péripatéticiens, les non-vénérables marmots, la race canailleuse des enfants :* ce sont appellations que l'on se permet en famille, et M. de Beaumont est de la famille (2). Fénelon prenait un soin tout particulier pour que le temps passé à Cambrai servît à leur éducation. Pour la plupart ils ne restèrent, il est vrai, que quelques semaines auprès de lui, tout ou plus quelques mois ; il en est un cependant dont il s'occupa plus particulièrement, Gabriel. Celui-ci surtout fut fils adoptif de Fénelon. Nous aurons à reparler de lui.

(1) « M. de Cambrai conserva toujours pour elle la même amitié, la même estime et la même confiance. » Ramsay. *Histoire de Fénelon*, 83.

(2) *Lettre de Fénelon à M. de Beaumont, des 19 mai, 12 et 16 septembre 1702.* Œuv. VII, 422, 423.

Plus tard, quand on put, sans courir le risque d'offenser le roi, avouer les relations d'amitié avec l'exilé de Cambrai, il arriva plusieurs fois à Fénelon de recevoir et de garder chez lui des enfants de la famille du duc de Chevreuse, et ils ne lui étaient guères moins chers que ses propres neveux.

Dans une existence telle que celle de Fénelon, on comprend que les journées ne devaient pas toutes se ressembler : voici cependant comment elles étaient réglées d'ordinaire; nous parlons de celles qu'il passait à Cambrai. Quoiqu'il dormît fort peu, la délicatesse de sa santé l'obligeait à rester au lit au-delà du temps donné au sommeil. Il se levait toujours seul, sans feu, même dans les plus grands froids. Ses domestiques, quand ils entraient, le trouvaient en prières, ou déjà au travail. « Chaque jour, dit un témoin de sa vie, il se disposait à la célébration des saints mystères, par plusieurs heures d'une oraison très fervente (1). » Il disait sa messe, dans sa cathédrale, le samedi, et tous les autres jours, dans sa chapelle. Le dîner, qui avait lieu à midi, une fois fini, il se promenait une demi-heure environ, sans sortir de l'archevêché. Il consacrait l'après-midi aux affaires du diocèse, ou à sa correspondance, ou à l'étude. Vers la fin du jour, il faisait quelque visite, ou, si le temps le permettait, une promenade hors de la ville. Un chemin, qu'il suivait souvent, a gardé le nom d'*allée Fénelon*. Après le souper, c'étaient les causeries dans la grande chambre à coucher. A dix

(1) Galet. *Principales vertus de Fénelon*. ch. VI. Œuv. X. 145

heures, la prière était récitée par un des secrétaires; tous les gens de la maison y assistaient (1).

On ne peut guères parler de Fénelon sans que le souvenir de Bossuet revienne à l'esprit; on est toujours tenté de comparer ces deux grands hommes. Ils ont été, l'un et l'autre, admirables dans leur intérieur; mais il semble qu'ici encore on peut signaler quelque différence. A Cambrai tous ceux qui vivaient à l'archevêché étaient unis entre eux et avec leur illustre chef par les liens d'une vive et sincère affection : c'était un assemblage d'amis, disons mieux, une famille. A Meaux tous s'accordaient surtout dans un même sentiment de vénération pour Bossuet : mais quel que fût l'attachement qu'il leur inspirait, on sent que c'est l'admiration qui dominait, admiration des disciples pour un maître reconnu tel de tous. Bossuet vivait peu pour les choses du monde : toutes ses pensées, toutes ses conversations étaient tournées à la défense et à l'honneur de la religion : il restait toujours évêque et docteur. Fénelon était plus humain, en ce sens qu'il descendait aisément aux entretiens moins austères; sa gravité épiscopale était mêlée d'enjouement avec toute la politesse de l'homme du monde, il charmait et séduisait par son désir d'être aimable et sa nature affectueuse.

Il faut voir maintenant Fénelon dans ses rapports, non plus avec les gens de sa maison, mais avec les personnes du dehors, avec son clergé surtout. Mais disons d'abord quelques mots de ses

(1) Le Dieu, III, 170.

relations avec les magistrats, chargés de représenter dans son diocèse l'autorité royale.

Il avait trouvé à Cambrai, comme gouverneur, le comte François de Montbéron, lieutenant général des armées. Outre qu'il y avait eu des alliances entre les familles de Montbéron et de Fénelon, le gouverneur et sa femme furent tout de suite conquis par l'esprit et les grâces du nouvel archevêque, qui de son côté ressentit pour eux une grande estime, et elle était bien méritée : car quand la disgrâce vint frapper Fénelon, ils ne songèrent pas un instant à s'éloigner de lui. Ce fut Fénelon lui-même, qui, par crainte de leur nuire, voulut n'avoir plus avec eux que d'assez rares relations. « Quand on a la peste, écrit-il, on craint de la donner aux gens qu'on aime (1). » M. et Mme de Montbéron s'étaient mis au dessus de toute crainte : Fénelon fut forcé de céder à leurs affectueuses instances, et ainsi s'établit entre eux une étroite union, qui ne finit qu'à la mort du gouverneur, arrivée le 8 mars 1708. Fénelon devint même le directeur de conscience de la comtesse. Nous retrouverons Mme de Montbéron, quand nous aurons à parler des lettres spirituelles.

L'intendant de Flandre était M. de Bagnols, et l'intendant du Hainaut M. de Bernières. Quoiqu'il ne résidassent pas à Cambrai, leur charge les mettait dans de fréquents rapports avec Fénelon, qui ne tarda pas à être dans les meilleurs termes avec l'un et l'autre. Notons toutefois une différence :

(1) *Lettre à Mme de Montbéron, du 15 mars 1700.* Œuv. VIII, 618. Voir encore les *lettres, à la même, des 22 février et 3 mars 1700.* Œuv. VIII, 617.

M. de Bagnols, élevé à Port-Royal, restait fort attaché, et il ne le cachait pas, aux doctrines jansénistes et les favorisait (1). De là, chez Fénelon, plus de réserve dans ses relations avec M. de Bagnols qu'avec M. de Bernières. Il a pour ce dernier une véritable amitié : en diverses circonstances il le recommande vivement à M. de Chevreuse, qui a du crédit auprès du ministre (2).

A la mort de M. de Bagnols, M. de Bernières passa à l'intendance de Flandre, et fut remplacé dans celle du Hainaut par M. de Roujault. C'est surtout avec celui-ci que Fénelon vécut sur un pied d'intimité. Une de ses jouissances était d'aller à Maubeuge passer quelques jours chez M. et Mme de Roujault (3).

Avec son besoin d'affection, Fénelon devait fort goûter le charme de ces liaisons ; il y trouvait aussi l'occasion de faire du bien. C'est ainsi que tantôt il obtenait quelque exemption pour des gens de petite condition, mais dignes d'intérêt ; tantôt il faisait protéger des paysans contre la violence d'un seigneur brutal ; d'autres fois il soutenait les franchises d'une paroisse, ou la défendait contre d'excessives exigences des gens du roi. On le voit aussi prendre grand souci de l'instruction de la jeunesse, dont l'Etat s'inquiétait alors fort peu, et obtenir qu'on dispense de la milice les clercs maîtres d'écoles, les bons du

(1) *Lettre latine de Fénelon au pape Clément XI.* Œuv. IV, 452.

(2) *Lettres des 2 janvier et 18 février 1712.* Œuv. VII, 368 et 372.

(3) M. de Roujault fut appelé en 1708 à l'intendance du Poitou. Fénelon (*Lettre du 22 juin 1708.* Œuv. VII, 639) lui exprime ses vifs regrets de le voir partir

moins, « ceux qui attirent et retiennent tous les enfants pendant l'hiver. » Sur sa demande l'autorité civile interviendra pour que certains personnages ne donnent plus au public l'exemple d'une vie scandaleuse. Ce n'est pas tout : grâce à la bonne entente avec les intendants, toutes les questions relatives à la capitation, en ce qui concerne le clergé, seront plus aisément réglées ; les entreprises des magistrats laïques pour gouverner, dans les paroisses, le temporel des églises, seront arrêtées sans aucun fâcheux procès. Enfin dans l'administration épiscopale que de difficultés en moins, à une époque où pour tant d'affaires, même d'ordre purement religieux, le pouvoir séculier et le pouvoir ecclésiastique étaient en contact (1).

Si les rapports de Fénelon avec les intendants furent faciles et pleins d'aménité, il n'en fut pas toujours ainsi, à ce qu'il semble, de ceux qu'il eut avec ses suffragants. De ce côté il eut souvent des ennuis et des tracasseries. Dans une lettre à M. de Beauvilliers : « Je n'ai d'épines, dit-il, que de la part de mes suffragants (2). » Il ne s'explique pas plus à ce sujet. Mais nous savons que l'évêque de Saint-Omer en particulier, Valbelle, se montrait animé envers son métropolitain de sentiments peu bienveillants. Nous avons déjà vu quelle avait été sa conduite dans l'assemblée provinciale tenue à Cambrai après la condamnation du livre des *Maximes*. Les appels contre les sentences de l'officialité de Saint-Omer étaient portés devant l'offi-

(1) Voir pour tout ce que nous venons de marquer, la correspondance avec M. de Bernières. Œuv. VIII. 363-385.

(2) *Lettre du 31 décembre 1699*. Œuv. VII, 219.

cialité de Cambrai. Mais Cambrai était dans le ressort du parlement de Tournai ; et les parlements avaient quelquefois à intervenir dans les causes en appel. M. de Valbelle, sous prétexte que Tournai faisait partie des Pays-Bas, demanda que pour les causes déférées jusque-là de Saint-Omer à Cambrai, un tribunal forain d'officialité fût créé dans le ressort du parlement de Paris, et il engagea à ce sujet un procès, que du reste il perdit (1). D'autres difficultés, dans le détail desquelles il est inutile d'entrer, s'élevèrent encore à propos de certains recours d'ecclésiastiques de Saint-Omer contre leur évêque. M. de Valbelle ne supportait pas aisément que quelqu'une de ses décisions fût déférée au métropolitain. Fénelon maintint toujours ses droits de juge supérieur avec beaucoup de modération et de fermeté ; c'était protéger en même temps le droit des appelants (2).

A cause de ces appels assez fréquents, les rapports de métropolitain à suffragants étaient à cette époque plus délicats qu'ils ne le sont de nos jours. « Je crois, écrit Fénelon, qu'aucun métropolitain ne poussa plus loin que moi le respect, les égards et les ménagements pour ses coprovinciaux (3). » Mais il n'entendait pas pousser la condescendance au-delà de la limite où elle n'aurait plus été que faiblesse : on ne le voit en aucune circonstance se relâcher ni de ses droits ni de ses devoirs (4).

(1) Voir sur cette affaire, Œuv. VIII, 407-413.

(2) *Lettre de M. de Beaumont à M. de Langeron, 1703*. Œuv. X, 53.

(3) *Lettre à M. de Sève. Novembre 1703*. Œuv. VIII, 415.

(4) Voir sur les affaires de juridiction métropolitaine, un échange

Fénelon répondit de la seule manière qui fût digne de lui aux mauvais procédés de M. de Valbelle. Nous le verrons plus tard, dans une conjoncture grave où il y allait du bien de l'Etat, suppléer à ce que l'évêque de Saint-Omer aurait dû faire, et s'était dispensé de faire.

Quoique l'évêque de Tournai, M. Caillebot de La Salle, fût un homme doux, pieux, d'humeur facile, Fénelon le tenait en assez petite estime : il le considérait comme au-dessous de sa position (1). Des deux successeurs de M. Caillebot de La Salle, qui furent aussi les suffragants de Fénelon, l'un, M. de Coëtlogon, ne fit guère que passer sur ce siège, et fut regretté de l'archevêque; l'autre, M. de Beauvau, était un de ces prélats comme on en vit beaucoup sous l'ancien régime, plus sensibles aux honneurs et aux avantages de l'épiscopat, que dévoués aux devoirs de leur ministère. « Il ne fait presque rien, écrit Fénelon, et n'étudie jamais. Il a de la douceur, de l'insinuation, du savoir-faire, beaucoup de politique et d'envie de parvenir. Je le crois honnête homme selon le monde ; je crois même qu'il a une sincère religion; mais il n'est ni assez instruit ni assez zélé (2). » Et ailleurs : « Il a du sens, de la connaissance du monde, des talents extérieurs, mais nulle science, beaucoup d'ambition secrète, avec un naturel doux,

de lettres entre Fénelon et l'évêque d'Arras, novembre 1703, et juin et septembre 1711. Œuv. VIII, 413, 417.

(1) *Lettre à M. de Beaumont, du 6 novembre 1701.* Œuv. VII, 419.

(2) *Lettre à M. de Chevreuse, du 19 décembre 1709.* Œuv. VII 299.

sage, réglé, mesuré et réservé (1). » On sent qu'au fond Fénelon fait assez peu de cas de M. de Beauvau. Plus tard il dut le considérer encore un peu moins : en effet quand les Hollandais s'emparèrent de Tournai, M. de Beauvau, par une insigne faiblesse, abandonnant son diocèse, le livra aux entreprises des protestants et des jansénistes ; et c'est ainsi qu'en sa qualité de métropolitain, Fénelon, comme nous le verrons, dut prendre en mains la défense de l'Eglise de Tournai.

Il se sentait surtout porté vers l'évêque d'Arras, M. de Sève : il l'allait voir assez volontiers. Entre eux quelques difficultés de juridiction s'élevèrent parfois : elles furent assez vite et aisément résolues, grâce aux sentiments réciproques de confiance et d'amitié (2).

C'est avec le suffragant de Namur que les relations étaient le plus rares, pour la raison que ce diocèse était tout entier sous la domination espagnole. Mais nous savons que Fénelon avait une grande estime pour l'évêque, M. de Berlo.

Les fonctions de métropolitain, dont Fénelon s'acquittait si dignement, n'étaient que la moindre partie de sa tâche. C'est surtout dans son diocèse qu'il faut le voir à l'œuvre. Les difficultés étaient nombreuses : la première de toutes, c'est que les Flamands faisaient trop récemment partie du royaume pour se considérer comme véritablement Français : les Français, pour eux, n'étaient

(1) *Lettre à M. le duc de Chevreuse, du 24 février 1710.* Œuv. VII, 307.

(2) « M. d'Arras est tout Cambraisien dans le cœur. » *Lettre de Bossuet à son neveu, 5 janvier 1699.*

que des voisins, dont ils ne parlaient pas sans quelque dédain (1). Fénelon, arrivant à Cambrai, c'était comme un étranger venant occuper un siège longtemps réservé à des prélats de race flamande. Louis XIV avait pu soumettre le pays par la force des armes : restait à faire la conquête morale; et plus qu'un intendant un évêque était propre à cette mission. Fénelon avait donc à remplir un office, non pas seulement religieux, mais national.

La première condition pour réussir c'était de s'accommoder au caractère et aux manières des gens du pays. Or, sous beaucoup de rapports, Fénelon était tout à l'opposé de la nation flamande. On se rappelle le portrait que Saint-Simon a tracé du prélat : « Un grand homme, maigre, bien fait, pâle, avec un grand nez, des yeux dont le feu et l'esprit sortaient comme un torrent, et une physionomie telle que je n'en ai point vu qui y ressemblât, et qui ne se pouvait plus oublier quand on ne l'aurait vue qu'une fois. Elle rassemblait tout, et les contrastes ne s'y combattaient point. Elle avait de la gravité et de la galanterie, du sérieux et de la gaîté ; elle sentait également le docteur, l'évêque et le grand seigneur ; ce qui y surnageait, ainsi que dans toute sa personne, c'était la finesse,

(1) Aujourd'hui encore dans beaucoup de villes du Nord une des portes s'appelle *porte de France*. Ajoutons que dans le Cambrésis et le Hainaut on continue de nommer les habitants du département de l'Aisne *les Français*, ou, en patois, *les Franchots*. (L'éditeur des œuvres de Fénelon ignorait sans doute ce détail : dans une lettre de Fénelon à M. de Langeron, 1er juillet 1700, Œuv. VIII, 395, il met le mot *tranchot*, qui n'a aucun sens ; c'est *Franchot* qu'il faut lire).

l'esprit, les grâces, la décence et surtout la noblesse. Il fallait faire effort pour cesser de le regarder (1). »

C'est là surtout le Fénelon de Versailles, au milieu d'une société d'esprit distingué et de conversation brillante. Mais transporté à Cambrai, ce qu'il trouvait surtout chez ceux parmi lesquels il allait vivre, c'était plus de bon sens que d'imagination et de vivacité, des façons souvent un peu plus que simples, même rudes. Fénelon parle quelque part de la grossièreté des gens du pays (2) : il faut entendre simplement par là quelque chose de fruste, d'un peu épais. Mais il ne montrera nul ennui d'avoir à converser souvent avec des paysans qui ne savent rien, et dont le regard ne va pas au delà de leur village : « Je vais voir des mayeurs et des échevins qui ne connaissent ni Homère ni La Motte, ni les anciens ni les modernes, ni les Wighs ni les Torys, heureux d'ignorer ce qui trouble le repos du monde (3). »

Avec eux il met en quelque sorte une sourdine à son esprit : il les attire surtout par ses manières toujours affables et bienveillantes, par sa charité :

(1) *Mémoires*, XI, 438.

(2) *Lettre à M. de Langeron, du 1er juillet 1700.* Œuv. VIII, 394, — Voici encore en d'autres lettres son appréciation sur les Flamands : « Je trouve les gens de ce pays assez sensés et assez portés au bien. Ils ne ressemblent point aux courtisans : ils n'en ont ni la politesse ni le mauvais raffinement. » *A l'abbé de Brisacier, 9 août 1697.* Œuv. IX, 187. — « Nos bons Flamands, tout grossiers qu'ils paraissent, sont plus fins que je ne peux l'être. » *A M. de Beauvilliers, 1er septembre 1697.* Œuv. IX-197. — A tout prendre il s'accommode assez bien de la nature flamande.

(3) *Lettre au chevalier Destouches, du 12 avril 1711.* Œuv. VIII, 233.

ses vertus allaient lui gagner le cœur de ses diocésains. Ajoutons l'art qu'il possédait plus que personne de se mettre au niveau de tous : « Je l'ai vu, écrit Ramsay, dans l'espace d'une seule journée monter et descendre à tous les rangs, converser avec les grands et parler leur langage, en conservant toujours la dignité épiscopale ; s'entretenir ensuite avec les simples et les petits comme un bon père qui instruit ses enfants. Ce passage subit d'une extrémité à l'autre était sans affectation et sans effort, comme un esprit qui par son étendue alliait toutes les distances (1). »

Nous avons déjà vu, à propos de Fénelon dans une abbaye de filles, et de la procession de Valenciennes, avec quel soin il évitait de paraître choqué des idées et des habitudes locales, même quand elles étaient le moins selon ses goûts. « Il ne faut pas qu'ils s'imaginent que nous voulons tout changer et tout réduire à notre mode (2). » Pour montrer tout le cas qu'il fait des Flamands, il déclare qu'il ne donnera à aucun de ses parents, mais à des habitants du Cambrésis, les emplois dont il peut disposer, tels que prévôtés, châtellenies. « Mes raisons sont très fortes, dit-il. Toute la nation conquise supporte très impatiemment que des Français viennent par industrie leur enlever ce qui les regarde naturellement. Un évêque doit, ce me semble, leur épargner ces jalousies et ces murmures. Il doit se faire aimer de son troupeau pour pouvoir leur inspirer l'amour de la reli-

(1) *Histoire de Fénelon*, 168.

(2) *Lettres au P. de Tournemine, du 27 avril 1705*. Œuv. VII, 596.

gion (1). » C'était tout à la fois de la justice et de la bonne politique.

C'est ainsi encore que pour honorer le clergé de son diocèse il choisit dans ses rangs la plupart des prêtres dont il veut s'entourer. « J'ai un vicariat composé de personnes du pays (2). » Ces grands vicaires ne l'étaient pas seulement de nom, mais d'effet; il les associait complètement à l'administration diocésaine. Il réunissait son conseil deux fois par semaine; sans se prévaloir jamais de son rang, c'était par la persuasion, et non par l'autorité, qu'il cherchait à amener les conseillers à son avis. « Ma conduite actuelle dans le diocèse de Cambrai, que je veux continuer jusqu'à la mort, est de ne décider rien, depuis les plus grandes choses jusqu'aux plus petites, par mon propre sens. Tout se détermine par la délibération de mon conseil, qu'on appelle le vicariat, et qui est composé de cinq personnes que je consulte (3). » Plus tard ce conseil fut plus nombreux: Fénelon y fit entrer plusieurs chanoines.

Il fallait, dans ce gouvernement ecclésiastique, bien plus d'adresse et de ménagement que nous ne serions tentés de le supposer. L'archevêque de Cambrai était assurément un grand personnage, même dans l'ordre civil : il semble donc que dans l'ordre spirituel, et à l'égard de son clergé, son pouvoir devait être fort étendu. En réalité ce pouvoir était souvent fort limité. Les chapitres, par

(1) *Lettre à M. de Bernières, du 4 août*..... Œuv. VIII, 385.

(2) *Lettre à M*..... Œuv. VII, 681.

(3) *Lettre à l'abbé Boileau, du 28 octobre 1696*. Œuv. IX, 110.

leur composition même, étaient assez indépendants de l'archevêque : les canonicats en effet étaient donnés, quelques-uns seulement par le prélat, un plus grand nombre par le chapitre lui-même ; et le pape avait à sa disposition, en vertu du concordat germanique, ceux qui venaient à vaquer pendant une moitié de l'année (1). Cette règle avait été établie sans doute dans l'intérêt des Flamands, afin qu'un évêque, venu du dehors, ne pût introduire trop d'étrangers dans le chapitre ; mais il y avait cet inconvénient qu'à Rome on ne pouvait pas toujours connaître les plus dignes, et qu'ainsi parfois la faveur plus que le mérite décidait du choix. C'est pour prévenir de fâcheuses nominations que Fénelon, à peine monté sur son siège, demande au pape de vouloir bien ne conférer de bénéfices qu'à des sujets dont il pourrait, lui, Fénelon, attester la piété et la science. « Pardonnez-moi, Très Saint-Père, ce que ma requête peut avoir d'indiscret : je cherche, non pas mon intérêt, mais celui de Jésus-Christ. Quoique Français de naissance et de cœur, je suis bien résolu à ne pas enrichir les Français aux dépens de Belges ; je m'efforce même, vivant au milieu des Belges, de prendre en toutes choses leurs sentiments, leur nationalité. Je n'entends favoriser aucun des miens, amis, proches parents, ou gens de ma maison (2). » Les raisons que donnait Fénelon

(1) *A..... 29 octobre 1708*. § 8. Œuv. VIII, 355.

(2) Traduit de la *lettre latine au pape Innocent XII, du 2 juillet 1695*. Œuv. VII, 334. Voir sur tout ce qui se rapporte à ce sujet, la *lettre au cardinal Spada, de juillet 1695*, et le *bref du pape, du 13 mars 1696*. Œuv. VIII, 333-334 ; la *lettre du cardinal Sacripante*

étaient trop bonnes, et par son caractère il inspirait trop d'estime et de confiance, pour que le pape ne se rendît point à sa prière.

L'exemption de la juridiction épiscopale, dont jouissaient plusieurs chapitres, n'était pas sans créer parfois de sérieuses difficultés à Fénelon. Ainsi qu'un scandale fût causé par quelque chanoine, et il y en eut des exemples (1), l'archevêque ne pouvait de pleine autorité le faire cesser. Il fallait négocier, obtenir le concours du chapitre, ou l'aide séculier. Pour le bien de la religion et pour l'efficacité de son ministère, Fénelon estimait qu'un de ses premiers soins devait être de vivre en bon accord avec son chapitre, dût-il parfois acheter cet accord par quelque sacrifice. Une discussion s'était élevée, à quel sujet, nous l'ignorons ; mais nous voyons que les chanoines de la métropole réclamaient à l'archevêque une somme de cinq mille livres. Leur droit ne semblait pas incontestable; mais il répugnait à Fénelon de porter l'affaire devant un tribunal. Il consulte, non pas un avocat, mais le sage et pieux directeur de Saint-Sulpice. « Il me semble, répond M. Tronson, qu'il vaudrait mieux encore payer les cinq mille livres qu'on vous demande, que d'entrer dans un procès qui vous rendrait odieux à votre chapitre, et qui vous mettrait hors d'état de faire dans votre dio-

à Fénelon, du 16 mai 1702. Œuv. VII, 555 ; et une *lettre de Fénelon à....., du 29 octobre 1708*. Œuv. VIII, 354-355, où il expose la règle qu'il a toujours suivie dans la présentation aux bénéfices. Œuv. VIII, *de Fénelon à M. Voysin, du 30 novembre 1710*.

(1) *Lettre* 358.

cèse tout le bien que Dieu peut demander de vous (1). » Cette considération était trop forte pour qu'elle ne décidât point Fénelon à se désister de son droit.

Mais s'il cédait si facilement sur un intérêt pécuniaire pour conserver une paix essentielle au bien spirituel des âmes, « il n'en était plus de même lorsqu'il s'agissait d'abus à réformer, et que la discipline ecclésiastique lui semblait en cause. » En voici un exemple singulier. Il rend une ordonnance pour interdire aux prêtres d'aller au cabaret, *compotandi causa*. Là-dessus le chapitre de Saint-Gery proteste en ce qui le concerne, et allégue une dispense qui lui a été octroyée autrefois, sur ce point de discipline par l'évêque Jean de Bourgogne (2). Cette fois Fénelon persiste : il entend faire respecter les droits de la juridiction épiscopale. Si les chanoines de Saint-Géry veulent en appeler au parlement de Tournai, il accepte le procès. Le procès eut-il lieu ? Nous l'ignorons ; nous voyons seulement que Fénelon avait consulté des avocats de Paris, qui lui donnèrent raison, et des avocats de Tournai, qui se prononcèrent dans un autre sens. Mais il est probable que le chapitre finit par comprendre combien l'exemption qu'il réclamait était choquante et contraire à l'esprit de l'Eglise, et que sans aller devant des juges laïques, il se soumit (3).

Il n'en fut pas ainsi du chapitre de Valenciennes, qui prétendait n'être qu'un corps laïque, parce que

(1) *Lettre de M. Tronson, à Fénelon, août 1696*. Œuv. VIII, 325.

(2) Evêque de Cambrai, de 1440 à 1479.

(3) Voir sur cette affaire, Œuv. VIII, 335-337.

les biens dont il subsistait étaient un don du prince, et ne voulait pas reconnaître la juridiction de l'évêque. Pour vaincre cette résistance Fénelon dut s'adresser au parlement, qui lui donna gain de cause (1).

Nous retrouvons cette même préoccupation du maintien ou du relèvement de la discipline ecclésiastique dans les rapports de Fénelon avec les abbayes, soit d'hommes, soit de femmes. Il veillait à ce que tout y fût conforme au véritable esprit de la religion. Si l'on s'en écartait, il usait, au besoin, et malgré sa douceur ordinaire, de paroles sévères. Il n'admettait pas que parmi ceux qui se retirent du monde pour se vouer à Dieu, il pût rester aucune distinction de rang et de fortune. Nous avons une lettre écrite par lui à une supérieure de religieuses ; nous passons sur diverses prescriptions qu'il lui fait ; mais voici comment il la reprend sur une habitude qu'elle laissait s'introduire dans la maison : « On ne doit pas souffrir que les religieuses, au réfectoire, aient les unes d'une sorte de viande, et les autres d'une autre : elles doivent avoir les mêmes mets. »

Mais ce qu'il faut citer surtout, ce sont ses recommandations au sujet des postulantes qu'il s'agit d'admettre : « Comme rien ne contribue davantage à la ruine des cloîtres que d'y recevoir des filles qui n'ont pas le véritable esprit de la religion, nous ordonnons de nouveau qu'on examine avec beaucoup de maturité les qualités et les inclinations des pos-

(1) Voir *Mémoire au chancelier de France, 1714*. Œuv. VIII, 362-363.

tulantes pour s'assurer, autant qu'il sera possible, de leur vocation, et qu'on fasse connaître à la communauté leurs défauts comme leurs perfections ; laissant ensuite agir chacune dans une entière et parfaite liberté, comme elles jugeront en conscience et devant Dieu être le plus expédient pour le plus grand bien de la maison ; ne souffrant jamais qu'il y en ait qui cabalent, soit pour faire recevoir, soit pour faire exclure une postulante : sur quoi chaque vocale doit considérer qu'il faut faire moins d'attention à la dot, petite ou grande, que la postulante apporte, qu'à son bon sens, sa piété, sa vie réglée, son amour pour la retraite, et aux autres marques de vocation ; les pauvres étant souvent mieux partagées des dons célestes que les riches, et plus en état d'édifier une communauté que celles qui y apportent de grosses dots, la supérieure ne souffrira pas que qui que ce soit s'émancipe jusqu'à reprocher à quelqu'une qu'elle n'a donné qu'une dot modique ; mais elle imposera une sévère pénitence pour un pareil reproche, supposé qu'il se fasse jamais ; ce que nous ne croyons pourtant pas qui arrivera parmi des filles qui doivent être si intérieures (1). » On voit que Fénelon n'ignorait pas les petites rivalités et les misères qui pénétraient parfois jusque dans les cloîtres, et qu'il s'efforçait de les en chasser.

Tout en évitant le plus possible d'entrer dans l'administration intérieure des communautés religieuses, une fois cependant il n'hésita pas à intervenir dans les affaires d'une abbaye, quand il jugea

(1) *A une supérieure.* Œuv. VIII, 403-404.

son intervention nécessaire. Les moines de Liessies se plaignaient vivement de leur abbé, le P. Lambert. Il était de notoriété publique qu'il négligeait fort ses devoirs. « Tout le monde sait dans le pays, dit Fénelon, qu'il n'assiste jamais de suite aux offices divins; qu'il ne mange guères au réfectoire..., qu'il est tout occupé de son bien temporel, de ses procès, de ses bâtiments, de ses peintures, de sa musique, de sa famille, de ses compagnies... Tout le pays crie sur l'énorme différence qui saute aux yeux entre la régularité fervente et exemplaire de ses prédécesseurs, et son relâchement (1). » Ses mœurs étaient fort suspectes. Si les accusations dont il était l'objet ne pouvaient toutes se prouver, il y avait au moins contre lui des griefs incontestables : il avait la passion de bâtir, et dépensait en inutiles constructions des sommes qui auraient pu recevoir un meilleur emploi. Il gardait dans l'abbaye, au grand scandale de tous, deux religieuses, ses nièces, étrangères au diocèse.

De concert avec l'intendant du Hainaut, M. de Bernières, Fénelon se rendit à Liessies. Il procéda à une enquête : il y apportait le double souci de ménager devant les religieux l'autorité de l'abbé, et de faire droit cependant à de justes réclamations. En plein chapitre, et comme conclusion de sa visite, il insista sur l'obéissance due au supérieur; mais dans des conférences particulières il exigea de ce supérieur un changement de conduite, et il en emporta même l'engagement écrit.

(1) *Lettre à M. de Bernières, 2 mai 1705.* Œuv. VIII, 383.

De plus il désigna un prieur et trois custodes; mais leur nomination ne devait être connue qu'après le départ de l'archevêque, et comme faite par l'abbé, qui avait ainsi en apparence tout le mérite du retour à un meilleur état de choses.

Mais le P. Lambert oublia bientôt ses promesses. D'abord il fit imprimer le discours adressé par Fénelon à la communauté tout entière, mais avec des changements et des additions tout à son avantage, de manière à faire croire que l'archevêque lui avait donné pleinement raison. Les nièces sortirent de l'abbaye, il est vrai, mais pour rester à la porte même de l'abbaye. L'abbé se remit à démolir, changer, bâtir. Puis il déposa le prieur qui le gênait; et désavouant l'écrit, qu'on lui avait fait signer, disait-il, par une espèce de force majeure, il prétendit que d'après la règle de saint Benoit il était indépendant de l'autorité épiscopale.

Si Fénelon avait cru devoir ménager l'abbé, c'était, outre les raisons que nous avons données, par égard aussi pour M. de Bernières, qui s'intéressait au P. Lambert. Mais cette fois c'en était trop. Résolu à ne pas laisser contester son droit, Fénelon annonce à M. de Bernières qu'il va en user. La lettre est curieuse; elle nous montre comment Fénelon entendait les rapports entre l'évêque et les réguliers de son diocèse. « Nous visitons, dit-il, les abbayes aussi souvent que nous le jugeons à propos. Nous examinons, nous interrogeons, nous corrigeons le chef et les membres, l'abbé et les religieux, dans toute l'étendue de la règle et des constitutions ou usages locaux : c'est ce qui ne fut jamais mis en doute par un abbé un peu instruit...

D'un côté l'évêque peut déposer un abbé élu par la communauté, et en choisir un autre, quand le désordre de la maison sera venu à sa connaissance ; d'un autre côté l'abbé ne peut renvoyer un sujet incorrigible, sans l'autorité de l'évêque. Tout gouvernement spirituel dans un diocèse est pleinement soumis à la juridiction de l'évêque... L'évêque, par le droit commun de toute l'Eglise, est le père, le supérieur, le correcteur naturel de l'abbé et des religieux. Quand M. l'abbé osera mettre en doute une vérité si incontestable, il me réduira malgré moi à l'en convaincre. Il ne fera que montrer au monde qu'il ignore son devoir à l'égard de son supérieur, et qu'après avoir relaché la discipline de sa maison, il cherche à secouer le joug de celui qui doit maintenir cette discipline (1). »

S'il y a un temps pour la douceur, il y en a un aussi pour la sévérité. Fénelon annonçait ainsi ses résolutions : « Je n'agirai qu'avec lenteur et compassion, mais je ne m'amollirai en rien. J'irai faire ma visite à Liessies. Je verrai s'il est à propos de recommencer les informations... L'abbé se flatte étrangement s'il s'imagine qu'il sera trouvé irrépréhensible. Il sera profondément humilié selon son besoin. Je ne saurais croire qu'il me contraigne de faire cet éclat, si vous voulez bien avoir encore une fois la charité de lui dire de vive voix la nécessité où il nous met, vous de l'abandonner comme indigne de votre protection, et moi de procéder contre lui d'une façon rigoureuse et déshonorante,

(1) *Lettre du 2 mai 1705.* Œuv. VIII, 384.

dans le temps où je ne cherche que des tempéraments pour l'épargner et pour le servir (1). »

Une résolution aussi nettement arrêtée, et sans doute aussi l'intervention de M. de Bernières, ne pouvaient manquer de faire réfléchir l'abbé. Nous ne trouvons plus dans la correspondance, après ces dernières lettres, rien qui ait trait à l'affaire de Liessies : mais il est certain pour nous qu'elle se termina par la soumission du P. Lambert (2).

(1) *Lettre du 25 avril 1705.* Œuv. VIII, 382.

(2) Cette affaire occupa assez longtemps Fénelon ; car la première lettre qui s'y rapporte est du 2 janvier 1702. Œuv. VIII, 367, et la dernière du 2 mai 1705. Œuv. VIII, 383.

CHAPITRE VII

Les occupations diocésaines

Le clergé paroissial. — Les concours pour la collation des cures. — Le séminaire diocésain. — Conférences aux séminaristes. — Les examens des ordinands. — Les visites diocésaines. — La prédication de Fénelon. — Les mandements. — Fénelon et les protestants. — Vertus de Fénelon.

L'évêque avait sans doute les mains moins liées dans le gouvernement du clergé paroissial ; mais là pourtant il se heurtait encore parfois à des difficultés qui nous étonnent. D'abord il ne nommait pas à toutes les cures ; quelques-unes dépendaient d'abbayes ou de châteaux ; et les abbés ou seigneurs qui les conféraient s'appelaient *les patrons*. Ensuite les bénéfices ecclésiastiques, une fois donnés, devenaient une sorte de propriété, dont on ne pouvait plus guères dépouiller le possesseur, même indigne, et plusieurs fois Fénelon se trouva ainsi dans de grands embarras. M. Philippe Guiry, curé de Beuvrage, commet toute sorte de scandales : ses mœurs sont telles qu'aucune femme honnête n'ose plus s'approcher de son confessionnal ; en outre il passe une partie de ses jours et de ses nuits au cabaret, et quand il est ivre, il se bat avec quelques-uns de ses paroissiens, ivres comme lui. Condamné par un jugement d'officialité à une pénitence de quelques mois, il pourra ensuite venir reprendre dans sa paroisse ses fonctions de curé, et en même temps (Fénelon n'en doute pas) sa vie de désordres. Que faire pour empêcher ce mal ? Fénelon ne voit qu'un moyen : pour décider Guiry à renoncer au ministère paroissial, il lui laissera tous les revenus de la cure, et il paiera de sa propre bourse le prêtre qu'il enverra à Beuvrage. Encore fallut-il pour cette solution obtenir l'assentiment de Rome (1).

L'aumônier de l'hôpital de Landrecies, Renversé, était un incapable, et sa conduite d'ailleurs donnait lieu à de graves reproches. Il n'était pas, il est vrai, détenteur d'un bénéfice; mais il avait été pourvu de son emploi par l'autorité civile; et Fénelon est obligé, pour que l'on mette à sa place un prêtre d'une vie régulière, d'insister, et à plusieurs reprises, auprès de l'intendant (2).

Même en des circonstances d'une autre nature, nous voyons encore parfois Fénelon contrarié, empêché, dans l'exercice le plus naturel et le plus légitime de son ministère. A Avesnes un second vicaire a été jugé nécessaire pour satisfaire aux besoins paroissiaux. « Le curé, écrit Fénelon, le nourrit à ses propres dépens, en quoi il est louable,

(1) *Lettre de Fénelon au cardinal Sacripante, 14 janvier 1710*. Œuv. VIII, 357. — Une autre fois déjà, afin d'amener un chanoine, qui avait une vie scandaleuse, à donner sa démission, Fénelon avait dû solliciter un indult pour que ce chanoine pût percevoir une pension sur son canonicat. *Lettre à Sacripante, 22 août 1708*. Œuv. VIII, 353.

(2) *Lettres de Fénelon à M. de Bernières, 6 et 11 janvier, et 28 novembre 1702, et 24 janvier 1703*. Œuv. VIII, 367, 368, 371 et 372.

et lui fournit des messes à dire pour achever ses subsistances. Ainsi ce second vicaire n'est en rien à charge à la ville. C'est à l'évêque, et non au magistrat, à décider combien il faut d'ouvriers dans une paroisse; et quand même le pasteur aurait un vicaire au-delà du nécessaire, le magistrat n'aurait à en prendre connaissance que pour lui en savoir gré, lorsqu'il le fait à ses dépens, pour mieux secourir le public. Cependant le magistrat paraît vouloir s'opposer à ce second vicaire déjà établi ». Pour vaincre cette opposition, il faut encore recourir à l'intendant : « Un mot de votre part, Monsieur, finira cette petite affaire. Je suis honteux de vous en importuner ; mais votre autorité y est nécessaire, et vous êtes accoutumé à souffrir mes importunités (1) ».

Ces petits détails nous semblent offrir quelque intérêt. Ils nous font entrer un peu plus dans la connaissance de l'administration ecclésiastique et de ses difficultés. Qu'à une époque comme celle-là un archevêque de Cambrai, l'un des personnages les plus considérables de l'Eglise de France, ait eu à subir de pareilles gênes, c'est ce que nous ne croirions pas si nous n'en avions la preuve incontestable.

Dire que jamais on ne put saisir dans les rapports de Fénelon avec son clergé le plus léger indice de hauteur, c'est un éloge qu'ont mérité sans doute beaucoup de prélats; mais voici une louange plus particulière : « Les prêtres, écrit Saint-Simon, dont il se déclarait le père et le frère,

(1) *Lettre à M. de Bernières, 10 juin 1702.* Œuv. VIII, 370.

et qu'il traitait tous ainsi, le portaient tous dans le cœur (1) ». Père et frère, ce n'étaient pas dans sa bouche de vaines expressions. Il prenait grandement à cœur leurs intérêts, pour lesquels il savait même, à l'occasion, sacrifier ses intérêts propres. A la cour, quoiqu'il fût en défaveur, on était bien forcé de reconnaitre sa générosité. « Le P. de La Chaise, écrit Mme de Maintenon à la date du 13 octobre 1708, dit hier au roi que M. l'archevêque de Cambrai ayant taxé son clergé, et devant être taxé lui-même à mille écus par proportion à son revenu, il avait déclaré qu'il donnerait quinze mille francs pour soulager les curés de son diocèse. Le P. de La Chaise accompagne ce récit de toutes les louanges qu'il mérite (2) ».

En toute circonstance il agissait sur son clergé plus par persuasion que par commandement. Il évitait tout ce qui pouvait ressembler à un éclat; il aimait mieux dénouer les difficultés que les trancher. Mais avec toute sa douceur il n'en arrivait pas moins sûrement à faire prévaloir sa volonté : on pouvait ne pas sentir son autorité, mais on la subissait (3).

La bonne harmonie, si nécessaire dans un dio-

(1) *Mémoires*, XI, 441.

(2) *Letre au cardinal de Noailles.*

(3) Dans une lettre sans date (Œuv. VIII, 413) écrite à un supérieur de communauté, Fénelon expose les principes dont le supérieur ecclésiastique doit s'inspirer dans ses rapports avec ses inférieurs. Supporter leurs imperfections tout en cherchant à les corriger, ne pas vouloir aller trop vite, faire au jour le jour ce que l'on peut, et attendre ensuite avec patience que Dieu dispose les esprits au bien que l'on s'efforce d'espérer, voilà les préceptes sur lesquels il insiste. Fénelon nous donne ici le secret de sa conduite.

cèse entre un évêque et son clergé, Fénelon la voulait dans chaque paroisse entre le pasteur et son troupeau. Dans les désaccords où il avait à intervenir, tout en maintenant les droits légitimes de ses prêtres, il leur faisait comprendre de quels ménagements ils devaient user envers leurs ouailles. Il tempérait ainsi leur zèle parfois excessif. Le curé de Jumont s'est refusé à faire une procession, parce que le peuple voulait y battre du tambour, porter des drapeaux et tenir des flèches. Le peuple s'est alors passé du pasteur, et a fait la procession sans lui, et malgré lui. De là, une grosse affaire. Fénelon exige d'abord que les paysans reconnaissent leur faute, et envoient, par un député, leurs excuses de cette révolte contre l'Eglise. Mais n'aurait-elle pas pu être évitée ? Et ici, dans une lettre adressée au doyen du district où se trouve la paroisse ainsi troublée, Fénelon fait la leçon au curé avec douceur, mais avec fermeté en même temps : « A la vérité il serait mieux qu'on ne fît point cette innovation, qui peut se tourner en abus et irrévérences ; mais ce n'est pourtant pas une indécence contre le culte divin, qui mérite un procès entre le pasteur et le troupeau. Je n'ai garde de vouloir décréditer un si bon pasteur, ni de le laisser exposé aux caprices d'un peuple entêté ; mais vous ne sauriez lui représenter trop fortement combien ces bagatelles ruineraient tout le bien qu'il peut faire dans les affaires les plus capitales. Il n'aura jamais ni autorité, ni confiance des peuples, ni paix dans ses fonctions, ni fruit de son travail, s'il ne ménage les peuples sur de pareilles choses. Tachez de finir cette affaire d'une manière douce, pour apaiser les peuples à l'égard du pasteur dans son autorité (1) ». Cette conduite qu'il recommande au curé de Jumont, n'est-ce pas celle qu'il tient lui-même pour la procession de Valenciennes, où certes se voient des étrangetés, mais sur lesquelles il faut passer, parce que ce sont des habitudes chères à la population, et qui, après tout, ne sont pas une offense à la religion ?

Pour les nominations aux cures vacantes, voici comment procédait Fénelon. Deux fois par an, à la fin du printemps et à l'automne, un concours s'ouvrait à Cambrai. Les candidats étaient fort nombreux ; il en venait de toutes les villes de Flandre, mais surtout des Universités de Louvain et de Douai. Fénelon présidait lui-même ces examens, qui prenaient parfois, pendant plusieurs semaines, presque toutes les heures de la journée (2). Nul de ceux qui aspiraient à une cure, à une cure laissée à la disposition d'un patron, ce patron fût-il l'Université de Louvain, ne l'obtenait s'il n'avait pas satisfait à ces examens. L'Université ne pouvait en effet, prétendait avec raison Fénelon, user de ce droit qu'en faveur de ceux en qui on eût reconnu une science suffisante. Il se réservait, à défaut d'un candidat offrant ces garanties, pour ne pas laisser la paroisse sans pasteur, de faire lui-même directement la nomination. Cela

(1) *Lettre à un doyen, 19 juillet 1702.* Œuv. VIII, 342.

(2) « Je tombe dans un concours très pénible, où j'aurai plus de trente-six cures à donner, et plus de six-vingts concurrents. » *Lettre à l'abbé de Langeron, 4 juin 1703.* Œuv. VII, 575.

ne laissa pas que d'amener parfois quelques difficultés (1).

A la suite des examens des listes étaient dressées d'après lesquelles se faisait la collation des cures. Ces épreuves pouvaient sans doute faire connaître les sujets capables et les plus instruits ; mais pour le prêtre il y a quelque chose de plus essentiel encore que le savoir théologique, c'est la vocation, c'est l'esprit vraiment religieux. Bon nombre de clercs qui se présentaient aux concours sortaient de ce que l'on appelait les séminaires académiques, maisons créées à côté des Universités, pour les aspirants à l'état ecclésiastique ; mais ces maisons, utiles surtout pour les études, n'offraient qu'une préparation insuffisante au sacerdoce.

Cette question de séminaire était d'une capitale importance. D'abord, au point de vue de la doctrine, il était à craindre que ceux qui n'étudiaient qu'à Louvain ou à Douai, ne fussent instruits dans des principes établissant, ou du moins favorisant le Jansénisme; ensuite ils n'étaient accoutumés qu'à une discipline très défectueuse, et ne s'accommodaient nullement des exercices plus réguliers par lesquels les séminaires de France rendaient leurs élèves plus sobres, plus modestes et plus édifiants. Et combien il était nécessaire de donner à tout le clergé des habitudes sévères et vraiment ecclésiastiques, on peut en juger quand on voit Fénelon obligé de rappeler à l'ordre et au respect des convenances des curés, qui font venir chez eux des violons pour faire danser leurs ser-

(1) *Lettre de Fénelon à M. Bussi, internonce de Bruxelles, 20 mars 1708*. Œuv. VIII, 352.

vantes, des parents et des amis (1). On n'accuse pas leurs mœurs, il est vrai ; mais n'est-ce pas un singulier laisser aller, et un oubli des obligations étroites du ministère sacré ?

Beaucoup d'évêques, pour assurer aux ordinands tout à la fois l'instruction et l'éducation spécialement nécessaires aux prêtres, avaient donc créé des séminaires diocésains. M. de Bryas, le prédécesseur de Fénelon, en avait établi un ; mais il l'avait placé à Beuvrage, près de Valenciennes, à huit lieues de Cambrai. Fénelon jugeait qu'un de ses principaux devoirs c'était d'aller visiter fréquemment ses jeunes séminaristes, pour leur porter des conseils, des directions, des encouragements ; pour s'assurer par lui-même de leur travail, de leur avancement en science et en piété. Mais à cette distance était-ce possible ? Il rappela (Année 1696-1697) donc son séminaire à Cambrai (2).

Pour éprouver et connaître par lui-même, raconte Ramsay, ceux qui se destinaient à l'état ecclésiastique, « outre les instructions qu'il leur donnait dans le temps des retraites et aux principales fêtes du séminaire, il leur faisait de plus des conférences une fois par semaine sur les principes de la religion. Il voulait que chacun lui exposât ses difficultés. Il les écoutait avec une patience infinie, y répondait avec une bonté paternelle. Souvent les objections qu'on lui faisait étaient hors de propos. Loin de le faire sentir, il se mettait de niveau avec chacun, s'accommodait à leur

(1) *Lettre de Fénelon à un doyen.* Œuv. VIII, 343.

(2) Pour plus de détails, voir un livre récemment publié : *Fénelon et le séminaire de Cambrai*, par M. Sackebant. Cambrai, 1902.

portée, et donnait de la force aux objections les plus faibles par un tour qui lui donnait occasion de remonter aux principes. Je l'ai entendu souvent faire ces conférences, et j'ai autant admiré la condescendance évangélique, par laquelle il se faisait tout à tous, que la sublimité de ses discours (1). »

Si quelque bon sujet, faute de pouvoir s'acquitter de la pension exigée, se trouvait empêché d'entrer au séminaire, Fénelon lui en ouvrait les portes, en payant pour lui la somme nécessaire. Pendant les malheurs de la guerre, le prix croissant de toutes choses força d'élever le taux de la pension. Cette mesure aurait amené le départ d'un certain nombre de séminaristes ; mais Fénelon ne voulut point que personne fût, pour un tel motif, obligé de quitter le séminaire. Il prit à sa charge, au lieu et place de ceux qui ne pouvaient payer, le supplément de pension (2).

M. de Chantérac avait été chargé de la surveillance générale du séminaire. Le désir de Fénelon était d'y appeler la congrégation de Saint-Sulpice. C'est là que lui-même avait reçu son éducation ecclésiastique ; il avait pu apprécier le mérite des maîtres, et il croyait ne pouvoir remettre en de meilleures mains la direction de ses futurs lévites. Il s'adressa donc à M. Tronson, et nous avons des lettres assez nombreuses relatives à cette négociation (3). Mais elle ne put aboutir de sitôt, pour diverses causes. Il y avait déjà beaucoup de dio-

(1) *Histoire de Fénelon,* 92.

(2) L'abbé Galet, *Vertus de Fénelon.* Œuv. X, 151.

(3) *Lettres concernant le séminaire de Cambrai.* Œuv. VIII, 286-393.

cèses avec lesquels la congrégation avait des engagements pris, et elle ne disposait plus de sujets qu'elle pût donner à Cambrai. Puis, lorsque Fénelon fut disgrâcié, il craignit que ses relations avec les Sulpiciens ne leur fissent tort. Il cessa donc ses démarches pendant quelques années, et ne les reprit que lorsqu'il put croire qu'elles n'exposeraient plus la congrégation au péril qu'il avait redouté pour elle. En février 1712, il s'adressa au roi pour lui faire connaître combien il était important que le séminaire fût confié aux prêtres de Saint-Sulpice (1). Louis XIV donna à la congrégation, par lettre de cachet, une injonction conforme aux désirs de l'archevêque.

Mais en attendant qu'il pût ainsi remettre son séminaire aux Sulpiciens, il voulut au moins faire profiter de leur enseignement et de leur doctrine quelques-uns de ses clercs les plus distingués. Quand il en avait démêlé quelqu'un d'une exceptionnelle valeur, jugeant qu'il lui fallait une culture au-dessus de l'ordinaire, il l'envoyait à Paris en se chargeant de toute la dépense. Il en entretint ainsi plusieurs pendant de longues années à Saint-Sulpice, en faisant les frais de leurs degrés, et leur fournissant, sans rien épargner, tout ce qui leur était nécessaire, pour ménager, disait-il, à son diocèse des maitres capables d'enseigner et d'édifier. « Quand un évêque, dit l'écrivain de qui nous tenons ces détails, s'étudie ainsi à connaître son clergé, lorsqu'il s'applique à discerner les capacités et le mérite pour les mettre en œuvre suivant

(1) *Mémoire au roi.* Œuv. VIII, 398-399.

le talent propre, il lui en coûte, il est vrai ; mais n'en est-il pas dédommagé par la consolation qu'il a de gouverner son troupeau avec une harmonie dont la religion tire certainement de merveilleux avantages (1) ? »

Le séminaire de Cambrai recevait également des ordinands des deux pays, Espagne et France : de là une difficulté qui surgit ; et il s'en élevait fréquemment dans ces diocèses, mixtes de nationalité. Les Etats du Hainaut avaient résolu de demander au roi d'Espagne qu'il défendît à tous ses sujets du diocèse de Cambrai de venir dans le séminaire de Cambrai se préparer aux saints ordres. Ils réclamaient la fondation d'un séminaire à Mons. « Je l'accepterais, écrit Fénelon, quoiqu'il y ait un très grand inconvénient que cet ouvrage, duquel dépend tout le bien du diocèse, et duquel l'évêque doit répondre à Dieu pour chaque ordination, ne soit pas sous ses yeux. Mais au moins il faudrait que je choisisse en pleine liberté, pour directeurs de ce séminaire, les ecclésiastiques que je croirais les plus propres à décharger ma conscience, et à me mettre en état de répondre à Dieu des prêtres que j'ordonnerais (2). » Mais ce projet n'eut pas de suite, à la grande satisfaction de Fénelon, qui obtint que les choses fussent laissées comme elles étaient depuis longtemps.

Il assistait toujours à l'examen des ordinands, qui se faisait à l'archevêché ; puis, pendant leur retraite, il faisait tous les jours les entretiens du

(1) Abbé Galet, *Vertus de Fénelon*. Œuv. X, 151.

(2) *Mémoire à l'électeur de Bavière*. Œuv. VIII, 392-398.

séminaire (1). Avant d'ordonner prêtre un séminariste, il l'avait vu et presque toujours interrogé au moins cinq fois.

Des synodes annuels avaient été établis dans un bon nombre de diocèses. On sait le parti que Bossuet tirait de ces réunions pour se mettre en communication plus intime avec son clergé, et l'entretenir des devoirs sacerdotaux. L'abbé Le Dieu, pendant de longues années, avait été témoin à Meaux des bons résultats produits par ces conférences. Il fut un peu surpris d'apprendre qu'une institution si utile manquait au diocèse de Cambrai. Fénelon lui en donne la raison : il était impossible d'avoir un synode général, parce que défense était faite aux curés du Hainaut et du Brabant de coucher plus d'une nuit hors de leurs paroisses : ainsi on ne pourrait réunir à Cambrai que le clergé de France, puis tenir un autre synode à Mons et un troisième autour de Bruxelles (2). On voit encore une fois quel obstacle opposait au zèle épiscopal la dualité politique du diocèse.

Si Fénelon ne pouvait rassembler ses prêtres comme il l'aurait voulu, il n'en avait pas moins une connaissance exacte de tous les membres de son clergé. D'abord il se faisait envoyer par les doyens des notes sur les curés de leurs districts ; les qualités particulières de chacun devaient être signalées (3). Puis, dans le cours de ses visites pastorales, il retrouvait successivement ceux sur

(1) *Lettre de Fénelon à M. de Chantérac, 13 mars 1698.* Œuv. IX 356

(2) Le Dieu, III, 169.

(3) *Lettre à un doyen.* Œuv. VIII, 342.

lesquels il avait déjà recueilli des renseignements: avec sa grande habitude des hommes et sa pénétration il les jugeait sur place, se tenant, dans ses appréciations, également éloigné d'une rigueur ou d'une indulgence excessives. En se montrant avec eux d'un abord facile et bienveillant, et en leur témoignant des égards, il gagnait promptement leur confiance. Tout en s'enquérant des besoins de leurs paroisses, il s'occupait aussi de leurs intérêts personnels. Il voulait qu'on le reçût avec simplicité, que sa venue ne leur fût pas une charge: car la plupart des curés étaient réduits à une existence assez médiocre. « Ils n'ont tous dans ce pays, écrit Fénelon, que des portions congrues ; et dans ces années de grande cherté ils ont beaucoup de peine à pouvoir vivre. Toutes les dîmes des paroisses sont aux abbayes et aux chapitres (1). »

La santé délicate de Fénelon ne l'empêcha jamais de parcourir un grand nombre de paroisses, chaque année, pendant plusieurs mois. Il trouvait des forces dans son zèle même. « Ma santé ne fait que croître dans le travail ; et j'ai soutenu depuis trois mois, en visites, des fatigues dont je me croyais incapable. Dieu donne la robe selon le froid (2) ». — « Dès le grand matin il se rendait à l'église, d'où il ne sortait souvent qu'à midi. Il avait pris à peine quelque délassement, qu'il se hâtait de retourner aux fonctions les plus pénibles de son ministère, pressé par le désir violent d'en-

(1) *Lettre à M. de Bernières, 10 juillet 1699*. Œuv. VIII, 340.
(2) *Lettre à M. Tronson, 4 octobre 1699*. Œuv. VII, 530.

fanter des âmes à Jésus-Christ (1) ». Dans le cours de ces tournées, non seulement il interrogeait les enfants présentés pour la confirmation, mais jamais il ne manquait de monter en chaire. Il estimait que le pasteur doit faire entendre sa parole à toutes ses brebis, même aux plus humbles ; car souvent c'est sur celles-là qu'elle produit le plus d'effet. Dans beaucoup de villages aujourd'hui on dit encore : Fénelon a prêché dans notre église.

Peu d'évêques se sont donnés autant que Fénelon au devoir de la prédication. Mais ses sermons étaient assez courts, et cela pour deux raisons : la première, pour ne point imposer à ses auditeurs la fatigue d'une trop longue attention ; la seconde, pour ménager sa voix, et pouvoir ainsi parler plus souvent à ses ouailles (2). En dehors de ses visites diocésaines, au cours desquelles chaque semaine il prêchait plusieurs fois, il se faisait fréquemment entendre dans sa ville épiscopale. Aux fêtes solennelles, et elles étaient alors plus nombreuses qu'aujourd'hui, il ne manquait pas de faire lui-même le sermon dans sa cathédrale (3). Chaque année il se chargeait des instructions du carême dans quelqu'une des paroisses de la ville. Il ne donnait jamais deux fois le même discours ; il ne

(1) Abbé Galet, *Vertus de Fénelon*. Œuv. X, 149.

(2) « Je voudrais que le prédicateur, quel qu'il fût, fît ses sermons de manière qu'ils ne fussent point fort pénibles, et qu'ainsi il pût prêcher souvent. Il faudrait que tous ses sermons fussent courts, et qu'il pût, sans s'incommoder et sans lasser le peuple, prêcher tous les dimanches. » *Dialogues sur l'éloquence*. III, Œuv. VI, 600.

(3) *Lettre de Fénelon à M. de Chantérac, 18 mars 1698*. Œuv. IX, 356.

les écrivait point ; il n'avait pas besoin d'une longue préparation, parce que d'avance, par l'étude et la méditation, il avait amassé un trésor de connaissances, de pensées et de sentiments : il n'avait plus qu'à y puiser (1). Pour parler ainsi d'abondance, il lui suffisait d'avoir chaque fois, dans son particulier, passé quelque temps en oraison, et de cet entretien avec Dieu il rapportait les paroles qu'il était nécessaire de dire au peuple.

A part le discours pour le sacre de l'électeur de Cologne, de tant de sermons, prononcés par Fénelon pendant son épiscopat, aucun ne nous est resté. Nous pouvons cependant nous faire une idée de ce qu'était son éloquence, en nous reportant à ses *Dialogues sur l'éloquence de la chaire*. Nous y voyons comment, d'après lui, doit s'exercer le ministère de la parole évangélique. Les recommandations qu'il donne, il les mettait en pratique. Familier, gracieux, insinuant, qu'il s'adressât à des villageois ou à des gens du monde, en toute circonstance il appropriait parfaitement son langage à son auditoire, qu'il charmait et persuadait à la fois. « Il est toujours maître de l'oreille et du cœur de ceux qui l'écoutent », avait dit de lui, en pleine académie, un bon juge, La Bruyère (2).

A défaut des sermons qui nous manquent, nous avons les mandements : ils méritent de retenir un instant notre attention. Accoutumés que nous sommes à nous représenter Fénelon doux, facile, in-

(1) « Il faut avoir passé plusieurs années à faire un fonds abondant. Après cette préparation générale les préparations particulières coûtent peu. » *Dialogue sur l'éloquence.*

(2) *Discours de réception à l'Académie française.*

dulgent, nous sommes d'abord un peu surpris du ton sévère de ses mandements, et de la vive censure qu'il fait des mœurs et des habitudes de tant de chrétiens, qui ne le sont plus que de nom. « Tous vivent d'injustices ; tous veulent paraître ce qu'ils ne sont pas. Le commerce est plein de fraudes... La société cache sous une politesse flatteuse une jalousie, une envie, et une critique envenimée... Les riches ne comptent pour rien les pauvres, quoiqu'ils soient hommes autant qu'eux. Les pauvres semblent avoir oublié qu'ils sont hommes autant que les riches ; ils se dégradent et ne cherchent que la vie animale ; encore n'ont-ils pas le courage de la chercher, tant ils sont lâches et paresseux. Ils aiment mieux devoir leur nourriture à la mendicité ou au larcin qu'à un travail honnête.. On n'a point de honte de préférer le cabaret à la maison de Dieu (1). — Jamais les hommes n'ont eu un si pressant besoin de pénitence qu'en nos jours. L'iniquité abonde, la charité est refroidie... Les hommes manquent autant à eux-mêmes qu'à Dieu : leur vie n'est pas moins indigne de leur raison que de leur foi. Le faste et l'ambition rendent les riches inhumains et sans pitié. La misère et le désespoir réduisent les pauvres au larcin et à l'infamie. Nul bien ne peut plus suffire aux riches sans emprunter des pauvres artisans. Le luxe ne se soutient qu'aux dépens de la veuve et de l'orphelin (2). — Vit-on jamais tant de fraudes dans le commerce, tant d'orgueil dans les mœurs, tant

(1) *Carême de 1710*. Œuv. VI, 180.
(2) *Carême de 1711*. Œuv. VI, 183.

d'irréligion au fond des consciences? Celui-ci préfère de sang-froid le plus vil profit au salut éternel : celui-là aime mieux le cabaret que le royaume de Dieu ; il fait plus de cas d'une boisson superflue qui l'abrutit, qui ruine sa famille, qui détruit sa santé, que du torrent des délices éternelles... Les ouvriers sont oisifs et libertins pendant six jours de la semaine ; le septième, qui doit être le jour du Seigneur, est devenu celui du démon : c'est le jour qu'on réserve aux plus honteux scandales. Les gens d'une condition supérieure sont encore plus sensuels ; ils sont impitoyables pour les pauvres ; et les pauvres, jaloux, envieux, incompatibles, haïssants, et haïssables à l'égard des riches : il ne leur faut que le bonheur d'autrui pour les rendre malheureux (1) ».

Il ne faudrait point voir dans ce langage une de ces pieuses exagérations que n'évitent pas toujours ceux qui parlent du haut de la chaire : dans ses paroles comme dans ses écrits Fénelon savait ne pas dépasser sa vraie pensée. Mais la plupart de ces mandements ont été donnés pendant une guerre qui ne dura pas quelques mois seulement, mais de longues années, et qui avait amené toutes sortes de misères, morales aussi bien que matérielles. Considérant des malheurs si prolongés comme une punition de Dieu : « Ne cherchons point hors de nous-mêmes, dit Fénelon, la cause des maux qui nous accablent (2) ». C'est ainsi qu'on le voit devenir plus rigoureux dans ses juge-

(1) *Carême de 1712*. Œuv. VI, 186.
(2) *Ibid.* *Ibid.*

ments sur tout ce qui l'entoure, et dans un jour de tristesse il se demande s'il était bien l'évêque qui convenait à ce peuple dont les fautes vont toujours croissant. « Nous voyons ce déluge d'iniquités, et nous sentons notre impuissance pour changer les cœurs. Il y a déjà près de dix-sept ans que nous parlons en vain à la pierre : il n'en coule aucune fontaine d'eau vive. Que n'avons-nous pas dit au peuple de Dieu en son nom ? Hélas ! nous ne remarquons aucun changement qui puisse nous consoler. Nous disons souvent au Seigneur, en secret et avec amertume : Malheur, malheur à nous ! C'est nous qui affaiblissons votre parole toute puissante par notre indignité. Suscitez quelque autre pasteur plus digne de vous, qui vous fasse sentir à ce peuple (1) ».

Aucun évêque ne prêchait avec plus de force la rigide observation des pénitences du Carême. Il rappelle fréquemment avec complaisance comment, dans les premiers siècles de l'Eglise, on s'imposait des jeûnes dont la seule idée ferait peur aux modernes chrétiens ; mais si l'on ne peut espérer de voir « la sainte pâleur du jeûne peinte sur tous les visages (2) », tout au moins voudrait-il rétablir dans son intégrité la loi de l'abstinence. Mais il n'entend pas seulement par là cette abstinence qui élude la loi, tout en semblant la respecter, si on remplace la chair par des mets exquis et recherchés. Il ne faut pas que « la pénitence se tourne en raffinements de plaisirs : on dépense en

(1) *Carême de 1712*. Œuv VI, 186.
(2) *Carême de 1706*, Œuv. VI, 166.

Carême plus que dans les temps de joie et de licence (1) ».

Les efforts de Fénelon pour ramener les fidèles à une pratique plus exacte des lois du Carême lui valurent des félicitations de la cour de Rome (2). Les misères qu'entrainait la guerre l'obligèrent cependant à se relâcher sur quelques points des exigences ecclésiastiques, et il en fut ainsi plusieurs années de suite. « Une si triste situation nous fait perdre encore pour cette année l'espérance de rétablir la discipline du Carême : trop heureux si nous pouvons, au moins avant de mourir, voir des jours de consolation pour les enfants de Dieu, où cette sainte loi refleurisse (3) ». Mais il faut que la « charité gagne en cette occasion ce que la pénitence semble perdre (4) ». Fénelon veut que les aumônes dites de Carême servent uniquement au soulagement des pauvres. Dans un bon nombre de paroisses il s'était formé des associations de dames pour venir en aide aux malheureux : partout où il existe de ces assemblées de charité, c'est à la trésorière, et non au pasteur, que seront remises les aumônes ainsi recueillies. Déléguer ainsi à de pieuses chrétiennes une partie du ministère de la charité, c'était exciter encore plus leur zèle.

D'autres mandements, pour ordonner des prières publiques, offrent ce caractère particulier qu'ils ne s'adressent qu'à une moitié du diocèse, suivant

(1) *Carême de 1705*, Œuv. VI, 164.

(2) Voir *lettre de l'internonce de Bruxelles à Fénelon*. Œuv. VIII, 342.

(3) *Carême de 1712*. Œuv. VI, 187.

(4) *Carême de 1713*. Œuv. VI, 191.

qu'elle est sous la domination de France ou d'Espagne. Bien que les deux rois fussent alors unis, et eussent à soutenir la guerre contre les mêmes ennemis, Fénelon n'avait à demander des prières à ses diocésains que pour leur souverain respectif. Mais le prince qui est à Madrid est de race française ; il a été l'élève de Fénelon : ce sont là des souvenirs présents à l'âme de Fénelon : on sent dans son langage une émotion contenue, lorsqu'il parle de celui qui naguère était le duc d'Anjou : « Un jeune roi, vraiment catholique par ses mœurs pures, par sa piété sincère, par son zèle pour l'Eglise, expose actuellement sa personne sacrée aux dangers de la guerre, pour défendre les royaumes que le titre le plus légitime lui a acquis, et où le désir de tous ses peuples l'a appelé ». Et encore un peu plus tard : « Un jeune prince, doux, modéré, courageux, exemplaire dans ses mœurs, vraiment digne de porter le nom de roi catholique par son zèle pour l'Eglise, est appelé au trône d'Espagne par le testament du feu roi son oncle, par la demande solennelle de toute la nation espagnole, par les acclamations de tous les peuples d'une si vaste monarchie... Le roi peut-il abandonner la bonne cause de son petit-fils (1) ? »

Nous n'avons vu jusqu'ici Fénelon que dans ses rapports avec les catholiques. Mais le diocèse, surtout du côté du Hainaut, renfermait un certain nombre de protestants. C'étaient, pour la plupart, des paysans, qui, pour échapper à la rigueur des édits, avaient feint de se convertir. Mais ils n'en

(1) *Mandements des 25 mai et 21 août 1706*. Œuv. VI, 168 et 169.

restaient pas moins fort attachés à leur ancienne religion ; et ils la pratiquaient en secret, passant même parfois la frontière qui était toute proche, pour aller faire la cène avec leurs frères des pays voisins. Les agents de l'autorité civile n'oubliaient rien pour les contraindre à des actes que de sincères catholiques doivent seuls accomplir, et qui, arrachés par la crainte, ne sont plus qu'hypocrisie.

En un autre sens on ne trouvait pas plus de tolérance dans les Pays-Bas protestants. Un condamné catholique ne pouvait pas recevoir à sa dernière heure les consolations et les secours d'un prêtre de sa religion ; les ministres calvinistes pouvaient seuls l'approcher. Fénelon gémit sur cette criminelle rigueur. « *Facinus quod omnium catholicorum gemitus et lacrymas movet* (1). »

Bien que nous n'ayons pas trouvé dans la correspondance de Fénelon la confirmation d'un récit fait par quelques-uns de ses biographes, nous croyons ne pas pouvoir nous dispenser de le rapporter ; il est d'ailleurs très vraisemblable. Les protestants, dispersés en Flandre et dans les Pays-Bas, avaient, pour principal ministre, M. Brunier. En 1700, comme Fénelon, au cours d'une de ses tournées diocésaines, était à Mons, Brunier vint l'y trouver, attiré par sa grande réputation. Il fut reçu par l'archevêque, non pas comme un hérétique, mais comme un frère. Fénelon l'invita à sa table ; et, non content de lui avoir fait toutes sortes d'honnêtetés, l'engagea à revenir le voir quelque-

(1) Voir sur l'état de la religion dans les Pays-Bas la *lettre latine* de Fénelon *au pape Clément XI, 28 mai 1711*. Œuv. VII 710-711.

fois. Ces premières relations une fois établies, comme aux yeux de Fénelon rien n'était plus à déplorer que la profanation des choses religieuses, et comme il ne voyait pas d'autre moyen d'y mettre un terme, il manda Brunier. « Vous voyez, dit-il, comment vivent ces gens. Vous avez leur confiance ; allez les trouver ; que ceux qui, dans le fond du cœur, veulent rester protestants, vous le disent. Vous me donnerez leurs noms, et je m'engage à leur faire avoir des passeports avant six mois : c'est tout ce que je peux faire pour leur soulagement (1). »

Si Fénelon donne des exemples de tolérance à l'égard des personnes, il était bien éloigné cependant de ce philosophisme dont le XVIIIe siècle a voulu lui faire honneur. Il n'a point mérité les éloges fort suspects de l'école des encyclopédistes. Ils ont voulu l'attirer en quelque sorte dans leurs rangs, et ils ont fait de lui un portrait qui n'est pas du tout le vrai. Quand aux premiers jours de la révolution, un poète (2), M. J. Chénier, mit sur la scène Fénelon débitant force maximes empruntées à Voltaire, à Rousseau, à d'Alembert, et brisant, au nom des droits de la raison, les fers d'une pauvre victime des préjugés catholiques, d'une nonne, le public applaudissait bruyamment un Fénelon bien différent de celui que nous connais-

(1) Ce fait a été rapporté pour la première fois par d'Alembert, *Eloge de Fénelon* ; il n'indique pas d'où il le tient. Chauffepied, *Dictionnaire historique*, IV, 159, fait le même récit, et cite, en marge de son article, d'Alembert. C'est d'après Chauffepied que le P. Querbeuf et M. de Bausset racontent la chose à leur tour.

(2) Le *Fénelon* de Chénier fut joué au Théâtre-Français dans les premiers mois de 1793.

sons. Notre Fénelon, à nous, le vrai, tel que nous le montrent ses écrits, au lieu de faire sortir une religieuse de son couvent, se plaint qu'une Ursuline, regrettant ses vœux et fatiguée de la règle, ait pu, en s'adressant aux Etats de Hollande, quitter le cloître et déposer l'habit monastique (1). Fénelon n'a pas été un de ces hommes que l'on décorait du nom de philanthropes : mais, et à notre sens cela vaut beaucoup mieux, il a été un vrai chrétien, un évêque fidèle à tous les devoirs de son état, et dont on ne sait ce qu'on doit admirer le plus, de son merveilleux esprit ou de son âme.

Si rares que fussent ses talents, c'était encore plus par ses vertus qu'il avait gagné le cœur de ses diocésains. Les hommes, même d'un mérite supérieur, ne doivent pas, dit-on, être regardés de trop près : on n'admire bien que ce que l'on voit à une certaine distance. Cela peut être vrai en général ; mais pour Fénelon il n'en était point ainsi ; on ne pouvait l'approcher sans le révérer davantage ; ses plus sincères admirateurs ont été les personnes qui l'entouraient. Un ecclésiastique, qui a vécu longtemps auprès de lui, dans son palais même, qui a été présent à ses derniers moments, et a gardé pour lui un véritable culte, va même jusqu'à espérer qu'un jour l'Eglise pourra le placer au rang de ceux qu'elle honore ; car quel

(1) « In Ursulinarum cœnobio solemnia religionis vota jam pridem emiserat. Sed postea votorum pertœsa, et disciplinæ regularis impatiens, Hollandicæ reipublicæ opem imploravit, ut claustro egrederetur. Flagitiosæ petitioni annuit respublica, et renitentibus sacris virginibus minas intentavit. Itaque femina religiosam vestem deposuit. » *Lettre latine au pape*, citée plus haut.

autre sens attacher à ces paroles : « Quand viendra le temps, ô mon Dieu, que votre Eglise sainte prendra le soin de publier elle-même les œuvres de ce grand évêque, pleines de piété et de miséricorde ? » Qu'il y ait là de l'exagération, cela ne fait pas de doute : malgré toutes ses grandes qualités, Fénelon ne fut pas de ceux que l'Eglise inscrit parmi ses saints. Mais cette exagération même, combien elle témoigne des sentiments qu'inspirait Fénelon !

L'abbé Galet (c'est le nom de l'ecclésiastique dont nous parlons), nous a laissé un écrit tout à la gloire du prélat dont il avait été le serviteur et l'ami (1). Il nous le montre homme de prière, consommé dans l'oraison, et après ses méditations trouvant encore chaque jour « plusieurs heures qu'il passait à consulter les Saints Pères et les théologiens (2). » Il nous entretient de ces mortifications par lesquelles, « à l'exemple de l'Apôtre, il avait réduit de telle sorte son corps en servitude, qu'il n'était pas autrement que dans une espèce de milieu entre la santé et la maladie (3) ».

Il s'était même fait pauvre. Cette expression peut étonner, appliquée au possesseur du riche archevêché de Cambrai. Mais il y a des pauvres d'esprit, *pauperes spiritu*, qui se détachent, autant

(1) *Recueil des principales vertus de feu messire François de Salignac de La Mothe-Fénelon*, etc. Cet ouvrage, reproduit à la suite des œuvres de Fénelon, X, 137-154, fut d'abord imprimé à Nancy, en 1725. — Le passage, relatif à la canonisation espérée par l'abbé Galet, est à la fin du chapitre X.

(2) Galet, ch. VI.

(3) id. ch. IV.

que leur rang le permet, des biens de ce monde. Nous avons déjà vu qu'à côté des splendides appartements de son palais, il avait fait pratiquer une petite cellule, « où pour tout ajustement il y avait quelques meubles d'une simple serge. » C'était là son habitation préférée, l'habitation d'un simple religieux plutôt que d'un prince de l'Eglise (1).

S'il ne pouvait pratiquer la pauvreté à la rigueur, du moins il cherchait ainsi à s'en rapprocher le plus possible. C'est dans ce même esprit qu'il s'était fait une loi de n'avoir qu'un très petit nombre d'habits : encore voulait-il qu'ils fussent faits des étoffes les plus simples. Il observait la même règle pour ses habillements d'église ; et pour n'en donner qu'un exemple, il ne souffrait à ses aubes et rochets ni dentelles ni aucune autre superfluité pareille : « ce retranchement était une sorte d'hommage qu'il voulait rendre à la pauvreté. »

Il tenait de l'électeur de Cologne, dont il avait été le consécrateur, une magnifique croix pastorale, enrichie d'émeraudes. A l'abbé Galet, qui l'engageait à la porter : « Non, répondit-il ; j'ai cru devoir l'accepter par respect pour la personne éminente qui me la donnait ; mais dans le fond de mon cœur je ne l'ai reçue qu'à la condition de n'en jamais faire usage. A Dieu ne plaise que la croix, qui m'avertit de la pauvreté et de la nudité de Jésus-Christ, trouve en moi un embellissement fastueux qui la fasse méconnaître jusque sur ma poitrine. »

(1) Galet, ch. V.

Les Flamands ne pouvaient savoir que par les familiers de Fénelon combien était édifiante la vie de leur archevêque dans son intérieur. Mais ce qu'ils voyaient par eux-mêmes, c'était cette simplicité, cette charité, telle que les plus humbles pouvaient l'aborder, lui parler, toujours assurés d'un bienveillant accueil. Sa bonté les encourageait à s'ouvrir avec lui. Le voici peint dans un trait de sa vie bien connu, mais qu'il n'est pas hors de propos de rappeler. Un jour, comme il allait monter à l'autel, une vieille femme vint se placer sur son passage, comme pour lui parler. Fénelon s'arrête. « Monseigneur, dit-elle, je voudrais bien... je n'ose pas... mais j'ai tant de confiance dans vos prières... Si vous vouliez bien dire une messe pour moi. » Et en même temps elle avançait timidement la main, pour lui présenter tout ce qu'elle pouvait offrir sans doute, une pièce de trente sous. « Donnez, ma bonne mère, dit Fénelon, en prenant l'argent; donnez : vôtre offrande sera agréable à Dieu. » Il lui promit de dire le lendemain la messe à son intention. Il la dit en effet, et tout de suite après il fit remettre à la pauvre femme une assez large aumône. L'histoire n'est-elle pas vraiment touchante? Mais ce qui nous en plait, ce n'est pas seulement la messe et l'aumône, c'est surtout la petite pièce si gracieusement acceptée. Voilà une de ces délicatesses de cœur dont Fénelon était coutumier.

Dans ses promenades à pied autour de Cambrai, il lui arriva souvent d'entrer dans une chaumière de paysans. Là il s'asseyait, s'entretenait avec les pauvres habitants de la maison de leurs joies et de leurs peines, prenant intérêt à leurs affaires. Un des usages du Cambrésis (et il persiste encore surtout dans la campagne), c'était d'offrir à tout visiteur quelque rafraîchissement, une boisson du pays. Pour ne pas les peiner par un refus, qu'ils auraient attribué peut-être à quelque dédain, Fénelon acceptait leur offre, et les laissait ensuite tout heureux et tout fiers d'avoir reçu Monseigneur. Longtemps sans doute il en était parlé sous le toit rustique.

Les noms de plusieurs des archevêques de Cambrai étaient restés en grande vénération : celui de Van der Burcht, par exemple, qui avait créé beaucoup d'institutions charitables, dont quelques-unes existent encore aujourd'hui ; et M. de Bryas, le prédécesseur immédiat de Fénelon, avait été, ainsi que l'écrit Saint-Simon, « un vrai pasteur, grand aumônier, prêt à servir tout le monde, se levant souvent de table pour le moindre du peuple qui l'envoyait chercher pour se confesser à lui, ou pour recevoir sa bénédiction et mourir entre ses bras, dont il s'acquittait en vrai apôtre (1) ». De tels souvenirs auraient pu être dangereux pour un successeur tout autre que Fénelon : non seulement il n'en souffrit pas, mais il a presque fait oublier ceux qui l'ont précédé ; il les a rejetés dans l'ombre.

« J'aimerais mieux à la lettre vivre de pain sec que d'en laisser manquer jusqu'à l'extrémité les pauvres de mon bénéfice », écrivait-il quand il n'était encore qu'abbé de Carénac, et à un moment

(1) *Mémoires*, I, 233.

où lui-même était dans un grand besoin d'argent ; « ma bourse est aux abois (1) ». Archevêque, ses grands revenus ne lui serviront surtout qu'à multiplier les œuvres de miséricorde. Il serait trop long de les énumérer. Disons seulement qu'il venait au secours, non seulement des particuliers, mais aussi des pauvres monastères, des hôpitaux ; l'Etat même, comme nous le verrons, eut part à ses bienfaits pendant les malheurs de la guerre. En un mot, il ne mit à sa générosité d'autres limites que l'épuisement de ses ressources.

Dans une année de disette, « il ordonna à son maître d'hôtel de donner à manger à ceux qui en demanderaient, lui défendant, sous peine d'encourir son indignation, de rien refuser ni de faire mauvaise mine à qui que ce fût. On se hasarda de lui représenter qu'une telle dépense n'irait à rien moins qu'à le ruiner totalement. — Dieu nous aidera, répondit-il. La Providence a des ressources infinies sur lesquelles je compte sans nulle défiance. Donnons seulement tant que nous aurons de quoi : c'est mon devoir, et c'est aussi ma volonté (2) ».

Mais sa charité ne s'exerçait pas uniquement par les sacrifices d'argent. Il y a des misères qu'on soulage surtout en payant de sa personne. Il allait jusque dans les cachots porter à de malheureux prisonniers l'aumône de ses consolations, de ses exhortations. A quelques-uns, condamnés au dernier châtiment, il donnait ainsi la grâce de bien mourir (3).

(1) *Lettre à la marquise de Laval, 15 janvier 1694.* Œuv. VII, 403.

(2) Galet, chap. X.

(3) Ib. chap. IX.

Au moment le plus terrible de la guerre, quand les paysans, à l'approche de l'ennemi, se réfugiaient à Cambrai, Fénelon fit ouvrir toutes grandes les portes de son palais épiscopal. « Il y logea tout autant de monde qu'il en put contenir. Il ne lui suffit pas d'avoir logé les hommes, il voulut de plus retirer les animaux qui leur appartenaient. Si d'une part les corridors, si les chambres, si les degrés étaient remplis de personnes qui accouraient en foule, d'un autre côté les cours, les jardins, les vestibules regorgeaient des animaux qui y étaient pressés et comme entassés ». Et l'abbé Galet, auquel nous empruntons ces détails, ajoute : « On aurait cru voir l'arche de Noé dans laquelle se rendait à la hâte tout ce qui devait échapper au naufrage (1). »

Rappelons encore qu'après la sanglante journée de Malplaquet, et tandis que beaucoup d'officiers recevaient déjà l'hospitalité à l'archevêché, Fénelon fit évacuer son séminaire, pour mettre, à la place de ses ecclésiastiques, des blessés, qui y furent servis et soignés à ses dépens (2). Mais

(1) Chap. X.

(2) Ib. — Les étrangers y trouvaient place aussi bien que les Français, et ils recevaient les mêmes soins. Aussi, comme le raconte Ramsay, « la vénération qu'on avait pour Fénelon n'était pas limitée aux seules armées françaises. M. le duc de Marlborough, M. le prince Eugène, M. le duc d'Ormond le prévenaient de toute sorte de politesses. Ils envoyaient des détachements pour garder ses prairies et ses blés. Ils firent même transporter jusques à Cambrai ses grains, de peur qu'il ne fussent enlevés par les fourrageurs de leur armée. Lorsque les partis ennemis apprenaient qu'il allait faire quelque voyage dans son diocèse, ils lui mandaient qu'il n'avait pas besoin d'escorte française, et qu'ils

qu'est-il besoin d'ajouter à l'histoire vraie, comme si elle n'était pas encore assez à l'honneur de Fénelon ? Les arts nous ont montré le prélat pansant lui-même des malades. Sans nul doute, en cas de nécessité, Fénelon n'aurait pas hésité à faire comme le bon Samaritain de l'Evangile. Mais à Cambrai, dans cet hôpital, où, grâce à lui, les soins et les secours ne manquèrent jamais, était-il besoin qu'il fît lui-même office d'infirmier, et qu'il le fît, comme on nous l'a représenté, en camail et en rochet ? Sérieusement cela est fort peu croyable : la charité d'un évêque n'est pas celle d'un frère de Saint-Jean-de-Dieu.

Le récit que l'on a fait d'une vache cherchée dans les champs, et ramenée par le prélat chez le paysan qui l'avait perdue, quoique un peu moins invraisemblable, nous paraît encore fort suspect. Laissons les anecdotes douteuses ; contentons-nous des faits certains : la simple vérité suffit, pour qu'on puisse dire en toute justice que le nom de Fénelon éveille tout de suite l'idée de la charité.

Si dure qu'ait été sa relégation dans son diocèse, nous ne savons si, après tout, il faut l'en plaindre : sa mémoire y a gagné. Sans doute il eût toujours été un prélat de fort grand mérite ; mais la rigueur

l'escorteraient eux-mêmes. » *Histoire de Fénelon*, 163-164. Voir encore Saint-Simon, *Ecrits inédits*. IV, 456. — Peut-être aussi le prince Eugène se vengeait-il de Louis XIV, en témoignant des égards tout particuliers au prélat que le roi tenait en disgrâce. — Ce n'est pas seulement après Malplaquet que l'archevêché est une sorte d'hôpital. Dans une lettre du 5 septembre 1711, Œuv. VIII, 417, à l'évêque d'Arras, Fénelon lui dit qu'il ne peut l'aller voir : « J'ai maintenant une maison pleine de malades de la première condition de l'armée. »

royale acheva de faire de lui un évêque modèle, un évêque suivant le cœur de l'Eglise, ne vivant plus qu'au milieu de son troupeau ; si bien qu'aujourd'hui encore, après deux siècles bientôt écoulés, le souvenir de l'ancien pasteur reste toujours vivant dans le diocèse, jusqu'au fond du plus modeste village. Demandez à un paysan du Cambrésis ou du Hainaut ce que fut Fénelon ; peut-être ne pourra-t-il rien dire de son histoire, ni même à quelle époque il a vécu ; mais il sait par la tradition que c'était un évêque qui eut toutes les vertus épiscopales. Fénelon est un des rares personnages devenus les héros de légendes populaires. (1)

(1) En voici une preuve assez curieuse : comme si le nom de Fénelon figurait au calendrier, on le voit assez souvent donné dans le Cambrésis comme nom de baptême.

CHAPITRE VIII

Fénelon docteur

L'affaire des cérémonies chinoises.
L'infaillibilité pontificale. Opinion professée par Fénelon.
Le Jansénisme. — Nombreux Jansénistes dans le diocèse de Cambrai. — Le *Cas de conscience*. — Ordonnances et instructions pastorales de Fénelon sur le *Cas de conscience*. — La bulle *Vineam Domini*. — Lettres et instructions de Fénelon sur le silence respectueux. — Lettre au P. Quesnel. — Les *Réflexions morales sur le Nouveau Testament*. — La bulle *Unigenitus*. — L'assemblée du clergé de France de 1713 et 1714. — Double mandement de Fénelon pour l'acceptation de la bulle *Unigenitus*. —Les *Dialogues* sur le Jansénisme. — La *Théologie* de M. Habert. — Les travaux de Fénelon sur S. Augustin.

En essayant de retracer l'histoire de Fénelon dans l'exercice de son ministère, nous n'avons considéré jusqu'ici que le pasteur occupé de son troupeau particulier. Mais si l'évêque a la charge spéciale d'un diocèse, il est en même temps le docteur qui a le droit et le devoir de ne rester étranger à aucune des questions qui intéressent l'Eglise tout-entière. C'est dans ce rôle que nous allons maintenant voir Fénelon.

La condamnation de Fénelon dans la controverse du Quiétisme n'empêchait pas qu'en France, et même à Rome, ses sentiments, en matière ecclésiastique, ne fussent pris en très grande considération. L'affaire dite des cérémonies chinoises nous en fournit la preuve.

En pénétrant en Chine pour y introduire le christianisme, les Jésuites avaient cru pouvoir appeler au secours de leur prédication l'attrait des sciences humaines : c'est ainsi, et grâce aux connaissances nouvelles dont la Chine leur était redevable, qu'ils avaient pu d'abord se faire accepter. Chez ce peuple le culte des ancêtres était en grand honneur, et comme le fond même de leur religion. Pour réussir dans leur œuvre de missionnaires, les Jésuites crurent qu'il fallait composer en quelque sorte avec les habitudes et les idées de la nation, en ce qu'elles n'avaient point d'essentiellement contraire à la foi chrétienne. Ils tolérèrent donc certains honneurs rendus à la mémoire des ancêtres, et quelques pratiques chères aux Chinois. Les effets de cette tolérance furent merveilleux, et ce fut bientôt par centaines de mille que se comptèrent leurs néophytes.

Mais ce christianisme, aux yeux de quelques théologiens sévères, était entaché d'idolâtrie. De grands débats s'élevèrent à ce sujet. Les Dominicains se firent surtout remarquer parmi les adversaires des Jésuites. Etait-ce une nouvelle manifestation de la rivalité déjà si ancienne des deux ordres ? Après un long examen des diverses raisons données de chaque côté, le pape Alexandre VII, par un décret en date du 23 mars 1656, avait tranché le différend, surtout en faveur des Jésuites. La controverse semblait terminée ; mais après plus de quarante ans, l'accusation d'idolâtrie fut de nouveau portée devant le Saint-Siège ;

et cette fois, non plus par les Dominicains, mais par les supérieurs des Missions étrangères de Paris. Chacune des deux parties aurait voulu attirer Fénelon à sa cause. MM. de Brisacier et Tiberge sollicitèrent son jugement sur une lettre qu'ils venaient d'adresser au pape contre « les superstitions des cérémonies de la Chine (1) ». Mais plus tard c'était le Père de La Chaise, confesseur du roi, qui demandait à Fénelon un avis favorable aux Jésuites : « Le sentiment d'un prélat de votre mérite et de votre capacité serait d'un grand poids dans cette occasion, et je vous supplie très humblement de vouloir bien me le marquer par la réponse dont vous voudrez bien m'honorer (2). »

Fénelon évita de se prononcer dans l'un ou l'autre sens. Ce n'était point par politique qu'il voulait garder la neutralité ; mais il lui semblait que dans une affaire soumise au Saint-Siège le devoir était d'attendre, sans la préjuger, la décision qui serait rendue. D'ailleurs sur quoi aurait-il établi son opinion ? De quelle nature était au juste le culte au sujet duquel s'était élevé le débat ? « On ne discute sur aucun point dogmatique. D'un côté les Jésuites ne croient pas moins que leurs adversaires que ce culte doit être retranché, s'il est religieux ; d'un autre côté leurs adversaires ne reconnaissent pas moins qu'eux que ce culte ne devrait point être retranché, de peur de troubler tant d'églises naissantes, et de casser le décret d'un pape, comme favorable à l'idolâtrie, supposé que

(1) *Lettre de MM. de Brisacier et Tiberge à Fénelon, 19 juin 1700.* Œuv. VII, 536.

(2) Lettre du 12 septembre 1702. Œuv. VII, 556.

ce culte fût purement civil. Tout se réduit donc à une pure question de fait. Les uns disent : Un tel mot chinois signifie le ciel matériel. Les autres répondent : Il signifie aussi le Dieu du ciel. Les uns disent : Voilà un temple, un autel, un sacrifice ; — les autres répondent : Non ; ce n'est, suivant les mœurs et les intentions des Chinois, qu'une salle, qu'une table, et qu'un honneur rendu à de simples hommes, sans en attendre aucun secours. — Qui croirai-je ? Personne. Chacun, quoique plein de lumières, peut se prévenir et se tromper. Les relateurs non suspects assurent qu'il faut une très longue étude pour bien apprendre la langue chinoise. Les mœurs et les idées de ces peuples, sur les démonstrations de respect, sont bien éloignées des nôtres (1). »

Fénelon indique bien la vraie difficulté, qui est de connaître exactement quelle intention ont les Chinois en faisant les cérémonies sur lesquelles on dispute. Ce qui est hors de doute, c'est que jamais il n'aurait pu entrer dans l'esprit des Jésuites de tolérer à aucun degré l'idolâtrie. S'étaient-ils trompés ? Tout en respectant le jugement du Saint-Siège qui les condamne, n'est-il pas permis de le regretter, quand on songe qu'il a amené la disparition de ces églises naissantes dont parle Fénelon ?

Si les Jésuites avaient ce jour-là triomphé à Rome, l'avenir de la Chine n'en aurait-il pas été changé ? Aurait-on vu s'y produire ces affreux massacres

(1) *Lettre au P. de La Chaise, septembre 1702*. Œuv. VII, 557. — Voir encore la *lettre de Fénelon à MM. de Brisacier et Tiberge*, *5 octobre 1702*. Œuv. VII, 559.

qui hier encore sont venus affliger et indigner le monde tout entier? Et tant de nations, à l'heure présente, seraient-elles engagées, en Asie, dans des difficultés, dont personne ne peut prévoir ni l'étendue, ni la fin, ni les conséquences ?

Si dans l'affaire des cérémonies chinoises Fénelon ne prend pas parti, il n'en fut pas de même sur une question des plus capitales, qui longtemps a divisé les catholiques : nous voulons parler de l'infaillibilité pontificale.

Nous avons vu, dans le cours de la querelle du Quiétisme, Fénelon se recommander souvent de son dévouement au Saint-Siège et aux doctrines romaines, dévouement par lequel il se distinguait, il avait soin de le faire remarquer, des autres évêques. En ce qui concernait l'autorité du pape, il se séparait en effet nettement de l'Eglise gallicane : il était ultramontain : ainsi qu'il l'écrivait au cardinal Fabroni, de tous les prélats français aucun ne s'était prononcé comme lui pour l'autorité du souverain pontife (1). »

Aujourd'hui que le concile du Vatican a tranché une longue controverse, les écrits auxquels cette controverse donna lieu n'offrent plus qu'un intérêt rétrospectif. Nous n'avons donc pas à entrer dans le détail des discussions, auxquelles Fénelon prit part, sur l'infaillibilité pontificale. Signalons seulement les principes qu'il s'efforçait d'établir. « Ce qui a été promis à l'Eglise tout en-

(1) « Facile compertum erit nullum, ne uno quidem excepto antistitem apud Francos, qui in eo negotio tanta tamque studiose, quanta ego, de Sedis apostolicæ auctoritate dixerit. » *Epistola III, ad Eminentissimum cardinalem Fabroni* § 2. Œuv. II, 60.

tière, en tant qu'elle forme un corps, a aussi été promis au Siège apostolique, qui doit servir de tête à ce corps... On ne peut admettre, ce qui serait contraire à la promesse divine, qu'entre la tête et le corps il y ait séparation, désaccord (1). »

Mais qu'entend Fénelon par le Siège apostolique ? Où est-il ? C'est l'église particulière où jadis Pierre a siégé, et où, comme disent les Pères, il siègera toujours ; c'est l'église qui reconnait, pour ses évêques particuliers, les successeurs de Pierre ; l'Église mère et maîtresse, composée de tout son clergé. Il est clair que le siège diffère beaucoup du siégeant ; les anciens ont considéré le siège bien plus que le siégeant. Le siégeant est mortel ; parfois son droit à siéger est douteux : mais le siège, même lorsqu'il est vacant, ou que celui qui l'occupe n'a qu'un titre douteux, est permanent : il demeure toujours le sommet de l'Eglise ; même s'il n'est pas occupé, le corps de l'Eglise n'en garde pas moins sa tête. Il est donc certain que ce siège, même quand il est vacant, ou quel que soit l'occupant, ne peut cesser d'être la tête de l'Eglise universelle (2).

(1) « Quidquid promissum est toti Ecclesiæ, quatenus est integrum corpus, hoc idem promissum est huic Sedi, quatenus fundamenti, capitis ac centri munere functura est..... Absit a nobis hæc suppositio, promissioni repugnans, videlicet truncum corpus a capite, aut a corpore caput dissilire sive dissentire unquam posse. » *Epistola IV ad Eminentissimum cardinalem Gabrielli* § *1*. Œuv. II, 64.

(2) « Hæc sedes est ea singularis ecclesia, in qua Petrus olim sedit, et in qua, ut aiunt Patres, æternum sedebit ipse : nimirum ea est ecclesia, quæ Petri successores ut suos peculiares episcopos agnoscit... Ecclesia mater ac magistra illa dicitur, quam suo clero constare patet. Porro perspicuum est sedem a sedente

La conséquence rigoureuse qui sort de ces principes, c'est que l'infaillibilité, que les ultramontains attachaient à la personne du pape, tandis que les gallicans la faisaient résider dans le concile œcuménique, Fénelon la plaçait dans le corps du clergé romain, avec le pape à sa tête, ou même sans le pape, puisqu'il peut arriver que parfois il n'y ait point de pape.

Tout jugement prononcé par le Siège apostolique doit être accepté par les évêques. S'il en était autrement, chaque réunion d'évêques, ou même chaque évêque isolément pourrait s'attribuer le droit de réformer la décision du tribunal suprême ; ce serait le désordre. Cependant rien n'empêche que les évêques donnent leur approbation aux décrets du Siège apostolique : si cette approbation n'est pas nécessaire, elle est convenable, pour témoigner que dans l'Eglise tous les membres sont d'accord avec la tête, et que tous ensemble ils n'ont qu'une voix, qu'une bouche, qu'un même esprit (1).

multum differre : nec temere ab antiquis multo plura de sede quam de sedente prædicantur. Sedens moritur, sedens aliquando incertus est : sedes, etiam si vacet aut ab incerto sedente occupetur, eadem immota manet, jugi et æquabili fastigio præeminet : hac sede vacante Ecclesia suo capite carere non potest. Ergo constat hanc sedem, sive quispiam sedeat, sive vacet, nunquam non esse caput universalis Ecclesiæ. » *Epistola IV ad Eminentissimum cardinalem Gabrielli* § *1.* Œuv. II, 65.

(1) « Verum quidem est causam ita esse finitam per judicium a Sede apostolica pronuntiatum, ut nulli catholico antistiti deinceps liceat de hac definitione ambigere, vel deliberare an respuenda sit. Si res ita se haberet, singula episcoporum conventicula, imo singuli in suis privatis sedibus episcopi possent de apostolicæ Sedis judicio judicare... At vero si dixerint episcopi se velle via judicii, pro credito sibi munere, eamdem sententiam

Tels sont les principes posés et developpés par Fénelon, et qu'il s'efforce de démontrer par l'autorité des Pères, et par des considérations théologiques et historiques (1). Notons en passant qu'il ne reconnait pas au pape le droit de déposer un souverain. Voici comment il explique qu'au moyen-âge le pontife romain ait pu cependant paraître s'arroger ce droit. Les peuples, alors très attachés à la foi catholique, n'entendaient être soumis qu'à des princes orthodoxes ; c'était à l'Eglise de leur faire savoir si cette condition d'orthodoxie était remplie. Il lui suffisait, sans prétendre disposer de la couronne, d'avertir les sujets de l'indignité de leur chef : ils ne se croyaient plus alors tenus à l'obéissance (2). — Nous indiquons simplement les idées de Fénelon, sans les discuter.

Tout en se séparant des gallicans, Fénelon ne

una cum suo capite pronuntiare, nihil certe video quod sit ipsis exprobrandum, Nonne decet, ut eluceat totius pastoralis ordinis unanimis consensio ? Nonne decet ut omnia membra cum suo capite una voce, uno ore, una mente, uno judicio decernant ? » *Epistola IV, ad Eminentissimum cardinalem Gabrielli.* § 2. Œuv. II, 66.

(1) *De Summi Pontificis auctoritate dissertatio, et Appendix ad dissertationem.* Œuv. II, 5-69. — M. de Ramsay n'a pas retiré de ses entretiens avec Fénelon une idée bien exacte des sentiments du prélat sur l'infaillibilité. Il lui attribue ce principe : « Le consentement tacite ou exprès de la majorité des évêques, assemblés ou non assemblés, imprime, aux décisions du Souverain pontife, le caractère sacré d'un dogme de foi. » *Histoire de Fénelon*, p. 108. C'est du Gallicanisme, mais ce n'est point la doctrine de Fénelon. Ramsay n'indique pas du tout que l'infaillibilité est attachée au Siège apostolique. Si nous faisons cette remarque, c'est pour montrer qu'il convient de n'accepter qu'avec une certaine réserve l'exposé, d'après Ramsay, des idées de Fénelon sur divers sujets.

(2) *De Summi pontificis auctoritate* § XXXIX, Œuv. II, 46.

donnait pas pleine satisfaction à certains docteurs romains (1) ; ceux-ci en effet voulaient attribuer l'infaillibilité à la personne même du pape, tandis que Fénelon ne l'accordait qu'au Siège apostolique (2). Mais la distinction, au moins pour l'époque où écrivait Fénelon, était plus théorique que pratique, le pape siégeant toujours à Rome, et le Siège apostolique n'exprimant ses décisions que par la bouche du pape.

C'est surtout par l'obéissance due à ce Siège infaillible que Fénelon voulait mettre fin à une doctrine qui amena en France beaucoup de divisions, parfois même des troubles, le Jansénisme.

On peut dire que Fénelon était par nature, et d'instinct, anti-janséniste, même avant d'avoir étudié le Jansénisme au point de vue théologique. Tout en rendant justice aux grands talents et même aux vertus des gens de Port-Royal, il ne ressentait pour eux que de l'éloignement. Son âme aimante répugnait à la dureté de leurs principes ; d'ailleurs avec son penchant pour les idées mystiques, il les trouvait trop raisonneurs. Il les jugeait sévèrement. Encore simple abbé, il s'efforçait de mettre en garde ses amis contre ces prédicateurs qui ne lui inspiraient que de la méfiance : « Fuyez les gens

(1) Lire à ce sujet la *lettre du cardinal Fabroni à Fénelon, 16 juillet 1707*. Œuv. VII, 627. Il rend hommage aux sentiments de Fénelon pour le Saint-Siège, mais il trouve dans ses ouvrages quelques assertions à reprendre.

(2) Clément XI, plus modéré que beaucoup de cardinaux sur l'article de l'infaillibilité, se montrait fort satisfait de Fénelon. Voir la *lettre de l'abbé Alamanni à Fénelon, décembre 1709*. Œuv. VII, 656.

qui sont rigoureux par chagrin, ou par ostentation, ou par entêtement de nouveauté (1). »

M. de Chevreuse, élevé à Port-Royal, était resté longtemps sous l'influence de cette première éducation. Fénelon n'eut de cesse qu'il ne l'eût arraché aux idées de ses anciens maîtres. Ce ne fut pas sans doute facile ; car plus tard il a soin de le mettre encore en garde contre des retours fâcheux. « Les gens que vous avez le plus écoutés autrefois sont infiniment secs, raisonneurs, critiques, et opposés à la vraie vie intérieure. Si peu que vous les écoutassiez, vous écouteriez aussi un raisonnement sans fin. — Défiez-vous de votre ancienne prévention en faveur des gens qui sont raisonneurs et rigides. C'est, ce me semble, sans aucune passion que je vous parle ainsi (2). » Fénelon réussit enfin si bien à le convertir, que M. de Chevreuse finit par devenir lui-même fort zélé contre le Jansénisme (3).

Ypres, dont le siège épiscopal avait été occupé par Jansénius, est assez près de Cambrai : est-ce à ce voisinage qu'il faut attribuer en partie les progrès que le Jansénisme avait faits dans le diocèse de Cambrai, et en général dans les Flandres ? Toujours est-il que Fénelon se trouvait transplanté dans un milieu où les doctrines, auxquelles il était fort opposé, se trouvaient, plus ou moins mitigées, en assez grande faveur. Dans un mé-

(1) *Lettre à M. de Seignelai, 2 juillet 1690.* Œuv. VII, 208.

(2) *Lettres à M. de Chevreuse, du 31 août et du 30 décembre 1699.* Œuv. VII, 216 et 222.

(3) Voir les *lettres de M. de Chevreuse à Fénelon, du 2 juin 1703 et du 1er décembre 1709.* Œuv. VII, 242 et 294.

moire écrit par lui sur l'état de son diocèse: «Tout ce pays, dit-il, est rempli d'ecclésiastiques qui ont étudié à Louvain. Ils sont même les seuls ecclésiastiques savants et zélés; mais la plupart sont entêtés de la mauvaise doctrine. » L'Université de Douai, outre que les études théologiques y étaient fort faibles, était peuplée également « des plus forts sujets de ce parti... Le diocèse se remplit de plus en plus de sujets dangereux. J'ai la douleur de le voir sans pouvoir y remédier. Mon vicariat même, qui est mon conseil, est ce que je crains le plus, et dont je ne dois pas néanmoins paraître me défier (1). »

Tout en se montrant fort bienveillant pour les personnes, Fénelon cherchait les moyens d'amender cet état de choses. « J'aurais un besoin infini de pouvoir établir un bon séminaire, mais tout m'y manque. Nous n'avons aucuns fonds pour le bâtir ni pour le fonder. Nous n'avons même pas de sujets pour le gouverner. Ceux qui le gouvernent actuellement sont entêtés pour le parti, et il est si puissant que je n'ai osé jusqu'ici destituer les directeurs du séminaire. D'ailleurs je ne sais où prendre en ce pays d'autres sujets pour ces emplois : tout ce qui a du talent est dévoué à la cabale. » Nous avons vu comment Fénelon vint enfin à bout de toutes les difficultés relatives à son séminaire : il put alors, selon son vœu, « travail-

(1) *Mémoire sur l'état du diocèse de Cambrai par rapport au Jansénisme, septembre 1702.* Œuv. IV, 450-451. Voir encore la *lettre latine de Fénelon au pape Clément XI, 8 mars 1704.* Œuv. VII, 581-582.

ler à renouveler peu à peu le clergé, et à former des sujets zélés pour la saine doctrine. »

Mais un changement si désirable ne s'opérait que lentement, trop lentement. Pour le hâter, Fénelon sans doute aurait pu, usant des droits de sa charge, ne laisser ou ne donner les emplois à remplir qu'à ceux des prêtres qui lui offraient toute garantie au point de vue de la doctrine. Mais outre que les coups d'autorité répugnaient à son caractère, il comprenait que pour le succès même de son ministère, et dans l'intérêt supérieur de l'Eglise et de l'Etat, il avait besoin de garder toute la confiance et toute l'affection de ses diocésains, et, « si j'entreprenais, dit-il, d'exclure des principales places tous ceux qui ont des attaches jansénistes, je me ferais lapider. » Mais l'autorité royale ne pourrait-elle lui venir en aide ? Voici ce qu'il suggère : c'est que le roi ordonne aux gouverneurs et intendants de faire exclure, pour les bénéfices et emplois ecclésiastiques qui deviendront vacants, tous ceux qui auront étudié à Louvain : comme Louvain est en terre espagnole, l'exclusion se couvrira d'une raison politique. Quant à l'Université de Douai, il faudrait y faire venir plusieurs professeurs de France, « bien choisis de bonne main... Mais comme je ne dois paraître en rien, et qu'il m'est capital de ne point irriter contre moi, dans la conjoncture présente, un très puissant parti qui domine dans ce diocèse, je conjure ceux à qui ce mémoire sera confié de me garder un secret inviolable. »

Aucune suite ne fut donnée à cet avis. Au moment du reste où Fénelon écrivait son mémoire, le Jansénisme, dont il se préoccupait si fort et si justement, vu l'état de son diocèse, semblait s'éteindre en France. Du moins il ne faisait plus parler de lui, depuis la bulle du pape Alexandre VII, en date du 16 octobre 1656, et le formulaire prescrit par les assemblées du clergé de 1657 et de 1661. On pouvait donc croire, après une paix de plus de quarante ans, qu'on en avait fini avec tous les débats relatifs aux cinq propositions de Jansénius; mais le feu couvait toujours sous la cendre : il allait se rallumer.

Voici ce qui le fit renaître. En 1702, un écrit, attribué par les uns à l'abbé Couet, grand vicaire de Rouen, et par d'autres à Petitpied, docteur en Sorbonne, parut sous le titre de *Cas de conscience.* Il était signé de quarante docteurs. « On supposait, dit d'Aguesseau, un confesseur embarrassé de répondre aux questions qu'un ecclésiastique de province lui avait proposées, et obligé de s'adresser à des docteurs de Sorbonne pour se guérir de scrupules vrais ou imaginaires. Un de ces scrupules roulait sur la soumission qu'on doit avoir pour les constitutions des papes contre le Jansénisme, et l'avis des docteurs portait qu'à l'égard de la question de fait (1) le silence respectueux suffirait pour rendre à ces constitutions toute l'obéissance qui leur était due(2). »

Le cardinal de Noailles semblait, ainsi que l'ar-

(1) La question de fait, c'est-à-dire de savoir si les cinq propositions, condamnées comme étant de Jansénius, se trouvaient bien en effet, explicitement ou implicitement, dans le livre de Jansénius, l'*Augustinus*.

(2) *Mémoires*, XIII, 200.

chevêque de Reims, assez favorable aux docteurs. Mais Bossuet jugea tout de suite que cet écrit rouvrait la controverse, et remettait en question la chose jugée. Par un mémoire, du 3 janvier 1703, *Réflexions sur le Cas de conscience,* il ramena les deux prélats à son avis; et le cardinal obtint une rétractation des quarante docteurs.

L'affaire semblait heureusement terminée, et elle l'aurait été sans doute avec un archevêque tel que le prédécesseur de M. de Noailles, M. de Harlay. M. de Harlay en effet, malgré les reproches que l'on pouvait faire à sa vie privée, était un remarquable administrateur, fort habile à étouffer tout d'abord les difficultés naissantes. Mais M. de Noailles, pur dans ses mœurs et n'offrant que sujets d'édification, n'avait ni la même clairvoyance ni la même décision. Il ne vit pas tout de suite où l'affaire pouvait le mener. Il aurait pu arrêter le débit et la propagation du *Cas de conscience*, le flétrir par une censure; et c'était surtout à lui que ce soin revenait, puisque c'était dans son diocèse que l'écrit s'était produit. Mais il ne se donna aucun mouvement, ne fit aucun acte de juridiction ecclésiastique; il laissa aller les choses; si bien qu'on arriva à le suspecter, fort injustement sans doute, de connivence avec les auteurs du *Cas de conscience.*

Pendant que l'archevêque restait ainsi inactif, à Rome on s'était ému. Le pape Clément XI crut devoir condamner, dans un bref du 12 février 1703, avec les qualifications les plus sévères, l'écrit des docteurs de Paris. Le bref fut envoyé, par l'ordre de Louis XIV, à tous les évêques. « Le roi n'avait rien plus à cœur, disait le secrétaire d'Etat, que de s'opposer fortement au renouvellement des troubles que les propositions condamnées de Jansénius avaient excités, et que Sa Majesté avait si heureusement apaisés. »

Le bref une fois reçu, beaucoup d'évêques avaient déjà publié un mandement contre le *Cas de conscience*, avant que Fénelon eût encore rien écrit à ce sujet (1). Pourquoi tardait-il ainsi, lui qui de tous les prélats était peut-être le plus opposé au Jansénisme ? « Le silence dans l'Église, écrit Saint-Simon, était le partage naturel d'un évêque dont la doctrine avait, après tant de bruit et de dispute, été solennellement condamné. Il avait trop d'esprit pour ne pas le sentir (2). » Fénelon prévoyait bien en effet ce qu'on pourrait dire de lui : il n'était pas sans se rendre compte que sa condamnation dans l'affaire du Quiétisme pouvait, auprès d'esprits prévenus, nuire à son autorité de docteur. « Il me convient moins qu'à un autre de parler, écrit-il à M. de Langeron. On m'accusera de vengeance contre les Jansénistes ; ils remettront sur

(1) Du moins rien publié ; car nous avons de lui (Œuv. IV, 460-473) deux lettres adressées, l'une à un évêque, l'autre au cardinal Gabrielli, relatives à l'ordonnance que le cardinal de Noailles venait de rendre contre le *Cas de conscience*. Cette ordonnance ne satisfaisait point Fénelon : il y trouvait des contradictions, et l'infaillibilité de l'Eglise sur les questions de fait n'était point nettement établie. Fénelon examine l'ordonnance et en fait une rigoureuse critique. Gabrielli communiqua l'écrit qu'il venait de recevoir au pape, qui en fut extrêmement charmé, et témoigna beaucoup d'admiration pour Fénelon. *Lettre de Gabrielli à Fénelon, 9 juillet 1703*. Œuv. VII, 575.

(2) *Mémoires*, IX, 291.

la scène le Quiétisme, e soulèverai tout le clergé de mon diocèse et des deux universités voisines (1) ».

Ces considérations ne pouvaient cependant empêcher Fénelon de remplir son devoir d'évêque. Le 10 février 1704 il publia une ordonnance contre le *Cas de conscience.* Mais il ne se bornait pas à prononcer la condamnation de la doctrine réprouvée par Rome : « Cinq cents mandements qui demanderaient la croyance intérieure sans rien développer, sans rien prouver, sans rien réfuter, ne feront que montrer un torrent d'évêques courtisans (2) ». Il estimait qu'une bonne instruction aurait plus d'efficacité que l'autorité des brefs et des arrêtés ; et que pour obtenir l'adhésion intérieure des fidèles au jugement de l'Eglise, il fallait avant tout les éclairer, démontrer à leur intelligence la vérité plutôt que l'imposer à leur foi. Il établit l'infaillibilité de l'Eglise, dans les questions des faits, par les promesses de l'Ecriture, par la pratique constante des siècles, par l'histoire des conciles (3).

La clarté de l'exposé de Fénelon, et la modération dont il usait à l'égard de ceux dont il combattait les opinions, furent admirées de tous ; du même coup il remontait, par l'estime que le clergé faisait de ses talents, à la haute situation que le Quiétisme avait compromise. Il s'était mis au premier rang des évêques par son instruction pastorale ; il conserva ce rang dans tous les démêlés du Jansénisme : il fut le docteur le plus consulté, le

(1) *Lettre du 24 mai 1703.* Œuv. VII, 570.

(2) *Lettre à M. de Langeron, du 4 juin 1703.* Œuv. VII, 574.

(3) *Ordonnance et instruction pastorale sur le* Cas de conscience. Œuv. III, 573-636.

plus écouté : les écrits qu'il composa au sujet de toute cette affaire furent considérables, plus considérables même que ceux dont le Quiétisme fut l'occasion.

L'instruction pastorale fut suivie de trois autres qui n'étaient, en quelque sorte, que le développement et la confirmation de la première (1). Si l'on est étonné de l'étendue de ces dissertations, qui forment de véritables traités, il faut songer que Fénelon, pour ne laisser aucun prétexte à l'ignorance et à l'erreur, se croyait obligé d'entrer dans tout le détail de chaque question. Ces nouvelles instructions à leur tour donnèrent lieu à des difficultés qui lui furent opposées de divers côtés, et auxquelles il crut devoir répondre (2).

Mais quel que soit le mérite de ces écrits, ont-ils pour nous le même intérêt que ceux qui furent composés dans l'affaire du Quiétisme ? Les disciples de Jansénius ne sont pas des adversaires que l'on puisse comparer à l'évêque de Meaux : c'est le théologien seul qui discute contre eux ; le ton sera toujours calme. Mais dans la lutte avec Bossuêt, quelle différence ! Ici ce ne sont plus seulement des idées qui se contredisent, mais des personnages qu'anime la passion : on oublie le motif du débat, pour ne plus voir que les coups que se

(1) *Seconde instruction, 2 mars 1705.* Œuv. IV, 5-95. — *Troisième instruction, 21 mars 1705.* Œuv, IV, 96-261. — *Quatrième instruction, 20 avril 1705.* Œuv. IV, 261-337.

(2) *Réponse à un évêque, 5 septembre 1706.* Œuv. IV, 338-353. — *Réponse à Mgr l'évêque de Meaux.* Œuv. IV, 357-381. — *Lettre à un théologien.* Œuv, IV, 382-392. — *Réponse à deux lettres de l'évêque de Saint-Pons.* Œuv. IV, 392-449.

portent les combattants, et quels combattants ! La défaite d'ailleurs devait avoir pour le vaincu de graves conséquences.

La controverse contre le Jansénisme, quoique fort prolongée, n'est qu'un épisode dans la vie de Fénelon ; tandis que la querelle sur le Quiétisme fut son histoire tout entière, pendant quatre années, et même au-delà, si l'on songe à l'irrémédiable disgrâce qu'elle amena, et qui changea le cours de son existence. Nous nous contenterons de signaler brièvement les divers incidents de l'affaire du Jansénisme.

Louis XIV espérait qu'une bulle solennelle, exprimant des décisions précises et fermes, ne laisserait plus de place aux subtilités des Jansénistes. Il lui fut assez facile de faire partager cette opinion au pape, qui, le 15 juillet 1705, donna la constitution *Vineam Domini*. Il prononçait qu'on ne satisfait point par le silence respectueux à l'obéissance due aux constitutions apostoliques ; que tous les fidèles doivent, même sur la question de fait, une soumission intérieure et entière au jugement de l'Eglise. Il y avait donc obligation de croire que les cinq propositions condamnées comme hérétiques étaient, quant au sens, sinon avec les expressions mêmes, contenues dans le livre de Jansénius. L'Eglise ne prétend point être infaillible pour deviner le secret des consciences ; mais elle ne peut garder avec sûreté le dépôt des vérités de foi, sans le pouvoir de juger avec sûreté des textes qui les conservent ou les corrompent. L'infaillibilité sur le dogme n'est qu'un fantôme ridicule, sans l'infaillibilité sur la parole nécessaire pour l'exprimer et pour la transmettre (1).

La bulle fut adressée par l'ordre du roi à l'assemblée du clergé qui se tenait alors à Paris sous la présidence du cardinal de Noailles, et elle fut acceptée à l'unanimité. Ainsi la doctrine que Fénelon avait soutenue devenait la doctrine même de l'Eglise de France. La constitution pontificale, confirmée par lettres patentes du roi, et enregistrée au Parlement, fut publiée dans tous les diocèses ; et à cette occasion Fénelon donna une nouvelle lettre pastorale, datée du 1er mars 1706 (2).

Tout en acceptant la bulle, un évêque, celui de Saint-Pons, (il fut le seul), en infirmait l'autorité par les explications et les réserves qu'il avait mises dans son mandement, et qui ne tendaient à rien moins qu'à la justification du silence respectueux. Consulté par un de ses collègues à ce sujet, Fénelon écrivit une lettre (3), où, tout en se montrant plein de ménagements pour la personne d'un prélat vénérable à beaucoup d'égards, il faisait ressortir les erreurs et les contradictions renfermées dans ce mandement.

La question du silence respectueux fut encore l'objet de cinq nouvelles lettres et d'une instruction pastorale (4). Ceux qui estiment que le point

(1) *Lettre au P. Lami, 17 décembre 1704.* Œuv. VII, 594.

(2) Œuv. IV, 488-508.

(3) Œuv. IV, 520-548.

(4) *Lettres à l'occasion d'un nouveau système sur le silence respectueux. Années 1706, 1707, 1708, 1709.* Œuv. IV, 607-663. — *Lettre sur l'infaillibilité de l'Eglise touchant les textes dogmatiques, 1708.* Œuv. V. 109-130. — *Instruction pastorale sur le livre intitulé :* Justification du silence respectueux, *1er juillet 1708.* Œuv. V. I-108.

de doctrine traité par Fénelon était de la plus capitale importance, ne sont pas surpris de l'y voir revenir si souvent ; mais ce qui doit étonner tout le monde, c'est que sur le même sujet il ait pu faire succéder les écrits aux écrits sans se répéter, varier l'exposé d'idées qui ne varient pas quant au fond : comment ne pas admirer de telles ressources d'esprit ?

La bulle de Clément XI avait été attaquée par le P. Quesnel, de l'Oratoire, et ses amis. Le P. Quesnel, on le sait, de l'étranger, où il s'était réfugié, continuait d'être le chef et le directeur du parti janséniste. Quoique d'un naturel âpre et ardent, il n'avait pu jadis résister à cette espèce de séduction que Fénelon exerçait sur presque tout le monde ; et en lui écrivant il s'était exprimé avec une mesure et une réserve qui ne lui étaient pas ordinaires. La réponse de Fénelon vaut la peine d'être reproduite ; car mieux que tout ce que nous pourrions dire, elle fait voir quel bienveillant intérêt, quelle douceur il apportait dans ses rapports même avec ceux qui s'éloignaient le plus de ses idées et de ses sentiments :

« Je commence ma réponse en vous remerciant de tout mon cœur de vos honnêtetés. Quoique je n'aie jamais eu occasion de vous voir, ni d'entrer dans aucun commerce de lettres avec vous, je ne puis oublier le désir que vous eutes il y a quelques années de me venir voir à Cambrai. Plût à Dieu que vous fussiez encore prêt à y venir ! Je recevrais cette marque de confiance avec la plus religieuse fidélité et avec les plus sincères ménagements. Je ne vous parlerais même des questions, sur lesquelles nos sentiments sont si opposés, que quand vous le voudriez ; et j'espèrerais de vous démontrer, par les textes évidents de saint Augustin, combien ceux qui croient être ses disciples sont opposés à sa véritable doctrine. Si nous ne pouvions pas nous accorder sur les points contestés, au moins tâcherions-nous de donner l'exemple d'une douce et paisible dispute qui n'altèrerait en rien la charité. Vous voulez me montrer que je me trompe. Que vous répondrai-je, sinon ce que saint Augustin m'apprend à vous répondre ? — A Dieu ne plaise, disait ce saint et savant évêque, que je rougisse d'être instruit par un prêtre ! — J'ajouterai, avec ce Père, que je sais bon gré à celui qui veut me détromper sur des questions où il croit ne se tromper pas, et que je dois ressentir avec affection les soins de celui dont je ne puis m'empêcher de contredire la doctrine (1) ».

Cette entrevue, que Fénelon semblait désirer, n'eut jamais lieu. Mais il fut amené à écrire et à publier deux lettres au P. Quesnel (2), et voici à quelle occasion. Une diatribe violente avait paru sous ce titre : *Dénonciation solennelle de la bulle de Clément XI, Vineam Domini.* Un peu plus tard ce fut Fénelon lui-même qui, à propos de sa réponse à une lettre de l'évêque de Saint-Pons, fut pris à partie. Les auteurs de ces deux écrits n'étaient pas exactement connus ; mais Fénelon crut pouvoir s'adresser au P. Quesnel, et voici les raisons qu'il en donne au commencement de sa seconde lettre :

(1) Œuv. VII, 592.
(2) Œuv. IV, 549-607.

« Je continue, mon Révérend Père, à suivre le chemin que j'ai déjà pris. C'est à vous seul que je m'adresse, pour répondre aux écrivains sans nom de votre école. Comme ils sont tous soumis à leur chef, c'est lui qui doit répondre de leurs écrits, et les redresser, quand ils en ont besoin. »

Il était difficile au P. Quesnel de garder le silence, et il fit paraître en 1711 une *Réponse à deux lettres de M. l'archevêque de Cambrai.* En même temps, avec une maligne adresse, il opposait les idées du cardinal de Noailles à celles de Fénelon, pour mettre les deux prélats aux prises. Fénelon sentit le piège. « Il y a plus d'un an et demi, écrit-il le 9 octobre 1712, que je dois une réponse au P. Quesnel ; ce qui en a retardé la publication, c'est qu'il ne prétend soutenir que la doctrine de son archevêque, qui est M. le cardinal de Noailles. Il dit que je n'oserais la condamner... J'ai toujours demeuré dans le silence, espérant que le cardinal ferait enfin un désaveu formel d'une doctrine qui lui est si injurieusement imputée. Mais il ne le donne point (1) ».

Un livre du P. Quesnel, *Réflexions morales sur le nouveau Testament*, vint réveiller les querelles et fut cause des troubles qui, pendant tant d'années, agitèrent l'Eglise de France. M. de Noailles avait donné son approbation à ce livre ; mais en 1708, l'ouvrage fut condamné à Rome. M. de Noailles, malgré les instances d'amis dévoués, refusa de retirer son approbation : de là de nouvelles controverses et des divisions dans le clergé. Excédé

(1) *Lettre au P. Le Tellier.* Œuv. VIII, 118.

de toutes ces disputes qui compromettaient la tranquillité du royaume, Louis XIV demanda au pape de rendre une décision solennelle; et le 8 septembre 1713, Clément XI, par la célèbre bulle *Unigenitus*, condamna cent et une propositions, extraites des *Réflexions morales*.

L'assemblée du clergé, tenue en 1713 et 1714, et composée de quarante-neuf députés, accepta la bulle, et adopta une instruction pastorale qui devait être adressée à tous les prélats du royaume. Tous les évêques, à l'exception de treize, à la tête desquels était M. de Noailles, donnèrent leur adhésion pure et simple à la constitution.

Nous trouvons dans les écrits de Fénelon deux mandements différents, à la date du 29 juin 1714, pour la publication de la bulle (1). Voici comment s'explique cette singularité. Afin de mieux manifester leur parfait accord, la plupart des évêques avaient cru que le plus simple et le plus sûr serait de reproduire l'instruction pastorale rédigée et arrêtée par l'assemblée du clergé. Fénelon pensait de même ; mais on lui fit remarquer qu'il ne serait pas sans inconvénient de publier, dans la partie de son diocèse qui était sous la domination de l'Empereur (2), un mandement émané de l'assemblée du clergé de France. Fénelon sentit la force de ces raisons; et c'est pourquoi il donna ce second mandement, qui, à la différence de l'autre, est son œuvre personnelle.

Au terme de son ministère apostolique, car il

(1) Œuv. V. 131-187.

(2) Par le traité d'Utrecht la partie des Pays-Bas, qui appartenait à l'Espagne, devenait possession de l'Empire.

mourait six mois après, on aime à le voir, dans cet écrit, s'appuyer de l'autorité du grand évêque, dont on ne peut trop regretter qu'il ne soit pas toujours resté l'ami. Dans les citations élogieuses qu'il fait du sermon *sur l'unité de l'Eglise* (1), ne peut-on voir comme une sorte de retour tardif vers ce maître des anciens jours, qu'il allait bientôt rejoindre dans la mort ? Et comme si l'éloquence de Bossuet excitait la sienne, il a à son tour, en célébrant la chaire de saint Pierre, d'admirables accents : « O Eglise romaine ! ô cité sainte ! ô chère et commune patrie de tous les vrais chrétiens ! Il n'y a en Jésus-Christ ni Grec, ni Scythe, ni Barbare, ni Juif, ni Gentil : tout est fait un seul peuple dans votre sein. Tous sont concitoyens de Rome, et tout catholique est romain. La voilà cette grande tige qui a été plantée de la main de Jésus-Christ. Tout rameau qui en est détaché se flétrit, se dessèche et tombe. O mère ! quiconque est enfant de Dieu est aussi le vôtre ! Après tant de siècles vous êtes encore féconde. O épouse ! vous enfantez sans cesse à votre époux dans toutes les extrémités de l'univers (2). » Toute sa vie Fénelon avait protesté de son attachement et de sa filiale obéissance à l'Eglise romaine ; mais jamais l'expression de ses sentiments n'avait été aussi vive et aussi émue comme au terme de sa carrière (3).

Le dernier des écrits de Fénelon sur le Jansénis-

(1) Œuv. V. 175-176.

(2) Œuv. V. 186.

(3) Ce mandement fut fort admiré à Rome ; le pape le trouva d'une « grande beauté ». *Lettre du P. Daubenton à Fénelon, 18 août 1714, et à M. du Bessy, 8 septembre 1714.* Œuv. VIII, 248 et 251.

me est comme un résumé de tous les autres ; mais il s'en distingue essentiellement par la forme, qui n'est plus du tout celle d'une instruction pastorale ordinaire. Dès 1712, Fénelon écrivait au duc de Chevreuse : « Je prépare sept ou huit lettres courtes, en la même forme que les premières de M. Pascal. Ce sont des dialogues rapportés par l'auteur des lettres, où je raconte les disputes que j'ai eues avec un Janséniste. J'avoue que j'aurais pu donner une forme plus grave et de plus grande autorité à cet ouvrage, par la forme d'une instruction pastorale ; mais je crois devoir aller au plus pressant de tous les besoins, qui est celui d'être lu et entendu par les gens du monde : jusqu'ici rien ne l'a été. Quelque solide ouvrage qu'on fasse, il ne sert de rien qu'à discréditer la bonne cause, s'il ne parvient pas à se faire lire, comprendre et goûter. Ces sortes de dialogues familiers soulagent le lecteur, varient le discours, réveillent la curiosité, animent une dispute et développent une question par des tours sensibles. Voilà le point essentiel (1) ».

Ce ne fut que vers le milieu de 1714 que parurent ces dialogues. Ils sont au nombre, non pas de sept ou huit comme l'annonçait Fénelon au duc de Chevreuse, mais de vingt-quatre. L'ouvrage avait pris beaucoup plus d'étendue qu'il ne l'avait prévu. Quoique ce fût en tout un volume considérable, Fénelon lui donna le titre d'instruction pastorale (2). Dans une assez longue introduction, comme il comprend qu'on trouvera peut-être que la forme

(1) Œuv. VII, 379.

(2) *Instruction pastorale sur le système de Jansénius.* Œuv. V, 222-403.

du dialogue n'est pas assez grave pour l'exposition et la défense des vérités de la foi, il explique qu'on intéresse par là bien plus le lecteur, qui assiste ainsi « à une espèce de combat dont il se trouve le spectateur et le juge : telle est la force du dramatique ». Il se justifie d'ailleurs par l'exemple d'un grand nombre de Pères et de docteurs : « L'amour de la vérité et le zèle du salut des peuples firent employer dès la naissance de l'Eglise l'art des dialogues familiers pour défendre le dépot sacré de la foi... Tous les siècles sont pleins de semblables exemples. Pourquoi ne tâcherions-nous donc pas de réveiller l'attention et la curiosité des lecteurs par une méthode si proportionnée à leur besoin, et si autorisée par la plus pure antiquité ? Pourrions-nous craindre de donner à nos instructions pastorales une forme nouvelle et irrégulière, en suivant pas à pas cette foule de Pères de l'Eglise et des saints pasteurs (1) ? »

Dans la pensée de Fénelon les *Dialogues* devaient être comme la contre-partie des *Lettres provinciales*. Sans songer un seul instant à mettre, au point de vue littéraire s'entend, les deux ouvrages sur le même rang, il faut convenir que Fénelon avait réussi à jeter de l'agrément et de la clarté sur des matières difficiles et arides. Son livre, parce qu'il peut se lire avec plaisir, a l'avantage d'instruire peut-être le lecteur mieux que les plus savantes dissertations.

Nous voyons par la correspondance de Fénelon qu'il avait préparé un écrit, auquel il tenait fort,

(1) Œuv. V. 226-227

et qui ne fut cependant jamais publié. Voici a quelle occasion il l'avait composé. Une *Théologie* de M. Habert, docteur en Sorbonne, avait été approuvée par M. de Noailles ; mais il parut à Fénelon qu'elle renfermait des propositions qui favorisaient le Jansénisme. Une censure de ce livre lui semblait nécessaire : il y avait là des erreurs qu'il était essentiel de signaler et de condamner. Mais convenait-il que ce fût Fénelon qui les relevât ? A cause de ses démêlés personnels avec M. de Noailles n'aurait-il pas l'air d'exercer une vengeance ? « Le public croira facilement que je suis moins occupé de l'intérêt de la vérité que d'un ressentiment secret contre M. le cardinal de Noailles, et que c'est lui que je veux attaquer dans le livre de M. Habert (1) ».

Mais après avoir assez longtemps hésité, ne voulant pas « se taire par politique et abandonner la cause de l'Eglise », il se décida à prendre la défense des vrais principes. Toutefois pour qu'on ne l'accusât point d'avoir engagé une lutte scandaleuse, il voulut obtenir d'abord l'agrément du roi ; et il lui fit même remettre, par le P. Le Tellier, le mandement qu'il avait composé. Louis XIV donna d'abord son approbation à cet écrit, et permit de le publier. Mais peu de jours après il revint sur l'autorisation qu'll avait donnée ; et sans la retirer définitivement, il jugea qu'il valait mieux ajourner encore la publication. Fénelon revint plusieurs fois à la charge : toujours nouveau délai imposé

(1) *Lettre au P. Le Tellier, 12 mars 1711.* Œuv. VII, 691.

par le roi ; si bien qu'enfin le mandement ne parut jamais (1).

Sans doute il peut sembler singulier que, sur une question de pure doctrine, le roi décide si un évêque doit ou ne doit pas parler. Mais s'il est difficile en droit de donner raison à Louis XIV, il est permis de supposer qu'il prévint ainsi des incidents fâcheux qui n'auraient pas manqué de se produire. Une querelle entre les archevêques de Paris et de Cambrai, la malignité du public y aurait trouvé son compte. On ne peut songer à mettre un seul instant en doute la pureté des intentions de Fénelon : il était intimement persuadé que les seuls intérêts de l'Église lui commandaient de se prononcer contre M. de Noailles ; mais avons-nous toujours conscience de tous les secrets mobiles qui nous font agir ? A son insu, et malgré sa volonté, Fénelon, après les querelles du Quiétisme, n'est-il pas disposé à juger M. de Noailles avec plus de rigueur ? Il s'en défend très fort, et avec une sincère vivacité. Mais ce que nous pouvons au moins constater, c'est que la *Théologie* de M. Habert, malgré tout ce que Fénelon y trouvait de répréhensible, n'a jamais été condamnée par le Saint-Siège. M. de Noailles, qui l'avait approuvée, a donc, sur ce point, droit tout au moins à l'indulgence.

Dans toutes les disputes théologiques de cette

(1) Voir sur cette affaire, *lettres de Fénelon au P. Le Tellier* 12 mars 1711 ; de *Le Tellier à Fénelon*, avril et 2 mai 1711 ; de *Fénelon à Le Tellier*, 8 mai 1711 ; de *Le Tellier à Fénelon*, 15 mai 1711 ; de *Fénelon à Le Tellier*, 27 septembre 1711, 22 juillet et 9 octobre 1712. Œuv. VII, 690, 696, 698, 700, Œuv. VIII, 23, 110, 118.

époque, il n'était point de docteur de l'Eglise dont l'autorité fût plus souvent invoquée que saint Augustin, par les Jansénistes aussi bien que par leurs adversaires. Fénelon pensait que, pour établir et interpréter sûrement la doctrine de ce Père, il serait essentiel de faire une nouvelle édition de ses œuvres, au moins sur les matières de la grâce, « avec des notes, ajoute-t-il, qui décréditeraient celles des Bénédictins. Par là on redresserait les études publiques, au lieu que, sans ce contrepoison, toutes les écoles sont empoisonnées. » Les Jésuites lui semblaient les seuls qui pussent entreprendre un tel ouvrage avec les secours nécessaires. Il ne se contentait pas de recommander ce travail : il voulait prendre sa part de collaboration : « J'offre de faire les préfaces et les notes des principaux livres » ; et il énumère tous ceux dont il sera le commentateur. « Deux théologiens jésuites pourraient venir ici (à Cambrai), une fois l'année, y passer quinze jours pour concerter (1). » Plus tard il revient encore sur le même sujet : « Je suis vieux ; il faut que je donne un grand ouvrage sur saint Augustin (2). » Mais si important que lui parût cet ouvrage, et quoiqu'il eût longtemps et beaucoup travaillé, ses nombreuses occupations ne lui permirent point de réaliser complètement ce projet (3).

(1) *Lettre au P. Le Tellier*, 1710. Œuv. VII, 663-664.

(2) *Lettre à M. de Chevreuse*, 18 juin 1712. Œuv. VII, 378. — Voir encore les *lettres à M. de Chevreuse*, des 23 février et 8 juillet 1710. Œuv. VII, 306 et 320 ; et au *P. Lami*, 20 décembre 1710. Œuv. VII, 680.

(3) Il avait pu cependant en commencer l'exécution, comme

Ce que Saint-Simon disait de la physionomie de Fénelon qu'elle rassemblait tous les contrastes, est vrai aussi de son caractère. Fénelon est plein de mansuétude ; mais (on ne l'a pas assez remarqué) avec cette douceur il a un tempérament de polémiste. Il en avait donné la preuve dans la controverse du Quiétisme; dans les affaires du Jansénisme aucun prélat n'apporta une ardeur plus vive et plus soutenue. Il est toujours au premier rang: il ne suit pas seulement l'impulsion qui lui viendrait de Rome; à l'occasion c'est lui qui excite Rome: « Si la secte, écrit-il au cardinal Cusani, croit être redoutée du Saint-Siège, elle insultera avec d'autant plus d'audace cette autorité qu'elle considérera comme faible et timorée (1). » Il insiste pour que le pape et le roi se mettent de concert pour abattre au plus tôt le Jansénisme. Il ne recule même pas devant l'emploi des moyens rigoureux. C'est ainsi qu'il propose la formation d'une assemblée extraordinaire (il indique même une partie des membres qui pourraient la composer): elle arrêterait, pour l'acceptation de la bulle, le texte d'un mandement qui serait envoyé à tous les

nous le voyons par une *lettre du P. Lami*, 21 janvier 1711. Œuv. VII, 684, qui le prie instamment de lui envoyer ce qu'il a déjà écrit sur saint Augustin. D'après sa *lettre à M. de Chevreuse*, du 11 janvier 1712. Œuv. VII, 370, Fénelon voulait donner d'abord un abrégé de son grand ouvrage sur saint Augustin. « Cet abrégé suffirait, dit-il, pour diriger dans l'étude de ce Père les étudiants non prévenus, ou droits et modérés, pour se défier de leurs préjugés. »

(1) *Lettre latine*, 28 juin 1712. Œuv. VIII, 108. *Réponse de Cusani*, 30 septembre suivant. Œuv. VIII, 118.

évêques ; et tous ceux d'entre eux qui refuseraient d'y souscrire seraient déposés (1).

Si Fénelon est animé plus que personne dans la guerre faite au Jansénisme, quelques-uns même l'ont accusé de passion (2), il faut songer qu'il avait mieux que personne prévu les conséquences, religieuses et politiques tout à la fois, du Jansénisme. Il y voyait un principe d'indépendance, d'opposition à l'autorité, dangereux non seulement pour l'Eglise, mais pour l'Etat. Qu'on se rappelle les divisions et les troubles qui agitèrent l'opinion pendant une partie du XVIIIe siècle, et l'influence des idées jansénistes dans l'un des actes les plus considérables de la Révolution, la constitution civile du clergé : dira-t-on que les craintes manifestées par Fénelon, dans de nombreux passages de ses lettres, étaient chimériques ? On peut ne pas

(1) *Mémoire sur la forme et les solennités avec lesquelles il convient de recevoir la Bulle*, septembre 1713. Œuv. VIII, 186-190. Voir encore, *lettre au P. Daubenton*, 10 octobre 1714. Œuv. VIII, 253. — *A M.....*, 14 octobre 1714. Œuv. VIII, 255. — *Mémoire sur la nécessité et les moyens de ramener le cardinal de Noailles et les autres prélats réfractaires*. Œuv. VIII, 260-262. — *Mémoire sur l'affaire des prélats réfractaires et de leurs adhérents*. Œuv. VIII, 262-269. — *Mémoire sur la voie de procéder contre les huit prélats*. Œuv. VIII, 269-276. Dans ce dernier mémoire il insiste sur les raisons d'assembler un concile national, qui jugerait les réfractaires. Comme nous le voyons par une *lettre à l'abbé de Beaumont*, 26 novembre 1714, Œuv VII, 485, il pense que le concile pourra en effet se tenir ; et que fera-t-il, lui Fénelon, s'il est convoqué suivant les règles comme tous les autres évêques ? Il se doit à l'Eglise dans un si pressant besoin : il ira donc prendre part au concile, et il y fera tout son devoir.

(2) Déjà plusieurs le lui reprochaient. « Je sais, écrit-il, que quelques personnes estimables ont cru que j'allais trop loin contre le Jansénisme. » *Lettre au P. Daubenton*, 4 août 1713. Œuv. VIII, 177.

partager ses sentiments, mais on ne peut méconnaître sa perspicacité. Quoi qu'il en soit, et c'est par là que nous voulons terminer, tout en se montrant si décidé contre les principes du Jansénisme, Fénelon dans son diocèse est plein de ménagements et de charité pour les personnes. « Les Jansénistes, écrit Saint-Simon, heureux et contents de trouver le repos dans le diocèse de Cambrai, ne s'émurent de rien à l'égard de leur archevêque, qui, contraire à leur doctrine, leur laissait toute sorte de tranquillité. Ils se reposèrent sur d'autres de leur défense dogmatique, et donnèrent peu d'atteintes à l'amour général que tous portaient à Fénelon (1). »

(1) *Mémoires*, IX, 291.

CHAPITRE IX

Fénelon directeur de conscience

Fénelon semble fait pour la direction spirituelle. — Le marquis de Seignelai. — Le vidame d'Amiens. — Qualités que Fénelon exige d'un directeur. — L'amour de Dieu. — Traits généraux de la direction de Fénelon. — Ses lettres à Mme de Maintenon, à la comtesse de Gramont, à la comtesse de Montbéron.

On sait combien ce qu'on appelle la direction spirituelle était en honneur du temps de Louis XIV. Personne ne semble avoir été plus fait pour ce ministère que Fénelon. Il y avait été preparé de bonne heure par l'emploi qu'il occupait de supérieur des Nouvelles Catholiques et des Filles de la Madeleine de Tresnel. Il n'avait que vingt-sept ans lorsqu'il avait été appelé à un poste qui exigeait tout un ensemble de rares qualités. Mais M. de Harlay n'avait pas trop présumé de ce jeune prêtre, qui, pendant les dix années qu'il passa dans ces fonctions, montra comme il savait merveilleusement s'emparer des intelligences et des âmes qui lui étaient confiées. S'attacher véritablement à ceux que l'on dirige, d'abord pour bien les persuader que l'on n'a en vue que leur intérêt et leur bonheur, ensuite pour ne point se rebuter des difficultés de la tâche ; mais joindre à cet attachement la clairvoyance qui fait pénétrer jusqu'au fond des caractères pour bien en savoir le fort et le faible, et la fermeté pour combattre avec douceur, mais sans relâche, les défauts que l'on a reconnus, ces deux qualités si nécessaires Fénelon les possédait à un degré éminent. Avec son cœur et son esprit il ne pouvait manquer d'exceller dans cette œuvre de la direction ; et comme d'ordinaire on a le goût des choses dont on est particulièrement capable, Fénelon, il est facile de s'en apercevoir, se complaît dans cette charge de conducteur d'une âme vers la perfection ; ce n'est pas seulement un devoir qu'il accomplit, c'est une jouissance qu'il se donne. Bossuet se contente d'accepter le rôle de directeur de conscience; serait-il exagéré de dire que Fénelon le recherche ?

Encore simple abbé, usant des droits que lui donnait l'amitié dont l'honoraient MM. de Beauvilliers et de Chevreuse, gendres de Colbert, et à ce titre beaux-frères du ministre Seignelai, il s'empara pour ainsi dire de ce ministre pour lui parler avec autorité et le ramener dans des voies plus chrétiennes. Dans l'enivrement de la jeunesse et du pouvoir, Seignelai avait souvent oublié ses devoirs religieux. A mener de front le travail et les plaisirs, il avait altéré gravement sa santé : se sentant malade, il avait le désir plus que la force de revenir à Dieu : il y avait bien des luttes intérieures. C'est dans cet état que Fénelon le prend. Son langage est tour à tour sévère et consolant. Quand il veut lui faire sentir la nécessité d'une pleine conversion, il lui remontre sans rien ménager ses misères morales. « Ce que je crains pour vous c'est votre hauteur naturelle et votre violente pente aux plaisirs... Vous ne connaissez pas encore tout ce que vous devez à Dieu pour la réparation des scandales et des injustices (1). » Pour briser les dernières attaches aux jouissances mondaines et au péché, il se fait même dur : « Qu'avez-vous fait à Dieu, sinon l'offenser, et l'offenser par des rechutes scandaleuses ? Que vous doit-il ? Rien que l'enfer, et l'enfer bien plus rigoureux qu'à un autre (2). — Combien d'innocents qui souffrent des maux plus grands que les vôtres, et qui n'ont aucun des soulagements que vous avez, quoique vous n'en méritiez aucun (3). » Il n'hésite pas à lui mettre sous les yeux la menace de sa fin prochaine : « Votre maladie vous arrache aux grands desseins d'ambition, que vous n'auriez jamais eu le courage de sacrifier à Dieu ; elle vous tient entre la vie et la mort, entre les plus grandes affaires et l'inutilité à tout. » Mais après l'avoir ainsi fortement remué, il lui apporte des motifs d'encouragement : il n'est pas besoin de rien faire d'éclatant ; il suffit de s'abandonner à Dieu, d'élever de temps en temps le cœur vers lui, simplement, sans aucune contention, et avec une entière confiance. Il ne faut pas croire qu'il sera si difficile de se convertir, d'entrer dans une vie nouvelle. Dieu, si on l'aime véritablement (et c'est à ce précepte d'amour que Fénelon revient sans cesse), se chargera lui-même de tout arranger. Désirer de l'aimer, craindre de ne l'aimer pas assez, n'est-ce pas être déjà aidé par

(1) *Lettre de 1690*. Œuv. VII, 205.

(2) *Lettre* du 18 juillet 1690. Œuv. VII, 210.

(3) *Lettres*, Œuv. VII, 212.

lui ? Ce trouble de conscience qui agite M. de Seignelai, c'est déjà une action de la grâce. « Il n'y a que Dieu qui fasse ces grands changements dans une âme aussi égarée et aussi endurcie qu'était la vôtre ; et quand Dieu les fait, on ne peut douter qu'il n'aime cette âme d'un amour infini. Ne désespérez jamais des bontés du Père céleste : il n'y a qu'un seul crime indigne de cette miséricorde, c'est de s'endurcir contre elle et de ne la vouloir point espérer (1). »

Dans ces lettres à M. de Seignelai, le langage s'élève parfois tout naturellement jusqu'à l'éloquence : « Il n'est pas possible d'éviter les déchiments de cœur que vos passions vous feront sentir avant que d'être bien étouffées. Vous sentirez tous les plaisirs en foule qui viendront vous tirer, comme saint Augustin le dit de lui-même ; vous les entendrez qui vous diront d'une voix secrète : — Quoi donc ! vous nous dites un éternel adieu ! Vous ne nous verrez plus ! Et toute votre vie ne sera plus que gêne et tristesse ! — Voilà ce qu'ils diront; mais Dieu parlera aussi à son tour ; il vous fera sentir la joie d'une conscience purifiée, la paix d'une âme que Dieu réconcilie avec lui, et la liberté de ses vrais enfants. » Et un peu plus loin : « Le fantôme du monde va s'évanouir; cette vaine décoration disparaîtra bientôt. L'heure vient, elle approche : la voilà qui s'avance ; nous y touchons déjà : le charme se rompt; nos yeux vont s'ouvrir ; nous ne verrons plus que l'éternelle vérité : Dieu jugera sa créature ingrate : etc. (2). »

(1) *Lettre* du 18 juillet 1690. Œuv. VII, 210.

(2) *Lettre de 1690.* Œuv. VII, 203.

Les efforts de Fénelon ne furent pas inutiles. Ainsi qu'il l'avait annoncé : « La maladie du corps sera la guérison de l'âme. Vous bénirez Dieu avec consolation de vous avoir frappé de tant de plaies au dehors, pour guérir ces autres plaies profondes et mortelles que l'orgueil et la mollesse avaient faites dans votre cœur. Vous verrez cette conduite secrète de miséricorde se développer peu à peu sur vous (1). » M. de Seignelai mourut comme on mourait presque toujours à cette époque, même après une vie fort dissipée, dans de sincères sentiments de piété.

La correspondance avec le vidame d'Amiens n'offre pas un moindre intérêt. Le vidame était un des fils du duc de Chevreuse : c'est dire qu'il avait été élevé dans un milieu tout pénétré de dévotion. Il avait gardé de son éducation toutes les religieuses croyances ; mais il était jeune, il suivait l'état militaire, même avec beaucoup de distinction (il fut plus tard maréchal de France) ; dans le combat contre les passions il n'avait pas le même courage que contre l'ennemi. La vie chrétienne lui faisait peur par les sacrifices qu'elle impose, et qu'il jugeait au-dessus de ses forces. Tout en aimant Fénelon, il l'évitait donc, pour échapper à ses « sermons » ; mais Fénelon n'entendait pas le lâcher. Il fera le siège de cette âme, et il prétend bien finir par emporter la place ; mais cela dit sur le ton de l'amitié ; car il comprend bien qu'il doit tout d'abord persuader le vidame de sa sincère affection. « Je vous attends de pied ferme, et vous

(1) *Lettre* du 18 juillet 1690. Œuv. VII, 210.

n'aurez pas aussi bon marché de moi que de milord Marlborough (1). » De douces gronderies, plutôt que des reproches, et encore qui finissent tout de suite. Que le vidame semble s'éloigner de lui, il l'en excuse : « Je vous pardonne de m'avoir craint, de m'avoir fui, d'avoir été ravi de ne me trouver pas ; ce sont les suites naturelles de votre malheureux état, je n'en cours pas moins après vous : Dieu vous veut. — Quoique vous me craigniez comme un loup garou, je meurs d'envie de vous embrasser. — Il n'est pas étonnant que vous me craigniez. Pendant que vous ne serez pas d'accord avec vous-même, vous craindrez votre propre raison, et plus encore votre foi qui vous condamnent (2). » Il lui met sous les yeux les contradictions dans lesquelles il vit, et qui ne peuvent que le rendre malheureux : « A quoi tient-il que vous ne serviez Dieu ? Vous croyez à ses vérités, vous espérez ses biens, vous connaissez l'égarement insensé des impies ; vous sentez la vanité, l'illusion de la vie présente, l'ensorcellement du monde, le poison des prospérités, la trahison des choses flatteuses, l'écoulement rapide de tout ce qui va s'évanouir..... Pardon d'avoir tant prêché. — Malheur à l'homme qui a deux cœurs « *væ duplici corde*..... On trouve tant de consolation et de liberté à n'être qu'un (3) ! »

Le vidame est ébranlé. Il a fini par comprendre

(1) *Lettre au vidame*, 30 octobre 1705. Œuv. VII, 248.

(2) *Lettres au vidame*, 25 juin 1706, 25 et 28 mars 1708. Œuv. VII, 250, 263, 264.

(3) *Lettres au vidame*, 9 février 1707 et 28 mars 1708. Œuv. VII 258 et 263.

qu'il ne fallait pas ajourner le retour vers Dieu ; car on peut toujours être surpris par la dernière heure : « Vous êtes jeune, et bien au milieu du monde ; mais dans ce temps de guerre il n'y a qu'une toile d'araignée entre la mort et vous (1). » Mais il est bien difficile de changer de vie : « Non, répond Fénelon ; l'entreprise n'est pas si malaisée ; essayez seulement. » Et pour l'encourager il lui cite, non pas des saints, les saints sont trop au-dessus des faiblesses humaines, mais un épicurien, Horace : « Quoique païen et libertin, il a dit : *Sapere aude ;* et encore : *Dimidium facti qui cœpit habet.* » Nous trouvons ici la gravité tempérée d'enjouement qui est dans le caractère de Fénelon. — Dût l'effort être d'abord un peu pénible, « voulez-vous qu'il ne vous en coûte rien pour vous délivrer de tout ce qui vous coûte tant (2) ? »

Mais la pratique de la religion est-elle vraiment si pénible ? Le vidame aurait tort de se représenter la vie chrétienne comme une perpétuelle pénitence ; il n'est pas besoin de « recourir aux haires et aux cilices, ni de s'enfuir dans un désert (3). » Qu'il remplisse les devoirs de sa profession, et parmi ces devoirs Fénelon compte même les relations de société que prescrivent les bienséances, voilà pour les occupations extérieures (4). Quant aux exercices de piété, « un peu d'oraison et de lecture, soir et matin un petit quart d'heure, avec un peu de retour en vous-même pour y trouver

(1) *Lettre* du 25 mars 1711. Œuv. VII, 339.

(2) *Lettre* du 30 octobre 1705. Œuv. VII, 248.

(3) *Lettre* du 25 mars 1711. Œuv. VII, 339.

(4) *Lettre* du 31 mai 1707. Œuv. VII, 261.

Dieu, et pour vous renouveler en sa présence dans les principales occasions de la journée... Peut-on se donner à Dieu à meilleur marché? Courage donc (1). » On voit ici de combien de tempéraments use Fénelon dans la direction des âmes. Toute cette correspondance pourrait s'appeler un manuel de la dévotion aisée, en prenant ces mots dans leur meilleure acception.

Le vidame avait craint sans doute d'avoir à faire à Dieu beaucoup de sacrifices. Ah ! dit Fénelon, nous n'avons pas à en faire beaucoup de nous-mêmes ; Dieu se charge de nous en imposer : « laissons-lui prendre les amusements d'enfant qu'il nous ôte. Sans excéder les bornes d'une vie commune, et sans ajouter aucune croix aux peines de notre état, nous mourons sans cesse à nous-mêmes, et nous sommes inépuisables dans les sacrifices que nous faisons à Dieu (2). » Notre résignation nous en fera des mérites.

Tout n'est pas fini quand le vidame s'efforce d'entrer dans la voie où le pousse Fénelon. Il y rencontre des difficultés : d'abord il n'est pas capable d'oraison : quand il veut s'y donner, son esprit est assailli par les distractions ; puis il y a dans la conduite les rechutes ; il retombe dans ses fautes. Mais Fénelon ne le laisse pas se décourager : « C'est par le cœur que nous faisons oraison, et une volonté sincère et persévérante de la faire est une oraison véritable. Les distractions qui sont entièrement involontaires n'interrompent pas la

(1) *Lettre* du 17 septembre 1708. Œuv. VII, 270.

(2) *Lettre* du 25 mars 1711. Œuv. VII, 339.

tendance de la volonté vers Dieu... N'attaquez point de front les distractions : c'est se distraire que de contester contre la distraction même. Le plus court est de la laisser tomber... Vous passeriez tout votre temps à combattre contre les mouches qui font du bruit autour de vous : laissez-les bourdonner à vos oreilles, et accoutumez-vous à continuer votre voyage, comme si elles étaient loin de vous. — » Il n'y a pas à faire tant d'efforts pour l'oraison. « Prenez les endroits de l'*Evangile* ou de l'*Imitation de Jésus-Christ* qui vous touchent le plus. Lisez lentement, et » — ici une de ces comparaisons familières comme on en trouve souvent dans saint François de Sales — « à mesure que quelque parole vous touche, faites-en ce qu'on fait d'une conserve, qu'on laisse longtemps dans sa bouche pour l'y laisser fondre. Laissez cette vérité couler peu à peu dans votre cœur (1). »

Il est un danger auquel sont surtout exposés ceux qui reviennent aux exercices de piété après les avoir trop longtemps négligés : c'est de ne trouver dans la pratique de ces exercices qu'ennui, sécheresse, et de croire ainsi qu'ils ne font que d'inutiles tentatives pour poursuivre la vie chrétienne. Fénelon les rassure : « Souffrir en paix l'ennui, la sécheresse et la distraction, quand Dieu l'envoie, fait plus de bien que toutes les lumières, les goûts et les sentiments de ferveur (2). » En un mot, vouloir pleinement ce que Dieu veut, comme il le veut, même quand cela nous semble à l'en-

(1) *Lettre* du 31 mai 1707. Œuv. VII, 261.

(2) *Lettre* du 13 septembre 1710. Œuv. VII, 324.

contre de la dévotion parfaite, voilà la première, presque l'unique règle posée par Fénelon : or, cette conformité à la volonté de Dieu n'est-elle pas à la portée de toute âme chrétienne ?

— « Mais j'ai beau me relever, je retombe sans cesse. Si je suis condamné aux inévitables rechutes, pourquoi tant de vains efforts ? » — Voici ce que Fénelon répond à tous ceux qui seraient tentés, comme le vidame, de s'abandonner eux-mêmes : « Il ne faut point être étonné ni découragé de vos fautes. Il faut vous supporter vous-même avec patience. » Mais il n'entend pas que sous prétexte de faiblesse on fasse bon marché des manquements au devoir ; sa morale est compatissante, indulgente, elle n'est point relâchée. « Avec patience ; » mais il ajoute : « Sans vous flatter ni épargner pour la correction. Il faut faire pour vous comme pour un autre... Recommencez à bien faire, comme si c'était le premier jour ; et ne vous lassez point d'être toujours à recommencer. Rien ne touche tant le cœur de Dieu que ce courage humble et patient... La vertu, dit l'Apôtre, se perfectionne dans l'infirmité (1). »

Les lettres à M. de Seignelai et au vidame d'Amiens ne sont point, au sens particulier où l'on prenait ce mot, des lettres de direction : le directeur était fait pour des âmes déjà acquises à la dévotion, et qui désiraient avancer plus encore en spiritualité, des dames presque toujours. Ici ce sont des hommes qui se sont plus ou moins éloignés des voies chrétiennes, et qu'il s'agit d'y

(1) *Lettre* du 4 avril 1709. Œuv. VII, 288,

ramener : c'est une œuvre de convertisseur. L'expression de *lettres spirituelles* évoque tout de suite devant nous des figures féminines (1). Mais cette partie de la correspondance qui s'adresse, avec un caractère différent, à deux hommes, ne nous semble pas offrir un moindre intérêt : peut-être même en trouvera-t-on plus à cette espèce de lutte entre le prêtre et le pécheur qu'à ces paisibles entretiens entre deux âmes, l'une venant en aide à l'autre pour l'encourager et la guider, mais engagées toutes deux dans la même voie.

Fénelon avait beaucoup réfléchi sur les qualités nécessaires à un bon directeur. « Tant de gens, dit-il, sans être choisis ni éprouvés, se mêlent de conduire les âmes... Il faut la patience, la douceur, l'égalité, la franchise, la fermeté dans les bonnes maximes, l'ouverture du cœur, la condescendance paternelle et la simplicité pour attirer les âmes, avec une gaieté modeste, bien éloignée d'une austérité farouche ou affectée (2). — Il est, ajoute-t-il, plus aisé de peindre cet homme merveilleux que de le trouver. » Il est tout trouvé : ce directeur parfait, c'est Fénelon lui-même.

S'il se faisait une haute idée des devoirs d'un directeur, il voulait que ses droits fussent reconnus sans conteste ; et le premier de ces droits c'était d'être écouté et obéi avec une pleine docilité.

(1) On n'a pas mis parmi les lettres spirituelles celles dont nous venons de parler. La raison en est toute simple : l'objet avoué d'une lettre spirituelle est un point de dévotion. Quand il écrit à M. de Seignelai, et surtout au vidame, Fénelon saisit l'occasion de parler religion ; mais souvent aussi il est question d'autres choses.

(2) *Lettre sur la direction.* Œuv. V, 728.

« Ne vous jugez point, mais laissez-vous juger avec une entière démission d'esprit par celui que vous avez choisi pour vous conduire (1). » — Tout ce que le directeur n'aura pas réglé lui-même perd de son mérite : « Si vous avez fait des austérités sans consulter, votre propre volonté s'y trouve : c'est cette propre volonté qu'il était bien plus important de mortifier qu'un corps déjà affaibli (2). » La dépendance, même quand elle est la moins apparente, ne cessera jamais : « Vous volerez hors de la cage, mais avec un filet au pied (3). »

Au zèle et à la piété il joignait une grande connaissance du cœur humain ; avec une admirable perspicacité il pénétrait jusque dans le fond des caractères. Il y démêle les défauts les plus cachés, pour les poursuivre sans relâche et sans faiblesse, avec la douce rigueur d'un père qui puise dans sa tendresse même la volonté et la force d'être rigoureux ; mais il est patient ; il sait qu'à toute chose il faut le temps, et que le bien est toujours lent à se produire : tout en ne cessant de préparer l'heure qui en verra la manifestation, point de hâte, point de zèle inquiet. « Il ne faut pas vouloir entreprendre de prévenir le temps d'une grâce plus avancée (4). — Ne pressez point trop les gens... Il ne faut ni semer ni labourer quand il gèle, et que la terre est dure... Dieu supporte et attend les

(1) *Lettres spirituelles. CLXI.* Œuv. VIII, 560.

(2) *Lettre à Mme de Montbéron*, 11 juillet 1701. Œuv. VIII, 634.

(3) *A la même*, 27 octobre 1709. Œuv. VIII, 702.

(4) *Lettres spirituelles. A un seigneur de la cour. LXXXVI.* Œuv. VIII, 521.

hommes imparfaits : il n'y a que l'imperfection qui s'impatiente de ce qui est imparfait (1). » En attendant que l'état de grâce soit venu, il suffit à Fénelon d'encourager les bonnes volontés, de les soutenir si elles chancellent, de les exciter à l'effort.

La religion, telle que Fénelon veut l'inspirer, est de cœur bien plus que d'esprit. Les femmes sentent plus qu'elles ne raisonnent : c'est surtout à leurs sentiments qu'il s'adresse. Presque toutes ses recommandations reviennent à un seul précepte, l'amour de Dieu. « Aimez Dieu ; je vous quitte de tout le reste : tout le reste viendra par l'amour (2). — L'amour ôte tout, mais il donne tout. Il ne laisse rien dans le cœur que lui, et il ne peut y rien souffrir ; mais il suffit seul pour rassasier, et il est lui seul toutes choses. Pendant qu'on le goûte on est énivré d'un torrent de volupté, qui n'est pourtant qu'une goutte des biens célestes. L'amour goûté et senti ravit, transporte, absorbe, rend tous les dépouillements indifférents (3). » On se souvient que ses idées exagérées sur l'amour pur avaient été l'un des motifs de sa condamnation à Rome. Assurément on ne retrouvera pas dans les lettres spirituelles les erreurs renfermées dans le livre des *Maximes ;* mais il est difficile cependant de ne pas reconnaître le même esprit, les mêmes tendances, contenues seulement dans de justes limites.

(1) *Lettres spirituelles. CL.* Œuv. VIII, 554.
(2) *Ib. CLIV.* Œuv. VIII, 556.
(3) *A Mme de Montbéron,* 2 septembre 1700. Œuv. VIII, 624.

N'en peut-on pas dire autant de l'union foncière avec Dieu et du renoncement à soi-même? Fénelon va jusqu'au terme extrême au-delà duquel on s'égare. Encore certaines expressions, comme celles de dépossession de soi-même, de désappropriation des dons de Dieu, de petitesse, de mort sans réserve (1), qui inquiètent déjà Mme de Maintenon et l'évêque de Chartres (2), pourraient, prises au pied de la lettre, offrir un sens excessif et fâcheux. Mais il faut se rappeler ce que Bossuet lui-même dit, qu'il y a des effusions de dévotion qu'il ne faut pas juger en toute rigueur théologique. Il convient donc de ne pas s'arrêter à quelques traits un peu forts, comme on en rencontre du reste chez tous les mystiques.

L'amour de Dieu, tel que Fénelon le pratique et l'enseigne, doit surtout élargir l'âme et la remplir de confiance. « Je ne suis pas, dit-il, un dévot ombrageux et facile à scandaliser. A Dieu ne plaise que je veuille vous engager dans ces dévotions si timides et si gênées, où l'on craint que Dieu ne pardonne rien. Je ne songe qu'à vous tourner vers le pur amour, qui est toujours libre, toujours simple, gai, courageux, marchant avec largeur et

(1) « Portez, comme un petit enfant, tout ce que Dieu fait pour vous rabaisser et pour vous désapproprier tant de votre sens que de votre volonté. Je le prie de vous faire si petite qu'on ne vous trouve plus. » *A la duchesse douairière de Mortemart* ; *22 août 1708*. Œuv. VII, 267.

(2) *Lettre à Mme de Maintenon*, mai 1694. Œuv. VIII, 498. — *Sentiment de l'évêque de Chartres sur la lettre précédente*. Œuv. VIII, 498-500.

animé par la confiance (1). — Il ne faut pas regarder Dieu comme un espion et un ennemi, mais comme un père (2). — Elargissez, élargissez votre pauvre cœur. Dieu n'est point à l'aise dans les cœurs rétrécis. Le vrai amour est trop simple pour être scrupuleux (3). »

Tout en ayant le sincère désir et la volonté de s'amender, il ne convient pas de trop se préoccuper de ses fautes. « Vous ne devez pas vous embarrasser de vos défauts, pourvu que vous ne les aimiez pas (4). — Pour le passé, il est passé : vous ne pouvez point le rappeler. Il suffit de l'abandonner sans réserve à la miséricorde de Dieu (5). — Il ne faut point faire sur nos chutes une multitude infinie de retours qui vous arrêtent (6). — Ce ne sera jamais votre tempérament que Dieu vous reprochera, puisque vous ne l'avez pas choisi, et que vous n'êtes pas libre de vous l'ôter (7). — Il faut se supporter soi-même comme le prochain : on ne se doit pas moins la charité qu'à autrui (8). »

Tous les conseils de Fénelon vont à la tranquillité de l'âme. « Il peut y avoir une ardeur inquiète qu'il faut modérer même dans le service de Dieu (9). — Défiez-vous d'un certain zèle de ferveur

(1) *A M. de Seignelai*, 2 juillet 1660. Œuv. VII, 206.

(2) *Lettres spirituelles. CXXVIII*. Œuv. VIII, 543.

(3) *A Mme de Montbéron*, 10 février 1704. Œuv. VIII, 666.

(4) *A une novice*. Œuv. VIII, 461.

(5) *A un militaire*, 7 août 1689. Œuv. VIII, 513.

(6) *Lettres spirituelles. CXXVIII*. Œuv. VIII, 543.

(7) *A la duchesse de Mortémart*, 8 juin 1708. Œuv. VII, 265.

(8) *A Mme de Montbéron*, 11 octobre 1704. Œuv. VIII, 668.

(9) *A Mme de Montbéron*, 3 mars 1700. Œuv. VIII, 617.

qui vous exposerait à des mécomptes dangereux... Contentez-vous de la ferveur intérieure que Dieu vous donne, sans la vouloir forcer pour la rendre plus sensible et plus consolante (1). » La piété, telle qu'il veut l'inculquer, ne réclame pas de violents efforts. « Elle n'exige pas, comme les affaires temporelles, une application longue et suivie (2). Une vie dure, et toute de pénitence, n'est pas nécessaire. On risque même d'y prendre trop bonne opinion de soi. « Les austérités ne sont pas exemptes d'illusions ; l'esprit se remplit souvent de lui-même à mesure qu'il abat la chair (3). » Il faut surtout obéir, et savoir renoncer à ses mortifications. « J'aime mieux que vous dormiez huit heures la nuit, et que vous payiez Dieu pendant le jour d'une autre monnaie. Il n'a pas besoin de vos veilles au delà de vos forces, mais il demande un esprit simple, docile et recueilli, un cœur souple à toutes les volontés divines (4). »

Nous soumettre sans réserve à tout ce que Dieu veut, confondre, pour ainsi dire, même quand il nous éprouve, notre volonté avec la sienne, voilà la vraie condition de notre perfectionnement religieux. Mais ce renoncement à nous-mêmes est-il facile ? Oui, selon Fénelon, si on aime Dieu. Avec l'amour tout devient aisé ; le sacrifice n'a plus rien de pénible.

(1) *Lettres spirituelles. CXV.* Œuv. VIII, 535.

(2) *A la comtesse de Gramont,* 2 octobre 1689. Œuv. VIII, 595.

(3) *Lettres spirituelles, XXIII. A une religieuse.* Œuv. VIII, 459.

(4) *Lettres spirituelles. XXVI. A une novice.* Œuv. VIII, 461. — Voir encore *Réflexions saintes pour tous les jours du mois. 3e jour Sur la véritable dévotion.* Œuv. VI, 29.

Mais toute âme est-elle susceptible de cet amour ? On ne commande pas à son cœur, on ne se fait pas ses sentiments : ils échappent à la volonté. Combien s'efforcent de faire naître en eux, d'entretenir, d'exciter l'amour de Dieu, et dont les efforts sont impuissants ! De là du découragement. Fénelon a eu souvent affaire à des âmes ainsi découragées ; mais il ne veut pas qu'elles désespèrent d'elles-mêmes ; il vient en aide à leur faiblesse. A un nouveau converti qui s'étonne et se plaint de ne pas sentir Dieu plus près de lui : « Dieu vous a attendu, cherché, invité, pressé, forcé, pour ainsi dire, de revenir à lui. N'est-il pas juste que vous l'attendiez un peu à votre tour (1) ? » Un peu, remarquez-le : n'est-ce pas promettre que ce qui ne s'obtient pas aujourd'hui s'obtiendra demain ?

Tous au moins nous sommes capables de bonne volonté : nous nous plaignons qu'elle ne soit pas suivie d'effet : « Une bonne volonté toute nue et toute sèche est souvent ce qu'il y a de plus pur aux yeux de Dieu..., et s'il ne dépend pas toujours de nous de sentir, il dépend toujours de nous de vouloir (2) ». Ce langage n'est-il pas consolant et fortifiant ?

Pour rendre courage à ceux auxquels il s'adresse, Fénelon n'hésitera pas à leur montrer en lui-même quelques-unes des misères dont ils souffrent; il parle de son état de sécheresse : « Si je cherche

(1) *Lettres spirituelles. XXXI.* Œuv. VIII, 466.

(2) *Ib. A un seigneur de la cour. LXXXVI.* Œuv. VIII, 521, 522.

Dieu, je ne le trouve plus... Le cœur demeure sec et languissant (1).

A une personne qui s'inquiète parce qu'elle n'a fait en piété que de trop lents progrès, Fénelon dira encore : « Il ne faut rien de forcé ni d'irrégulier. Il vaut mieux attendre un peu pour ouvrir la porte avec la clé que de rompre la serrure par impatience (2). « Il y a le temps de chaque chose. Il faut se renfermer dans le temps présent ; il n'est pas question d'aller vite, mais bien (3). — Ce travail (de perfectionnement religieux) doit être paisible et sans trouble. Il doit même être modéré, pour n'entreprendre point de faire tout l'ouvrage en un seul jour (4). — La volonté est tout ce que Dieu demande. Un bâtiment à rames va de plus grande force de rameurs, en ne faisant qu'un quart de lieue contre vents et marée, que quand il fait une lieue à la faveur de la marée et d'un bon vent (5). — La vue de nos imperfections ne doit pas nous faire perdre la paix et la confiance (6). — Etre inconsolable de se voir imparfait, c'est un dépit d'orgueil et d'amour-propre (7). »

Mais voir en paix son imperfection, ce n'est pas la même chose que la tolérer : il faut vouloir la corriger, et pour cela s'examiner sérieusement. On s'étonne, on se dépite de ne point faire de pro-

(1) *A Mme de Montbéron, 20 novembre 1701.* Œuv. VIII, 640.

(2) *Lettres spirituelles XXXVIII.* Œuv. VIII, 478.

(3) *Ibid. LXX. A un militaire.* Œuv. VIII, 511.

(4) *Ibid. LXXVI. Ib.* Œuv. VIII, 515.

(5) *A Mme de Montbéron, 19 février 1701.* Œuv. VIII, 629.

(6) *Ib. 8 mai 1703.* Œuv. VIII, 660.

(7) *Ib. 10 novembre 1702.* Œuv. VIII, 657.

grès : mais « d'où vient que le vaisseau ne vogue point ? Est-ce que le vent manque ? Nullement. Le souffle de l'esprit de grâce ne cesse de le pousser ; mais le vaisseau est retenu par des ancres qu'on n'a garde de voir : elles sont au fond de la mer. La faute ne vient point de Dieu ; elle vient donc de nous. Nous n'avons qu'à bien chercher, et nous trouverons les liens secrets qui nous arrêtent (1). » Ailleurs encore il comparera un reste de défaut au « lumignon fumant qui dure longtemps et qui consume le cierge (2). »

La dévotion, telle que Fénelon la comprend et s'efforce de la faire comprendre, n'est en rien incompatible avec les devoirs et les occupations de notre état. Il n'est nullement besoin de rien faire d'extraordinaire : « Les actions les plus indifférentes cessent de l'être, et elles deviennent bonnes, dès qu'on les fait avec l'intention de s'y conformer à l'œuvre de Dieu... Il ne faut point de grands efforts ni des actes bien réfléchis pour offrir ces actions qu'on nomme indifférentes. Il suffit d'élever un instant son cœur à Dieu, pour en faire une offre très simple (3). » On n'a pas à dérober à ses occupations de longues heures pour se recueillir ; il suffit de prendre « quelques petites rognures de ses journées... Il ne faut pas beaucoup de temps pour aimer Dieu, pour se renouveler en sa présence, pour élever son cœur vers lui, ou l'adorer au fond de son cœur, pour lui offrir ce que l'on

(1) *Lettres spirituelles. CXXVI.* Œuv. VIII, 541.

(2) *Ib. CCIII.* Œuv. VIII. 580.

(3) *Lettres spirituelles. LXI. A un seigneur de la cour.* Œuv. VIII, 520.

fait ou ce qu'on souffre. Voilà le vrai royaume de Dieu au-dedans de nous, que rien ne peut troubler (1). — Tournez votre cœur vers Dieu d'une manière simple, familière et pleine de confiance. Tous les moments les plus entrecoupés sont bons, non seulement en carrosse ou en chaise, mais encore en s'habillant, en se coiffant, même en mangeant, et en écoutant les autres parler (2). » Combien nous sommes loin des *Maximes des Saints*, où le perfectionnement était si haut placé que des natures exceptionnelles pouvaient seules y atteindre. Ici au contraire il est mis à la portée de tous. Sans doute il y a certaines âmes d'élite qui seront conduites par Fénelon jusque sur les sommets de la spiritualité ; mais il n'en est point auxquelles il n'apprenne à concilier les devoirs essentiels de la religion avec les exigences de leur état, à pratiquer la piété dans le monde. Il persuade plus qu'il n'ordonne : on ne trouverait nulle part de maître plus aimable.

Nous avons indiqué seulement quelques traits généraux de la direction spirituelle de Fénelon ; nous n'en finirions pas si nous voulions entrer dans les détails multiples de cette direction. Fénelon en effet a eu affaire à toute sorte de personnes, hommes, femmes, religieux, militaires, courtisans, gens en place, et dans les circonstances les plus variées. Il n'est pour ainsi dire point de situation ou d'événement dans la vie sur lesquels il n'ait écrit : avec un choix bien fait d'extraits de ses let-

(1) *A la comtesse de Gramont, 21 mars 1693*. Œuv. VIII, 608.
(2) *Ib. 17 novembre 1694*. Œuv. VIII, 612.

tres on composerait un admirable manuel de piété.

Parmi les dames qui se mirent sous la conduite de Fénelon, il en est trois au moins qui doivent nous arrêter quelques instants ; Mme de Maintenon d'abord. Dès qu'elle avait connu Fénelon, elle avait été très frappée de ses qualités : il lui parut qu'elle pourrait user de lui comme d'un précieux conseiller pour tout ce qui touchait à la religion. « J'ai vu encore aujourd'hui, écrit-elle à Mme de Saint-Géran, l'abbé de Fénelon. Il a bien de l'esprit, il a encore plus de piété. C'est justement ce qu'il me faut. » Elle était alors occupée des règlements à donner à Saint-Cyr. Fénelon fut un de ceux dont elle réclama les avis.

Mme de Maintenon avait formé une petite société choisie de dames qui se recommandaient le plus par leurs sentiments de dévotion. C'étaient surtout mesdames de Chevreuse, de Beauvilliers, de Ventadour, de Montchevreuil, d'Heudicourt. On s'assemblait souvent chez Mme de Maintenon; on y faisait de bonnes lectures, et on s'excitait à la pratique de la vertu (1). Fénelon fut pris comme guide de cette congrégation, pour laquelle il écrivit divers petits traités (2).

(1) A un moment où plusieurs de ces dames sont absentes, Mme de Maintenon écrit : « Tout le couvent est dispersé. » *Lettre à Mme de Ventadour, février 1692 ou 1693.*

(2) Dans une lettre à M. de Noailles, du 1er août 1698, à propos d'un livre qu'elle lui envoie, Mme de Maintenon dit : « Il y a dans ce petit livre trois traités de M. de Cambrai : le premier et le dernier ont été faits à mes prières. Le second *de la tristesse et de la dissipation*, a été fait, je crois, pour Mme de Chevreuse; au moins c'est d'elle que je le tiens. » Ce traité écrit pour Mme de Chevreuse se trouve dans les *Instructions sur la morale et la perfection chrétienne*, Œuv. VI, 93-97. Nous ignorons sur quoi

Il ne fut jamais le directeur en titre de Mme de Maintenon : c'est à l'évêque de Chartres, Godet Desmarais, que cette charge avait été dévolue ; mais en réalité son influence fut longtemps fort grande sur Mme de Maintenon. Parmi les lettres qu'il lui adressa pendant qu'il était en faveur, l'une surtout est fort curieuse. Mme de Maintenon l'avait prié de lui faire connaître les défauts qu'il avait remarqués en elle. C'est ici que l'on peut voir comme il était un sagace observateur des caractères, un psychologue comme nous dirions aujourd'hui. Il saisit toutes les imperfections, les signale avec une rare franchise, mais en même temps avec quelle adresse pour l'amener à avoir confiance en elle-même et en sa capacité : « Ce qui me parait véritable touchant les affaires, c'est que votre esprit en est plus capable que vous ne pensez : vous vous défiez peut-être un peu trop de vous-même, ou bien vous craignez trop d'entrer dans des discussions contraires au goût que vous avez pour une vie tranquille et recueillie... Il me paraît que votre esprit naturel et acquis a bien plus d'étendue que vous ne lui en donnez (1). »

Il lui recommande, il est vrai, de « ne jamais s'ingérer dans les affaires d'Etat ; » mais si nous suivons sa pensée jusqu'au bout, c'est surtout un conseil de prudence politique et d'opportunité qu'il lui donne. S'ingérer dans les affaires, c'est-à-

portaient les traités demandés par Mme de Maintenon, mais il est fort probable qu'ils se trouvent dans ce recueil d'instructions, Œuv. VII, 72-159, que l'on peut supposer avoir été presque toutes écrites pour les habituées de ce cénacle.

(1) Œuv. VIII, 485.

dire y entrer ouvertement et de son propre mouvement, elle ne le doit pas : « Mais vous devez vous en instruire, selon l'étendue de vos vues naturelles ; et quand les ouvertures de la Providence vous offriront de quoi faire le bien, sans pousser trop loin le roi au delà de ses bornes, il ne faut jamais reculer. » Et il ne s'agit pas seulement, remarquons-le bien, d'amener peu à peu Louis XIV à une pratique plus exacte de la vie chrétienne, et d'aider à « l'accroissement de la grâce qui a déjà fait tant de progrès en lui » ; ce n'est pas seulement sur *l'homme*, comme il l'appelle, qu'il faut prendre de l'influence, mais sur le roi lui-même. Et pour y parvenir, il faut, « sans empressement », et quand « Dieu en donne la facilité », user des moments favorables.

« Comme le roi se conduit bien moins par des maximes suivies que par l'impression des gens qui l'environnent, et auxquels il confie son autorité, le capital est de ne perdre aucune occasion pour l'obséder par des gens sûrs, qui agissent de concert avec vous, pour lui faire accomplir, dans leur vraie étendue, ses devoirs dont il n'a aucune idée... Le grand point est de l'assiéger, puisqu'il veut être gouverné : son salut consiste à être assiégé par des gens droits et sans intérêt (1). »

On voit ici qu'au fond Fénelon avait en assez médiocre estime Louis XIV. Il est permis de trouver ce jugement outré. Pour s'exprimer avec tant de liberté, il fallait qu'il fût bien assuré de posséder toute la confiance de Mme de Maintenon.

(1) Œuv. VIII, 486.

Parmi ces gens droits dont il a parlé, il met au premier rang ses deux meilleurs amis. « Quand vous pourrez augmenter le crédit de messieurs de Chevreuse et de Beauvilliers, vous ferez un grand coup : c'est à vous à vous mesurer pour les temps. » En signalant pour cette haute situation les deux hommes qui lui sont le plus dévoués, et toujours disposés aussi à suivre ses conseils ; en montrant à Mme de Maintenon comment elle peut et doit jouer un rôle considérable, a-t-il songé que lui-même pourrait aussi, d'une manière indirecte, mais sûre, avoir sa part dans la conduite générale des affaires ? Eh ! s'il s'était flatté de cette espérance, pourrait-on lui en faire un reproche ? S'il souhaite que Mme de Maintenon prenne de l'influence sur le roi, c'est parce qu'elle pourra « lui donner des vues de paix, et surtout de soulagement des peuples, de modération, d'équité, de défiance à l'égard des conseils durs et violents, d'horreur pour les actes d'autorité arbitraire, enfin d'amour pour l'Église et d'application à lui chercher de saints pasteurs. »

Nous avons dit, à propos du Quiétisme, comment finirent les rapports de Fénelon avec Mme de Maintenon. Il s'efforça de prévenir la rupture. Mme de Maintenon s'était déjà éloignée de lui qu'il prétendait encore la retenir. Comme si les anciennes relations avaient créé entre eux une sorte de mariage spirituel : « Pourquoi défaire, lui écrit-il, ce que Dieu avait fait si visiblement ?... Je ne veux pas laisser rompre des liens que Dieu a formés pour lui seul (1). » Tout fut inutile.

(1) *Lettre du 7 mars 1696.* Œuv. IX, 83-84.

Avec la comtesse de Gramont, rien qui touche à la politique : il n'est plus question que d'une âme à soutenir et à diriger dans la voie religieuse. Écossaise de naissance, et de la famille Hamilton, elle était sœur d'Antoine Hamilton, qui a écrit ce petit chef-d'œuvre, les *mémoires de Gramont*, où il raconte les aventures de celui qui était devenu son beau-frère. La comtesse, elle aussi, avait beaucoup d'esprit, mais d'un esprit prompt à saisir les ridicules d'autrui, et assez enclin à la hauteur et à la causticité. Dame du palais de la reine Marie-Thérèse, elle avait été une des femmes les plus brillantes de la cour. A l'âge d'un peu plus de quarante ans, elle voulut se donner tout au service de Dieu, et se mit sous la direction de Fénelon. « La comtesse de Gramont, lisons-nous dans le journal de Dangeau, est tout-à-fait dans la dévotion ; il y a longtemps qu'elle s'en cachait ; aujourd'hui elle n'en fait plus mystère (1). » C'était sans doute Fénelon qui avait obtenu d'elle qu'elle se mît au-dessus de tout respect humain.

Un des plus grands sacrifices que Fénelon pût imposer à la comtesse, c'est qu'elle s'abstînt de ces conversations où elle excellait, mais souvent aux dépens du prochain. « Vous ne pouvez dompter votre esprit dédaigneux, moqueur et hautain, qu'en le tenant enchaîné par le silence. Mettez une sévère garde à vos lèvres : vous ne sauriez trop rudement jeûner des plaisirs d'une conversation mondaine (2). » Cette prescription du silence est une de celles sur lesquelles il insiste le plus. Comme

(1) *15 octobre 1687.*

(2) *Lettres des 23 mars 1690 et 28 mai....*, Œuv. VIII, 597 et 598.

toutes les femmes à imagination vive, Mme de Gramont était capable de grands élans, mais qui ne se soutenaient pas. « Vous êtes une bonne montre, mais dont la corde est courte, et qu'il faut remonter souvent (1). » Elle se désole de ses rechutes ; mais comme elle a besoin surtout d'humilité, ces rechutes même peuvent et doivent lui servir. « Je suis bien fâché de ce que vous faites si mal, — mais ce qui m'en console c'est que vous êtes mécontente de vous. Ce mécontentement sincère vaut mieux qu'une merveilleuse conduite dont on se sait bon gré. — Si vous n'aviez à souffrir que des autres, et que vous n'éprouvassiez en vous aucune des misères que vous condamnez en autrui, le pauvre prochain vous paraîtrait un monstre à étouffer ; mais Dieu permet que vous ayez beaucoup à souffrir de votre humeur hautaine, injuste et révoltée, pour vous apprendre à supporter tout ce qu'il y a d'impatientant dans les personnes imparfaites (2). »

Il est rare qu'après avoir eu longtemps trop bonne opinion de soi-même, on ne se juge pas ensuite avec une extrême rigueur. C'est un autre excès contre lequel Fénelon met la comtesse en garde ; et c'est en lui interdisant de s'humilier trop fort qu'il lui donne une nouvelle leçon d'humilité. Ce qui suit n'est-il pas vraiment admirable ? « C'est une fausse humilité que de se croire indigne des bontés de Dieu, et de n'oser les attendre avec confiance. La vraie humilité consiste à voir toute son

(1) *Lettre du 21 mars 1692.* Œuv. VIII, 608.

(2) *Lettres des 4 avril et 17 juin 1691.* Œuv. VIII, 602.

indignité, et à demeurer abandonné à Dieu, ne doutant point qu'il ne puisse faire en nous les plus grandes choses... Le néant de toute créature, joint au péché dans une âme infidèle, est le sujet le plus propre à recevoir ses miséricordes. C'est là qu'elles prennent plaisir à couler pour se manifester plus sensiblement. Ces âmes pécheresses, qui n'ont jamais senti en elles qu'infirmité, ne peuvent s'attribuer rien des dons de Dieu. C'est ainsi que Dieu choisit les choses les plus faibles du monde, comme dit saint Paul, pour confondre les plus fortes. Ne craignez donc point, Madame, que vos infidélités passées vous rendent indigne de la miséricorde de Dieu. Rien n'est si digne de sa miséricorde qu'une grande misère. Il est venu du ciel en la terre pour les pécheurs, et non pour les justes; il est venu chercher ce qui était perdu, et tout était perdu sans lui. Le médecin cherche les malades, et non les sains. O que Dieu aime ceux qui se présentent hardiment à lui, avec leurs haillons les plus sales et les plus déchirés, et qui lui demandent, comme à leur père, un vêtement digne de lui (1). »

Il survint à la comtesse un mal qui la fit beaucoup souffrir : elle fut couverte d'une dartre : une dartre! Aucune mortification plus pénible n'aurait pu lui être infligée! Elle n'aurait pas manqué de courage pour s'imposer elle-même de rudes pénitences; mais ce n'est pas celle-là qu'elle aurait choisie. « Les pénitences que nous choisissons ne font point mourir notre amour-propre, comme

(1) *Lettre du 22 juillet 1690.* Œuv. VIII, 600.

celles que Dieu nous distribue lui-même chaque jour (1). — La douleur n'est pas ce qui vous fait le plus de peine. Vous êtes courageuse et dure contre vous-même, pour souffrir patiemment; mais Dieu vous a prise par un autre endroit plus sensible, qui est votre faible : il attaque votre délicatesse et votre propreté : vous qui êtes d'un goût si exquis et si dédaigneux, vous êtes réduite à être dégoûtée de vous-même, et à craindre que les autres ne s'en dégoûtent. C'est Dieu qui le fait, et tout ce qu'il fait est bon, tout ce qu'il fait est miséricordieux. Il faut qu'il écrase notre amour-propre et notre orgueil (2). »

Avant que Mme de Gramont fût délivrée de son mal, Fénelon avait eu à la féliciter d'une plus précieuse guérison. « La lèpre de l'orgueil, du péché et de l'idolatrie de soi-même était bien plus affreuse : c'est de quoi il vous a guérie (3). » On voit par ces derniers mots que la comtesse avait déjà fort avancé dans la piété. Mais il ne lui suffit pas de s'être fait à elle-même une vie plus foncièrement chrétienne. Le comte de Gramont avait jusque-là fort négligé la religion : elle entreprit de le convertir, et elle y parvint. Elle y fut d'ailleurs aidée par une très grave maladie que fit le comte, et dont elle prit occasion pour l'entretenir souvent de Dieu. Quand il fut hors de danger : « Cette bonne santé est le don de Dieu, écrit Fénelon, et il ne serait pas juste de s'en servir contre lui. Il faut

(1) Lettre sans date. Œuv. VIII, 598.

(2) *Lettre du 15 novembre 1691*. Œuv. VIII, 605. Voir encore les *lettres du 22 décembre 1691 et du 12 novembre 1692*. Œuv. VIII, 607, 609.

(3) *Lettre du 9 septembre 1691*. Œuv. VIII,604.

que M. le comte ait un procédé net et plein d'honneur avec Dieu, comme il l'a toujours eu avec le monde. Dieu s'accommode des sentiments nobles. La vraie noblesse demande de la fidélité, de la fermeté et de la constance. Un homme si reconnaissant pour le roi, qui ne donne que des biens périssables, voudrait-il être ingrat et inconstant pour Dieu qui donne tout ? Je ne saurais le croire, et je ne veux pas seulement le penser. Je crois avoir vu son cœur, et j'en espère un courage à mépriser la mauvaise honte et les froides railleries. Vous saurez, mieux que personne, le précautionner contre les habitudes et les engagements insensibles des compagnies. Il doit penser sérieusement que sa guérison, qui retarde sa mort, ne fait que la retarder un peu, et que la plus longue vie sera toujours courte. Pour moi, qui ne veux point prêcher, je me borne à me réjouir avec vous, Madame, de cette heureuse guérison (1). »
On peut voir ici avec quel art Fénelon entremêle les conseils avec les louanges : M. de Gramont pourrait-il, avec ses sentiments d'honneur de gentilhomme, oublier ce qu'il doit à Dieu ?

Quand Fénelon fut renvoyé de la cour, le comte et la comtesse de Gramont s'honorèrent en témoignant pour l'exilé le plus sincère attachement. Fénelon écrit de Cambrai à Mme de Gramont pour la remercier ; « C'est le pur amour que d'aimer les gens qui ne sont plus à la mode. L'amour intéressé est celui de la cour. C'est le pays du monde où on entend plus mal, et où l'on devrait mieux entendre

(1) *Lettre du 25 janvier 1693.* Œuv. VIII, 609.

cette distinction... Je vous supplie de dire à M. le comte de Gramont que je n'oublierai de ma vie qu'il n'a point rougi de moi, et qu'il m'a confessé sans honte devant les courtisans à Marli. » Il termine en disant : « Vous n'aurez, Madame, aucun compliment de moi. Je me contente de vous souhaiter un cœur abaissé sous la main de Dieu, et adouci pour le prochain, un esprit simple comme la colombe, et prudent comme le serpent, pour écarter tout ce qui peut vous dissiper ; enfin un véritable détachement du monde et de vous-même, dont la pratique soit réelle et constante. Toutes nos affaires vont bien, quand nous avançons celle-ci ; car elle est l'unique pour nous. Succès, réputation, faveur, talent, commodités, ne sont que des pièges (1). » On sent que Fénelon fait ici un retour sur lui-même ; sa disgrâce n'est-elle pas un exemple du peu de fond qu'il y a à faire sur les biens apparents de ce monde ?

Cette lettre est la dernière qu'il écrivit à Mme de Gramont. De Cambrai, on le comprend, il ne pouvait plus la diriger. Elle n'en persévera pas moins dans les pratiques religieuses, mais avec une inclination très marquée vers le Jansénisme, dont Fénelon, si leurs rapports n'avaient pas été interrompus, l'aurait sans doute préservée.

A Cambrai, la comtesse de Montbéron obtint de Fénelon qu'il voulût bien être son directeur de conscience. Un peu plus tard il fut même son confes-

(1) *Lettre du 12 septembre 1697*. Œuv. VIII, 615.

seur (1). C'est à Mme de Montbéron qu'est adressée la plus grande partie des lettres spirituelles (2). C'était une de ces personnes scrupuleuses à l'excès, toujours à s'examiner pour se trouver en faute et se tourmenter sur leur état intérieur, et qui font voir que l'âme, aussi bien que le corps, peut avoir ses maladies imaginaires : ce sont souvent les plus difficiles à guérir, et Mme de Montbéron en donnait la preuve. « Une des plus dangereuses illusions c'est de s'attendrir sur soi, d'être sans cesse autour de soi-même (3). — Une santé est bonne quand on n'a besoin, pour l'entretenir, que de n'y rien faire. Alors on n'a point d'autres maux que ceux qu'on se fait à soi-même, en voulant se guérir de ceux qu'on n'a pas. Voilà, ma très chère fille, votre véritable état. Si vous demeuriez sans vous croire malade et sans vouloir vous guérir, vous vous porteriez bien ; mais vous voulez vous écouter et vous tâter le pouls : vous vous faites malade par vos retours inquiets sur vous-même (4). »

A tous ceux qui souffrent du même mal dont souffrait Mme de Montbéron, on ne saurait trop recommander la lecture de ces lettres. « Comme l'eau éteint le feu, dit Fénelon, le scrupule éteint l'oraison. Ne vous écoutez point vous-même sur vos scrupules, et vous serez en paix... Laissez votre vivacité, votre subtilité, vos tours ingénieux

(1) On sait qu'à cette époque ces deux qualités n'étaient presque jamais réunies.

(2) Nous n'en avons pas moins de 224.

(3) *Lettres spirituelles CLXI.* Œuv. VIII, 560.

(4) *Lettre du 21 mars 1707.* Œuv. VIII, 675.

pour vous troubler vous-même sur des riens (1). »

Il faut avec les malades une extrême patience. Fénelon en déploie beaucoup. Mais cette patience n'est pas faiblesse : il est ferme, et même sévère à certaines heures. Il n'y aurait d'autre remède à l'état de Mme de Montbéron qu'une obéissance absolue : « Mais elle vous manque, lui dit-il, et j'avoue que j'en suis scandalisé. Si vous étiez simple, vous obéiriez sans raisonner et sans vous écouter. » Il exige donc qu'elle se soumette à ce qu'il lui prescrit ; et si elle ne lui fait à cet égard « une réponse prompte, franche et décisive », il renoncera à se mêler de sa conduite (2). Dans les lettres qui suivent il lui dira que s'il a usé de « dures paroles », c'est qu'elles étaient nécessaires.

Les rapports de Fénelon avec Mme de Montbéron furent parfois fort troublés. Nous venons de voir une menace de Fénelon de renoncer à la direction. Mme de Montbéron s'était soumise. Mais avec cette extrême imagination contre laquelle il ne cessait de la mettre en garde, un jour elle en arrive à se figurer que ce directeur ne lui convient pas, qu'il est un obstacle à son avancement spirituel. Elle veut rompre avec lui. Cette fois c'est Fénelon qui ne veut pas l'abandonner. « Je n'ai, lui écrit-il, aucune peine à croire, ma très chère fille, que vous ne trouvez pas en moi ce que vous cherchez selon Dieu, mais Dieu lui-même suppléera. Si je connaissais ici un homme qui vous convînt, je vous le donnerais, et je demeurerais aussi intimement

(1) *Lettre du 12 décembre 1700.* Œuv. VIII, 625.

(2) *Lettre du 30 juillet 1701.* Œuv. VIII, 634.

uni à vous que je le suis. Mais je ne connais personne qui vous soit propre ; et à tout prendre, je dois vous dire simplement que je suis ici le plus en état de vous secourir. Vous le croirez vous-même, toutes les fois que vous serez hors de la tentation (1). » Cette sorte de crise se renouvela plusieurs fois, non sans que Fénelon eût à encourir d'injustes jugements de Mme de Montbéron (2). Mais il ne s'en émeut point : « Je vous pardonne d'avoir contre moi les soupçons les plus outrageants : je me compte, Dieu merci, pour rien (3). » S'il persiste, malgré les ennuis qu'il en retire, à s'imposer jusqu'au bout pour directeur à Mme de Montbéron, c'est par charité pour elle : « Je donnerais de bon cœur ma vie pour vous empêcher de détruire en vous l'œuvre de Dieu. »

Grâce à sa persévérance, Fénelon eut raison de toutes les difficultés, des révoltes aussi bien que des scrupules. C'est surtout sa correspondance avec Mme de Montbéron qu'il faut lire, si l'on veut savoir combien Fénelon a été parfait dans toutes les parties de l'office si délicat de la direction.

(1) *Lettre du 19 novembre 1704.* Œuv. VIII, 669.

(2) *Lettres du 1er septembre, du 4 décembre 1707, du 12 et du 30 janvier 1708.* Œuv. VIII, 683, 686, 689, 690.

(3) *Lettre du 26 janvier 1705.* Œuv. VIII, 669.

CHAPITRE X (1)

Fénelon et le duc de Bourgogne

Relations secrètes avec le duc de Bourgogne. — Première lettre du duc de Bourgogne à Fénelon (décembre 1701), et réponse de Fénelon. — Première entrevue du duc de Bourgogne avec Fénelon (avril 1702). — Recommandations à M. de Beauvilliers pour la direction du duc de Bourgogne. — L'*Examen de conscience sur les devoirs de la royauté.* — Correspondance avec le duc de Bourgogne. — La seconde entrevue du duc de Bourgogne avec Fénelon (mai 1708). — Le duc de Bourgogne est trop occupé du Jansénisme. — Fautes du duc de Bourgogne dans la campagne de 1708. — Fénelon le reprend librement. Seconde éducation. — Succès de cette seconde éducation.

L'exil à Cambrai, et la perte du titre de précepteur, ne mirent pas fin, comme on pourrait le croire, à l'action éducatrice de Fénelon sur le duc de Bourgogne. Pour s'exercer secrètement, cette action n'en fut pas moins réelle et persistante jusqu'à la mort du prince. Le souvenir, cher et toujours présent dans le cœur du disciple, des leçons passées (2), le disposait à en recevoir avec em-

(1) Ce chapitre est emprunté en partie à un ouvrage que nous avons publié, *Histoire de l'éducation des princes dans la maison des Bourbons de France. (V. II, le duc de Bourgogne et ses frères).*

(2) « Un seigneur parlait à Mgr le duc de Bourgogne, en lui disant : Monseigneur, la doctrine de M. de Cambrai vient d'être condamnée. — Mgr le duc de Bourgogne lui répondit ces paroles : Celle qu'il m'a enseignée ne le sera jamais. » *Lettre de l'abbé de Chantérac à l'abbé de Beaumont, 18 avril 1699.* Œuv. X, 8.

pressement de nouvelles. Ce second enseignement eut pour objet la politique. Ajoutons que pour tout ce qui touchait à son avancement moral et religieux, l'élève ne cessa jamais, non seulement d'accepter docilement, mais même de solliciter et de réclamer la direction de son ancien maître.

Un des plus vifs regrets de Fénelon, lorsqu'il dut quitter Versailles pour n'y plus jamais revenir, c'était de se séparer de l'enfant auquel il s'était si tendrement attaché. Peu de jours après son renvoi de la cour et sa relégation à Cambrai, c'était la fête de saint Louis, le patron et l'ancêtre du duc de Bourgogne. « Je prie beaucoup, écrit Fénelon, pour notre petit prince, pour lequel je donnerais ma vie avec joie (1). »

Louis XIV avait voulu supprimer tout rapport entre son petit-fils et le précepteur, qui ne l'était plus que de nom, et encore pour quelques mois seulement; mais M. de Beauvilliers restait gouverneur; il ne cachait pas, et sans aucun doute, moins encore au duc de Bourgogne qu'à tout autre, les sentiments d'affection qu'il gardait pour le disgracié; mais par ses fonctions il était trop en vue, et il fallait éviter de donner de l'ombrage au roi. C'était donc surtout au duc de Chevreuse que Fénelon écrivait : mais toutes ses lettres étaient mises sous les yeux de M. de Beauvilliers : adressées à l'un des deux beaux-frères, elles étaient en réalité destinées à tous les deux. Elles renfermaient des conseils, toujours religieusement écoutés, pour la conduite du duc de Bourgogne. Ainsi, quoique d'une manière indirecte, les idées, les avis de

(1) *Lettre au duc de Beauvilliers, 26 août 1697.* Œuv. VII, 214.

Fénelon n'en arrivaient pas moins jusqu'au prince; et peut-être le prince s'y attachait-il davantage à cause de ce mystère même.

Ces lettres, comme presque toutes celles qu'écrivait alors Fénelon, ne passaient pas par la poste ; elles n'étaient confiées qu'à des mains sûres et fidèles. Encore, pour plus de précaution, souvent on ne s'exprimait qu'à mots couverts, et avec des noms de convention : ainsi *Perrault* c'était le duc de Bourgogne:

Nous sommes bien loin d'avoir toutes les lettres qui furent ainsi échangées; mais il nous en reste assez pour nous faire voir que, tout en aimant beaucoup le jeune prince, Fénelon et ses amis ne s'aveuglaient pas sur ses défauts. Ils s'efforçaient de l'en corriger, avec quelle patience et quelle sollicitude, on peut en juger par ces recommandations de Fénélon, sans aucun doute fidèlement suivies : « J'aime toujours M. le duc de Bourgogne, nonobstant ses défauts les plus choquants. Je vous conjure de ne vous relâcher jamais dans votre amitié pour lui : que ce soit une amitié crucifiante et de pure foi. C'est à vous à l'enfanter avec douleur, jusqu'à ce que Jésus-Christ soit formé en lui. Supportez-le sans le flatter, avertissez-le sans le fatiguer; bornez-vous aux occasions et aux ouvertures de providence, auxquelles il faut être fidèle ; dites-lui les vérités qu'on voudra que vous lui disiez ; mais dites-les lui courtement, doucement, avec respect et avec tendresse. C'est une providence que son cœur ne se tourne point vers ceux qui auraient taché d'y trouver de quoi vous perdre. Qu'il ne vous échappe pas, au nom de Dieu.

S'il faisait quelque grande faute, qu'il sente d'abord en vous un cœur ouvert, comme un port dans le naufrage (1). »

Quoiqu'à regret, le duc de Bourgogne avait dû s'abstenir de toute relation directe avec Fénelon ; et plusieurs années s'écoulèrent sans qu'il pût lui adresser une seule ligne. Quand il se hasarda à lui écrire, ce fut en secret, et avec toute sorte de précautions :

« Enfin, mon cher archevêque, je trouve une occasion favorable de rompre le silence où j'ai demeuré depuis quatre ans. J'ai souffert bien des maux depuis ; mais un des plus grands a été celui de ne pouvoir point vous témoigner ce que je sentais pour vous pendant ce temps, et que mon amitié augmentait par vos malheurs, au lieu d'en être refroidie. Je pense avec un vrai plaisir au temps où je pourrai vous revoir ; mais je crains que ce temps ne soit encore bien loin. Il faut s'en remettre à la volonté de Dieu, de la miséricorde duquel je reçois toujours de nouvelles grâces. Je lui ai été plusieurs fois bien infidèle depuis que je ne vous ai vu ; mais il m'a toujours fait la grâce de me rappeler à lui, et je n'ai, Dieu merci, point été sourd à sa voix. Depuis quelque temps il me paraît que je me soutiens mieux dans le chemin de la vertu. Demandez-lui la grâce de me confirmer dans mes bonnes résolutions, et de ne pas permettre que je redevienne son ennemi, mais de m'enseigner lui-même à suivre en tout sa sainte volonté. Je continue toujours à étudier tout seul, quoique

(1) *Lettre au duc de Beauvilliers, 30 novembre 1699.* Œuv. VII, 219.

je ne le fasse plus en forme depuis deux ans, et j'y ai plus de goût que jamais ; mais rien ne me fait plus de plaisir que la métaphysique et la morale, et je ne saurais me lasser d'y travailler. J'en ai fait quelques petits ouvrages, que je voudrais bien être en état de vous envoyer, afin que vous les corrigeassiez, comme vous faisiez autrefois mes thèmes. Tout ce que je vous dis ici n'est pas bien de suite, mais il m'importe guère. Je ne vous dirai point ici combien je suis révolté moi-même contre tout ce qu'on a fait à votre égard ; mais il faut se soumettre à la volonté de Dieu, et croire que tout cela est arrivé pour notre bien. Ne montrez cette lettre à personne, excepté à l'abbé de Langeron, s'il est actuellement à Cambrai ; car je suis sûr de son secret, et faites-lui mes compliments, l'assurant que l'absence ne diminue point mon amitié pour lui. Ne m'y faites pas non plus de réponse, à moins que ce ne soit par quelque voie bien sûre, et en mettant votre lettre dans le paquet de M. de Beauvilliers, comme je mets la mienne : car il est le seul que j'aie mis de la confidence, sachant combien il lui serait nuisible qu'on le sût. Adieu, mon cher archevêque; je vous embrasse de tout mon cœur, et ne trouverai peut-être de bien longtemps l'occasion de vous écrire. Je vous demande vos prières et votre bénédiction (1). »

Cette lettre, qui témoigne si bien des sentiments que le prince gardait pour Fénelon, et où, tout en lui parlant des études qu'il poursuit tout seul, il expose, avec tant de simplicité, l'état de son âme,

(1) *Lettre du 22 décembre 1701.* Œuv. VII, 231.

nous a paru mériter d'être citée tout entière. On y voit que Fénelon n'est pas seulement le précepteur dont il voudrait recevoir encore les leçons, mais aussi et surtout le directeur de conscience par lequel il a été formé à la piété.

« Jamais, lui répond Fénelon, rien ne m'a tant consolé que la lettre que j'ai reçue. J'en rends grâce à celui qui peut seul faire dans les cœurs tout ce qu'il lui plaît, pour sa gloire. Il faut qu'il vous aime beaucoup, puisqu'il vous donne son amour, au milieu de tout ce qui est capable de l'éteindre dans votre cœur. Aimez-le donc au-dessus de tout, et ne craignez pas de ne l'aimer pas... Ne vous découragez point de vos faiblesses. Il y a une manière de les supporter sans les flatter, et de les corriger sans impatience. Dieu vous la fera trouver, cette manière paisible et efficace, si vous la cherchez avec une certaine défiance de vous-même. » Puis viennent des conseils sur ses devoirs religieux : point de longues oraisons ; Fénelon ne veut pas faire un moine qui peut donner presque tout son temps à la prière, mais un prince que réclament de nombreuses et grandes affaires. « Ce qui me donne de merveilleuses espérances, c'est que je vois par votre lettre que vous sentez vos faiblesses, et que vous les reconnaissez humblement. O qu'on est fort en Dieu, quand on se trouve bien faible en soi-même! *Cum infirmor, tunc potens sum*. Craignez, mille fois plus que la mort, de tomber. Mais si vous tombiez malheureusement, hâtez-vous de retourner au Père des miséricordes, et au Dieu de toute consolation qui vous tendra les bras ». Enfin il termine par des paroles qui durent profondément toucher le duc de Bourgogne : « Je ne vous parle que de Dieu et de vous. Il n'est pas question de moi : Dieu merci, j'ai le cœur en paix. Ma plus rude croix est de ne point vous voir ; mais je vous porte sans cesse devant Dieu, dans une présence plus intime que celle des sens. Je donnerais mille vies comme une goutte d'eau, pour vous voir tel que Dieu vous veut. *Amen ! Amen !* (1) ».

Le prince eut l'occasion de revoir Fénelon plus tôt qu'il ne l'avait espéré. Il était envoyé, au printemps de 1702, à l'armée de Flandre ; Cambrai était sur son chemin, et voici ce que de Péronne il écrivait à Fénelon : « Je ne puis me sentir si près de vous sans vous en témoigner ma joie, et en même temps celle que me cause la permission que le roi m'a donnée de vous voir en passant. Il y a mis néanmoins la condition de ne vous point parler en particulier ; mais je suivrai cet ordre, et néanmoins pourrai vous entretenir tant que je voudrai, puisque j'aurai avec moi Saumery, qui sera le tiers de notre première entrevue, après cinq ans de séparation. C'est assez vous en dire de vous le nommer, et vous le connaissez mieux que moi pour un homme très sûr, et, qui plus est, fort votre ami. Trouvez-vous donc, je vous prie, à la maison où je changerai de chevaux, sur les huit heures ou huit heures et demie. Si par hasard trop de discrétion vous avait fait aller au Câteau, je vous donne le rendez-vous pour le retour, en vous assurant que rien n'a jamais pu diminuer ni ne

(1) *Lettre* du 17 janvier 1702. Œuv. VII, 231-232.

diminuera jamais la sincère amitié que j'ai pour vous (1) ».

On voit à quoi se réduit la permission de Louis XIV : une entrevue sous les regards du public, et qui durera juste le temps du relais.

Elle fit cependant beaucoup d'impression sur les spectateurs. Voici ce qu'en raconte Saint-Simon : Le duc de Bourgogne « eut de sévères défenses, non seulement de coucher à Cambrai, mais de s'y arrêter même pour manger ; et pour éviter le plus léger particulier avec l'archevêque, le roi lui défendit de plus de sortir de sa chaise..... L'archevêque de Cambrai se trouva à la poste. Il s'approcha de la chaise dès qu'elle arriva... Le jeune prince attendrit la foule qui l'environnait par le transport de joie qui lui échappa à travers tant de contrainte, en apercevant son précepteur. Il l'embrassa à plusieurs reprises, et assez longuement pour se parler quelques mots à l'oreille, malgré l'importune proximité de Saumery. On ne fit que relayer, mais sans se presser. Nouvelles embrassades, et on partit sans qu'on eût dit un mot que de santé, de route et de voyage. La scène avait été trop publique et trop curieusement remarquée, pour n'être pas rendue de toutes parts. Comme le roi avait été exactement obéi, il ne put trouver mauvais ce qui s'était dit parmi les embrassades, ni les regards tendrement expressifs du prince et de l'archevêque. La cour y fit grande attention, et encore plus celle de l'armée (2) ».

(1) *Lettre* du 25 avril 1702. Œuv. VII, 235.

(2) *Mémoires* III, 413-414. L'entrevue est présentée autrement chez quelques historiens (le cardinal de Bausset, M. Emmanuel

Au retour, cinq mois après, le duc de Bourgogne revit encore Fénelon, mais cette fois ce fut surtout par hasard. En effet, malgré la joie qu'il aurait eue de se retrouver avec lui, il pensait qu'il valait mieux, pour qu'à Versailles on ne fût pas mécontent, éviter cette seconde rencontre. Il écrivit donc à Fénelon pour lui marquer tout le déplaisir qu'il ressentait de s'imposer cette privation, et il lui renouvelait en même temps l'assurance de toute son amitié, « qui, disait-il, ne peut être plus vive, qui a toujours été telle, et que je conserverai en Dieu pour un homme à qui j'ai tant d'obligations qu'à vous (1) ». Mais cette lettre ne fut pas remise à temps; Fénelon se rendit donc à la poste, pour saluer le voyageur à son passage. « J'ai vu, écrit-il, notre très cher prince un moment: il m'a paru engraissé, d'une meilleure couleur, et fort gai. Il m'a témoigné en peu de paroles la plus grande bonté ; il a beaucoup pris sur lui en me voyant. Je ne saurais, ajoutait-il, recevoir tant de marques de sa bonté, sans lui en témoigner ma reconnaissance en lui retraçant la conduite qu'il doit tenir, et lui

de Broglie). Le duc de Bourgogne aurait diné à Cambrai ; Fénelon, assistant au repas, lui aurait présenté la serviette suivant l'étiquette du temps ; et à ce moment le prince, élevant la voix pour être entendu de tous, aurait dit : « Je sais ce que je vous dois, vous savez ce que je vous suis », Nous aimons mieux nous en tenir au récit de Saint-Simon, qui nous semble confirmé par ce passage d'une lettre de l'abbé de Chantérac au cardinal Gabrielli ; il dit du duc de Bourgogne : « *Transiit, vidit, et allocutus est, sed pauca, ac palam, ne recrudescerent adversariorum iræ* » (Œuv. VII, 553, et Fénelon lui-même écrit à Mme de Montbéron, *lettre du 27 avril 1702*, Œuv. VIII, 649 : « Je n'ai vu M. le duc de Bourgogne qu'en public, et un petit quart d'heure. »

(1) *Lettre* du 6 septembre 1702. Œuv. VII, 238.

rappelant ce qu'il me semble qu'il doit à Dieu. Voici un temps de crise où vous devez redoubler votre fidélité pour n'agir que par grâce auprès de lui, et pour le secourir sans timidité ni empressement naturel (1).

Le duc de Bourgogne venait d'avoir vingt ans. C'était bien en effet l'âge critique. Les recommandations à M. de Beauvilliers devinrent plus pressantes sur la conduite à tenir avec le prince : point de ménagements par faiblesse, mais point non plus de morales importunes, d'autorité à contretemps (2).

La tâche, telle que la traçait Fénelon, était sans doute délicate ; mais M. de Beauvilliers était plus que personne capable de la bien remplir. A ce moment d'ailleurs le duc de Bourgogne donnait les plus belles espérances, Pendant le temps qu'il venait de passer à l'armée, il s'était montré actif, appliqué, tout aux choses sérieuses, affable et obligeant pour tous ceux qui l'approchaient. On ne parlait de lui que pour le louer, et Fénelon était charmé.

« Ce que j'ai appris par des voies non suspectes marque que M. le duc de Bourgogne fait au-delà de tout ce qu'on avait pu espérer, et qu'il est soutenu contre ses défauts naturels par son esprit de piété..... Qu'il soutienne ces merveilleux commencements..... L'inclination publique est toute pour lui: c'est une grande avance; tout est défriché; il n'y a qu'à ne rien détruire (3).

(1) *Lettre au duc de Beauvilliers*, septembre 1702. Œuv. VII, 238.

(2) *Lettre au même*, 5 octobre 1702. Œuv. VII, 239.

(3) *Lettres à M. de Chevreuse*, 9 et 24 juillet 1702. Œuv. VII, 237.

Est-ce à cette époque qu'il faut placer la composition d'un écrit fait pour l'instruction du prince? Nous voulons parler de l'*Examen de conscience sur les devoirs de la royauté* (1). Dans toute la correspondance nous n'avons pas trouvé une seule ligne qui se rapporte à cet ouvrage. Nous n'en connaissons pas la date exacte; mais on peut, sans invraisemblance, le faire remonter tout au moins à l'année 1702, quand les rapports entre le précepteur et l'élève se renouèrent, quoique toujours cachés, d'une manière plus suivie. Le prince était encore assez jeune pour que Fénelon pût lui dire : « Un des plus grands malheurs qui vous pût arriver serait d'être le maître des autres dans un âge où vous l'êtes encore si peu de vous même(2) ».

Dans les livres mis entre les mains des fidèles pour les préparer à la confession, nous avons tous vu ces examens de conscience, où sont énumérés, pour aider à la mémoire du pénitent, tous les péchés dans lesquels il a pu tomber. Ce fut sous cette forme toute religieuse d'instruction que Fénelon voulut représenter au duc de Bourgogne ses devoirs, non pas les devoirs qui sont communs à tous les chrétiens, mais ceux qui ne s'imposent qu'aux princes.

Il ne procède que par interrogations : *Avez-vous* ou *n'avez-vous pas?* et il passe ainsi en revue tous les manquements, par action ou par omission, aux obligations spéciales de la royauté.

(1) Dans la plupart des éditions l'ouvrage est intitulé : *Directions pour la conscience d'un roi.* Mais le titre indiqué par Fénelon lui-même dans le préambule est celui que nous venons de donner.

(2) *Préambule* de l'ouvrage. Œuv. VII, 85.

En composant cet ouvrage pour son élève, Fénelon cherchait plutôt à le prémunir contre des fautes à commettre qu'à le corriger de fautes commises. En effet, prendre de mauvais ministres, faire des guerres injustes, surcharger les peuples d'impôts, voilà des fautes qui ne sont possibles que dans l'exercice même de la royauté. C'était surtout pour l'avenir, et non pour le présent, que le duc de Bourgogne avait à faire son profit des avis contenus dans cet écrit.

Parmi ces conseils, il en était cependant quelques-uns qui pouvaient être tout de suite mis en pratique. Il y a une préparation nécessaire aux fonctions royales ; et cette préparation que Fénelon recommande c'est de rechercher des conseillers sincères et éclairés ; d'étudier à fond les lois du royaume et le droit des gens ; de régler sévèrement ses habitudes, ses mœurs, ses dépenses : en un mot, acquérir toute l'instruction nécessaire pour bien régner un jour, donner de bons exemples, voilà pour le prince des devoirs immédiats.

Un passage de Fénelon mérite d'être cité. Après avoir montré de quelle importance est l'histoire de la France : « Il ne suffit pas, dit-il, de savoir le passé, il faut connaître le présent. Savez-vous le nombre d'hommes qui composent votre nation, combien d'hommes, combien de femmes ; combien de laboureurs, combien d'artisans, combien de praticiens, combien de commerçants ; combien de prêtres et de religieux, combien de nobles et de militaires ? Que dirait-on d'un berger qui ne saurait pas le nombre de son troupeau ? Il est aussi facile à un roi de savoir le nombre de son peuple : il n'a qu'à le vouloir. Il doit savoir s'il y a assez de laboureurs, s'il y a, à proportion, trop d'autres artisans, trop de praticiens, trop de militaires qui sont à la charge de l'Etat. Il doit connaître le naturel des habitants de ses différentes provinces, leurs principaux usages, leurs franchises, leurs commerces, et les lois de leurs divers trafics au-dedans et au-dehors du royaume. Il doit savoir les divers tribunaux établis en chaque province, les droits des charges, les abus de ces charges, etc. (1). » On retrouverait déjà la plupart de ces idées dans le *Télémaque*, quand Mentor engage Idoménée à faire le dénombrement de la population. Ces recommandations frappèrent le duc de Bourgogne, et elles furent l'origine d'un grand travail, que, sur la prière du prince, Louis XIV fit entreprendre, les mémoires détaillés des intendants sur leurs généralités.

Il était impossible qu'en écrivant la dernière partie, de beaucoup la plus étendue, de l'*Examen de conscience*, et où il est traité de la justice qui doit présider à tous les actes du gouvernement, Fénelon ne fît pas tout de suite songer à Louis XIV. Toutes les erreurs, tous les abus, tous les vices de ce long règne y sont comme ramassés, et, quoique telle n'ait pas été sans doute l'intention de Fénelon, nous ne savons pas de critique plus vive, plus complète que cette suite de questions, à chacune desquelles le roi, s'il s'était soumis, comme on le fait dans la confession, à l'examen de ses actes, aurait dû répondre par un humble aveu de culpabilité ; car il n'en est pas une qui ne rappelle des fautes qu'il a commises ou qu'il a laissé commettre. Nul plus

(1) IX, Œuv. VII, 87.

que lui ne représente le pénitent auquel s'adresse Fénelon. En veut-on la preuve? Quand Fénelon demande : « N'avez-vous pas étendu trop loin votre autorité? N'avez-vous pas trop accordé à vos ministres? N'avez-vous pas entrepris des guerres injustes? N'avez-vous pas surchargé vos peuples d'impôts? » dans le souverain qu'il interroge je pourrais reconnaitre beaucoup d'autres rois tout aussi bien que Louis XIV ; mais où je le désigne sans balancer, c'est à des fautes propres à son règne, par exemple d'avoir multiplié les charges et offices, pour tirer de leur création de nouvelles sommes ; d'avoir trop appelé la noblesse à la cour pour qu'elle s'y appauvrit, et souvent ne vécût plus que des bienfaits du prince; d'avoir toléré les enrôlements forcés, retenu les galériens à la chiourme au-delà du temps fixé par la justice pour leur punition. A ces traits particuliers, il n'y a plus de doute possible. Louis XIV avait vu dans le *Télémaque* une atteinte à sa personne : qu'aurait-il donc ressenti si l'*Examen de conscience* était tombé entre ses mains? Aussi le duc de Bourgogne avait soin de ne pas conserver cet écrit : il le lisait fréquemment; mais M. de Beauvilliers en était le dépositaire ordinaire (1).

(1) Dans une lettre écrite à M. de Chevreuse, le 8 mars 1712, après la mort du duc de Bourgogne, Fénelon demande avec inquiétude si l'on n'a pas trouvé quelque écrit de lui dans les papiers du prince. Il pensait sans doute à l'*Examen de conscience*. Mais il fut bientôt rassuré. Le duc de Beauvilliers, en mourant, confia cet écrit à la duchesse sa femme; celle-ci le remit au petit-neveu de l'archevêque de Cambrai, le marquis de Fénelon, qui le fit imprimer en 1734. Mais l'ouvrage parut trop hardi, et cette première édition fut supprimée par ordre du ministère. Ce n'est qu'en 1774, et par l'ordre exprès de Louis XVI, que le livre put être librement publié.

Des juges sévères se demanderont peut-être s'il était bien convenable d'écrire pour le petit-fils des pages où il lirait les torts de son aïeul. Fénelon ne se laissa point arrêter par ce scrupule, et il eut raison. C'est lui qui avait dit déjà dans le traité de l'*Education des filles*, et personne n'avait songé à le contredire: « Il ne faut pas s'abstenir de prévenir les enfants en général sur certains défauts, quoiqu'on puisse craindre de leur ouvrir par là les yeux sur les faiblesses des gens qu'ils doivent respecter... Quoiqu'il faille réserver de telles instructions pour l'extrémité, il faut pourtant donner de vrais principes, et les préserver d'imiter tout le mal qu'ils ont devant les yeux (1). »

Il n'est question que d'enfants ordinaires, dont les défauts ne peuvent nuire qu'à eux-mêmes et à un petit nombre de personnes ; comme il devait lui paraître encore plus important de mettre en garde contre l'effet des mauvais exemples, un prince, dont les vertus ou les vices auraient une influence si considérable en bien ou en mal sur la nation ! S'abstenir de signaler et de condamner certaines fautes, parce que l'aïeul aurait pu les commettre, c'eût été en quelque sorte les autoriser dans l'avenir chez le petit-fils. La vérité eût-elle quelques inconvénients, Fénelon ne se croyait permis ni de la cacher, ni de la déguiser. Il a voulu remplir jusqu'au bout son devoir pénible de précepteur, de conseiller ; il a exposé pour les besoins de son élève, qui lui demandait des directions, les obligations royales. Sans doute, le duc de Bourgo-

(1) Œuv., V, 568.

gne pourra remarquer que trop souvent les actes du roi étaient en désaccord avec ces obligations ; c'est un malheur, mais qu'y faire ? Ce désaccord même Fénelon ne l'indique nulle part, ni par un mot, ni par une allusion : il est comme le prédicateur qui signale et condamne les vices, mais qui ne désigne jamais le vicieux. Il est si peu disposé à faire la censure de Louis XIV que, plus tard, apprenant que le duc de Bourgogne aurait dit que tous les malheurs dont la France souffre viennent de Dieu, qui veut punir les fautes passées, il écrit au duc de Chevreuse : « Si ce prince a parlé ainsi, il n'a pas assez ménagé la réputation du roi ; on est blessé d'une dévotion qui se tourne à critiquer son grand'père (1) ».

Nous savons bien ce que pensait Fénelon des erreurs de Louis XIV (2) ; mais quelle était son opinion sur la forme même du gouvernement en France ? L'État tel qu'il était constitué avait-il son approbation ? « Vous savez, dit-il, qu'autrefois le roi ne prenait jamais rien sur ses peuples par sa seule autorité : c'était le Parlement, c'est-à-dire l'ensemble de la nation qui lui accordait les fonds nécessaires pour les besoins extraordinaires de l'État. Hors de ce cas, il vivait de son domaine. Qui est-ce qui a changé cet ordre, sinon l'autorité absolue que les rois ont prise ? De nos jours on voyait encore les Parlements, qui sont des com-

(1) *Lettre* du 7 avril 1710. Œuv. VII, 312.

(2) L'examen de la lettre anonyme, écrite, vers 1695, par Fénelon à Louis XIV (Œuv. VII, 509), ne rentre pas dans le plan de notre travail ; mais il faut la lire si on veut voir avec quelle sévérité Fénelon jugeait le roi.

pagnies infiniment inférieures aux anciens Parlements ou États de la nation, faire des remontrances pour n'enregistrer pas les édits bursaux (1) ».

Il faut prendre garde quand on lit Fénelon : il lui arrive de mêler à des idées justes des idées fort contestables. Quand il se plaint que le roi règle l'impôt par sa seule volonté, il a raison ; mais ne va-t-il pas trop loin quand il veut que le roi vive uniquement de son domaine, comme si, au dix-septième siècle, ses dépenses ne se confondaient pas d'ordinaire avec les dépenses de l'État ? Ailleurs encore Fénelon dit que si le roi, pour faire valoir des droits de succession dans des pays voisins, a une guerre à soutenir, il doit la soutenir sur son domaine, sur ses épargnes, sur ses emprunts personnels (2). Mais dans ce genre de successions, qui doivent agrandir l'État, la nation n'est-elle pas véritablement héritière avec le roi ? Et puis comprend-on bien un roi faisant la guerre sans que ses sujets y prennent part ? Et à supposer même, ce qui n'est guère vraisemblable, que pour la faire il n'ait pas à demander d'argent, que son domaine lui suffise pour entretenir ses troupes, n'aura-t-il pas toujours à demander à son peuple l'impôt du sang ? Cet impôt est-il donc moins dur que l'autre ?

Quoi qu'il en soit de ces distinctions un peu trop subtiles, on sent, dans les lignes que nous venons de citer, l'opposition au pouvoir absolu, et le regret du temps où l'autorité royale était contrô-

(1) *Examen de conscience*, *XVIII*, Œuv. VII, 90.
(2) *Id. XIV*. Œuv. VII, 89.

lée, limitée. Car alors que la plupart des contemporains semblent considérer la monarchie, telle qu'ils la voyaient sous Louis XIV, comme ancienne et traditionnelle, Fénelon, et il faut le remarquer à son honneur, s'apercevait bien qu'elle n'était plus conforme au passé, mais, à certains égards, toute nouvelle. La royauté avait usurpé; mais était-il possible de revenir à un état de choses où le roi ne fût pas tout, et la nation rien ? L'*Examen* est muet sur ce point ; il a surtout un caractère moral et religieux. Il est l'œuvre d'un directeur de conscience. L'écrivain politique, nous le trouverons dans les *Plans de gouvernement* dont nous aurons à parler plus tard.

Après avoir été à l'armée de Flandre en 1702, le duc de Bourgogne fut envoyé en 1703 à celle d'Allemagne. Louis XIV voulait-il ainsi prévenir toutes les relations de son petit-fils avec le prélat disgracié ? Il est permis de le supposer, et de croire que le prince en eut du regret. Après être revenu de cette campagne, il dit à Fénelon : « Le côté ou j'ai été cette année n'a pas été compatible avec le rendez-vous que je vous avais donné. Mais je trouve l'occasion favorable de vous écrire ce mot par ma voie ordinaire ; vous me ferez réponse de même quand il repassera (1) ». Remarquons ces mots, *ma voie ordinaire* : ils indiquent une correspondance assez suivie et plus de lettres que nous n'en avons. Le duc de Bourgogne rendait compte en même temps de son état intérieur ; et il réclamait, comme un disciple soumis, les conseils dont il ne pouvait se passer.

(1) *Lettre* du 28 septembre 1703. Œuv. VII, 242.

C'est ainsi que de loin, soit par ses lettres, soit par l'intermédiaire de ses amis, Fénelon continuait de régler les sentiments et les actes de son ancien élève. Il entre même dans sa vie intime. Le prince était marié : « Il faut tacher de modérer sa passion pour Mme la duchesse de Bourgogne », lisons-nous dans une lettre à M. de Beauvilliers (1), fort curieuse pour les recommandations qu'elle renferme sur la conduite que le prince doit tenir avec le roi, Mme de Maintenon, et les courtisans.

Sans aucun doute, les rapports de Fénelon avec le duc de Bourgogne ne furent plus jamais interrompus ; mais ils nous échappent de la fin de 1703 jusqu'au mois de mai 1708. A cette dernière date, le prince allait rejoindre l'armée de Flandre, commandée alors par Vendôme. « Je serai demain à Cambrai, sur les neuf heures, écrit-il de Senlis à Fénelon ; j'y mangerai un morceau à la poste, et je monterai ensuite à cheval pour me rendre à Valenciennes. J'espère vous y voir et vous y entretenir sur diverses choses. (2) » Ces derniers mots font voir que cette fois il avait obtenu une permission un peu plus large (3).

Dans les choses dont il s'entretint avec Fénelon

(1) *Lettre* d'octobre ou de novembre 1703. Œuv. VII, 243.

(2) *Lettre* du 15 mai 1708. Œuv. VII, 264.

(3) « L'archevêque se trouva à la poste avec tout ce qui était à Cambrai. On peut juger de la curiosité de cette entrevue qui fut au milieu de tout le monde. Le jeune prince embrassa tendrement son précepteur à plusieurs reprises. Il lui dit tout haut qu'il n'oublierait jamais les grandes obligations qu'il lui avait, et, sans jamais parler bas, ne parla presque qu'à lui, et le feu de ses regards lancé dans les yeux de l'archevêque suppléa à tout ce que le roi avait interdit. » Saint-Simon, *Mémoires*, VI, 285.

le Jansénisme figurait-il ? On peut le supposer, quand on le voit manifester son aversion pour cette doctrine, dans une lettre écrite quelques jours plus tard, et qui semble se rapporter à la conversation tenue à Cambrai. « Je connais le fond de la doctrine des Jansénistes, et je sais qu'elle est plus calviniste que catholique (1) ». Quoi que l'on puisse penser de cette singularité d'un prince si bien au courant des controverses théologiques, il est certain que le duc de Bourgogne n'exagérait pas la connaissance qu'il avait pu acquérir de ces matières, non peut-être sans tomber dans quelque excès. Fénelon, sans le vouloir, ne l'avait-il pas un peu trop poussé dans cette voie? Car, au lieu de lui demander tout simplement de se soumettre, comme tout fidèle, aux décisions de l'Église sur ces épineuses questions, il s'efforce de lui démontrer, comme à un docteur, les faussetés des opinions jansénistes. Il vient d'écrire contre un livre entaché de ces erreurs : « Je meurs d'envie, dit-il, que M. Perrault (c'est le duc de Bourgogne qui est ainsi désigné), lise mon ouvrage ; mais je voudrais qu'il ne le lût point superficiellement, qu'il y prît des principes fixes pour le rendre ferme dans le vrai dogme, et qu'il développât tous les subterfuges des gens les plus mitigés, pour ne pouvoir être ébloui d'aucun faux tempérament (2) ».

(1) *Lettre* du 21 mai 1708. Œuv. VII, 264.

(2) *Lettre à M. de Chevreuse, 2 février 1712.* Œuv, VII, 371. — Si on se reporte au passage du *Télémaque*, XVII (XVIII), Œuv. VI, 552, où Mentor recommande à Idoménée de ne point se mêler des choses sacrées, on ne peut s'empêcher de trouver que ce passage ne s'accorde pas tout à fait avec ce que Fénelon désire du duc de Bourgogne.

Ce n'était pas le métier du duc de Bourgogne de se livrer à l'examen des doctrines théologiques, et il s'y livra trop ; car, après sa mort, un mémoire qu'il avait composé fut publié par le P. Le Tellier. « Mgr le dauphin, dit l'abbé Le Dieu, y parle des subtilités du Jansénisme et de toutes les distinctions les plus fines sur la grâce, qui fait connaître que l'écrit n'est point de lui, mais d'un théologien très exercé dans ces matières. On dit aussi que le roi a déclaré qu'il n'avait point de connaissance de ce mémoire; et il l'a, dit-on, désapprouvé, comme ne faisant point honneur à la mémoire du dauphin, son petit-fils, à qui il ne convenait point d'entrer si avant dans les disputes de l'école (1) ». Cette science trop exacte que le livre accusait ne prouvait pas du tout que le duc de Bourgogne ne fût pas l'auteur du livre ; mais le public avait raison d'être surpris, et le roi d'être mécontent ; il n'est ni ordinaire ni même séant, quand on est destiné au trône, de se rendre si entendu en pareils sujets. Louis XIV, comme chrétien, était resté trop ignorant des vérités élémentaires de la religion ; son petit-fils ne se montrait-il pas, comme prince, trop curieux d'érudition théologique ? *Sapere oportet, non plus sapere quam oportet* : le duc de Bourgogne, si versé dans les Saintes Ecritures, n'avait pas suffisamment médité sur ces paroles de saint Paul.

(1) IV, 370. — Le P. Martineau, qui avait été le confesseur du duc de Bourgogne, dans son livre *Recueil des vertus de M. le dauphin*, pages 114, 115, parle de cet écrit comme de l'œuvre même du prince. Mais il ne dit rien du mécontentement du roi, qui aurait eu soin au contraire d'envoyer au pape une copie authentique de l'ouvrage.

Cette campagne de 1708 fut, il faut bien le dire, fâcheuse pour le duc de Bourgogne. La religion avait été entre les mains de Fénelon un puissant instrument d'éducation, car seule elle avait été assez forte pour vaincre la nature : on put même craindre un instant qu'elle ne l'eût trop complètement vaincue. Il est fort bien sans doute de n'être plus présomptueux ni hautain : mais le duc de Bourgogne avait une telle défiance de lui-même à l'armée qu'il ne savait plus agir comme il convient à un général, et qu'il en parut timide, malgré le courage personnel qu'il déploya dans certaines affaires. Ses hésitations lui firent manquer plusieurs occasions favorables de battre l'ennemi. Vendôme lui imputait la responsabilité de nos échecs, et le traitait avec un brutal mépris : le prince subit ses reproches avec une humilité excessive pour un Fils de France, qui d'ailleurs n'avait pas tous les torts dont on se plaisait à le charger : car, nous devons l'avouer, l'opinion générale ne lui était pas favorable.

On lui reprochait de compromettre, par sa dévotion étroite et ses vains scrupules, quand il était à l'armée, les opérations militaires : par exemple, de n'avoir pas su livrer à propos une bataille nécessaire, de peur d'envoyer en enfer des âmes qui ne seraient pas en état de grâce ; d'avoir, quand il fallait courir à la défense de Lille, perdu un temps précieux pour assister à une procession générale à Douai. On disait encore qu'il se livrait à des amusements puérils (crapauds crevés avec de la poudre, grains de raisins écrasés, mouches étouffées dans l'huile, jeu de volant, etc) ; qu'il était trop renfermé; qu'il aimait trop une vie particulière et obscure ; qu'il ne savait pas prendre de décision, et accordait surtout sa confiance à des esprits faibles et timides. Ces plaintes arrivaient jusqu'à Fénelon.

Toujours préoccupé de ce cher élève, et affligé de le voir en butte au blâme public, il n'écrivait pas seulement aux ducs de Beauvilliers et de Chevreuse, pour leur suggérer les conseils qu'il convenait de donner au prince (1) ; il s'adressait directement au prince lui-même, pour l'avertir et le reprendre avec une respectueuse liberté : « Loin de vouloir vous flatter, écrit-il quelque part, je vais rassembler ici toutes les choses les plus fortes qu'on répand dans le monde contre vous ». Et ailleurs : « Peut-être que personne n'osera vous dire tout ceci : pour moi je l'ose, et je ne crains pas de manquer à Dieu et à vous (2) » Aussi plus tard, après la mort du duc de Bourgogne, quand Louis XIV et Mme de Maintenon lurent les papiers trouvés dans sa cassette, ils ne purent s'empêcher, malgré leurs préventions contre Fénelon, de louer le lan-

(1) *Lettres au duc de Chevreuse*, 2 décembre 1708, 9 avril, 24 octobre et 18 novembre 1709. Œuv. VII, 285, 288, 290, 292.

(2) *Lettres* du 24 septembre et du 15 octobre 1708. Œuv. VII, 275, 278. — Voir encore celles du 16 septembre, du 24 septembre (seconde lettre), du 25 octobre et du 17 novembre 1708. Œuv. VII, 268, 274, 281, 283. — D'autre fois il lui donne des leçons indirectes. C'est ainsi qu'en lui écrivant le 15 novembre 1709. Œuv. VII, 291, il lui fait le tableau des qualités du fils de Jacques II, et ces qualités, il est à peine besoin de le dire, sont celles qu'il veut inculquer à son élève. — C'était surtout par l'intermédiaire du vidame d'Amiens, comme on le voit par les lettres adressées au vidame, que Fénelon, pendant cette campagne, correspondait avec le duc de Bourgogne.

gage qu'il avait tenu au prince : « Jamais on ne peut écrire rien de si beau et de si bon ; et si le prince que nous pleurons a eu quelques défauts, ce n'est pas pour avoir reçu des conseils trop timides, ni qu'on l'ait trop flatté (1) ».

Admirons la franchise de Fénelon ; mais admirons aussi la modestie du duc de Bourgogne Loin de paraître froissé, il remercie Fénelon de ses avertissements, et les sollicite. « Je suis fâché, dit-il, que l'éloignement où je vais me trouver de vous » — la campagne finissait, le prince retournait à Versailles. — « m'empêche de recevoir d'aussi salutaires avis que les vôtres. Continuez-les cependant, je vous supplie, quand vous en verrez la nécessité, et que vous trouverez des voies absolument sûres (2). « Il est des reproches dont il se justifie avec simplicité ; il en est d'autres sur lesquels il passe condamnation ; mais il s'efforcera de ne plus les mériter à l'avenir. Et ce n'était pas une vaine promesse ; il sut se corriger en effet.

En continuant ainsi son ministère de précepteur, puisque le duc de Bourgogne lui en donnait le droit, Fénelon n'achevait pas seulement son œuvre, il l'amendait en quelques parties. Ne pouvait-on pas imputer à l'éducation que le prince avait reçue quelques-uns des défauts dans lesquels il tombait maintenant ? Ainsi, à force de lui avoir représenté dans le *Télémaque* de quelles injustices se rendent coupables les conquérants, ne lui avait-

(1) *Lettre de Madame de Maintenon au duc de Beauvilliers*, 15 mars 1712.

(2) *Lettre* du 5 décembre 1708. Œuv. VII, 287. — Voir encore les *lettres* du 20 septembre et du 3 octobre 1708. Œuv. VII, 270, 275.

on pas inspiré des doutes sur la légitimité de la possession de certaines provinces ? Fénelon sent bien qu'on l'accusera, qu'on l'accuse déjà d'avoir formé une conscience trop timorée ; il s'en défend, et tache de réagir contre les idées que son disciple a pu concevoir. « On dit que vos maximes scrupuleuses vont ralentir votre zèle pour la conservation des conquêtes du roi, et l'on ne manque pas d'attribuer ce scrupule aux instructions que je vous ai données dans votre enfance. Vous savez, Monseigneur, combien j'ai toujours été éloigné de vous inspirer de tels sentiments (1) ».

Quoi qu'en dise Fénelon, ce reproche fait à l'éducation n'était pas, il faut l'avouer, sans quelque apparence de vérité. Laissons de côté, si l'on veut, les maximes de *Télémaque* ; mais nous avons la lettre à Louis XIV : Fénelon n'engage-t-il pas le roi à restituer une partie de ses conquêtes, parce qu'elles sont injustes, même quand « les traités de paix subséquents semblent couvrir et réparer cette injustice... Il est inutile de dire qu'elles étaient nécessaires à votre État.., le bien d'autrui ne nous est jamais nécessaire... Le besoin de veiller à notre sûreté ne nous donne jamais un titre de prendre la terre de notre voisin. Consultez là-dessus des gens instruits et droits ; ils vous diront que ce que j'avance est clair comme le jour (2). » Il était bien difficile que, dans ses leçons et ses entretiens, Fénelon n'eût pas laissé percer ses vrais sentiments, et le duc de Bourgogne était trop intelligent pour

(1) *Lettre* du 25 octobre 1708. Œuv. VII, 282.
(2) Œuv. VII, 519.

ne pas pénétrer les intimes pensées de son maître.

A cet élève, disposé à n'écouter que ses caprices et ses passions, il avait fallu imposer le frein de la religion ; mais le respect des règles religieuses ne devient-il pas un peu superstitieux, quand le prince, en campagne, est inquiet, parce qu'il occupe un logement dans une abbaye de filles ? Il consulte sur ce cas de conscience Fénelon, et c'est le prélat qui exhorte le chef d'armée à tenir compte avant tout des nécessités de campement (1). — Tenez-vous en garde contre l'amour-propre et l'opiniâtreté, écoutez les conseils. — Voilà une des leçons qu'il avait fallu inculquer avec le plus de soin à un enfant né orgueilleux et volontaire. L'esprit d'orgueil et de domination avait été vaincu, si bien vaincu que, devenu trop défiant de lui-même, souvent le duc de Bourgogne ne savait plus que suivre les avis qu'on lui donnait, et n'avait plus de volonté propre. Fénelon le reprend de cette faiblesse, l'excite à juger et à vouloir par lui-même, comme il convient à son rang.

A trop assouplir un ressort, on le brise quelquefois. Fénelon put craindre que tel n'eût été le résultat de ses efforts. Il était temps que le prince prît plus de virilité de caractère. En se réformant il ne s'était pas arrêté au point juste au-delà duquel les qualités deviennent d'autres défauts. Il s'était porté si fort vers certaines vertus qu'il avait versé de ce côté. Fénelon eut donc à faire en quelque sorte une seconde éducation. Elargir sa religion ; prendre la

(1) *Lettre du duc de Bourgogne à Fénelon*, 20 septembre 1710, et de *Fénelon au duc de Bourgogne*, 24 septembre 1710. Œuv. VII, 271, 274.

morale et l'esprit du christianisme, et non pas les petites pratiques et les scrupules d'une dévotion timide ; se faire une volonté propre, avoir une décision personnelle ; se communiquer davantage à ceux qui l'approchaient, voilà ce que Fénelon ne cessa de recommander et de faire recommander au duc de Bourgogne. Il réussit dans cette nouvelle éducation comme dans la première. Tout en restant toujours modeste, le prince s'affranchit de cette timidité qui lui avait nui ; sa religion se dégagea de toute minutie ; ses occupations n'eurent plus rien que de sérieux ; son abord fut plus aimable, plus ouvert.

C'est probablement vers cette époque qu'a été écrite une fort belle lettre de Fénelon au duc de Bourgogne (1). On n'en connaît pas la date ; mais le ton général et les recommandations qu'elle renferme indiquent assez que le prince est déjà arrivé à l'âge capable des résolutions viriles. Fénelon lui donne en exemple saint Louis, dont il retrace le portrait : « Il est temps que vous montriez au monde une maturité et une vigueur d'esprit proportionnées au besoin présent. Saint Louis à votre âge était déjà les délices des bons et la terreur des méchants... Soyez l'héritier de ses vertus avant que de l'être de sa couronne. Invoquez-le avec confiance dans vos besoins : baisez souvent ses restes précieux. Souvenez-vous que son sang coule dans vos veines, et que l'esprit de foi qui l'a sanctifié doit être la vie de votre cœur. Il vous regarde du haut du ciel, où il prie pour vous, et où il veut que vous régniez un jour en Dieu avec lui. »

(1) Œuv. VII, 234.

Pour bien comprendre cette expression, *les restes précieux*, il faut savoir qu'elle se rapporte à un don de Fénelon. « Je vous conjure, écrivait-il le 12 mai 1709 à M. de Langeron, de me faire faire à Paris un fort petit reliquaire d'or d'une très belle forme : j'y veux mettre un petit morceau de la mâchoire de saint Louis. Vous comprenez bien l'usage que je veux faire de cette relique (1) ». Elle était destinée au duc de Bourgogne ; et nous croyons assez volontiers qu'en l'envoyant Fénelon y joignait la lettre dont nous venons de parler.

Le Grand Dauphin vint à mourir. Il n'avait jamais eu beaucoup de sympathie pour ce fils qui lui ressemblait si peu, et volontiers il le laissait railler par les personnes de son entourage. Devenu dauphin, et, par l'âge du roi, si proche du trône, le duc de Bourgogne n'avait plus à redouter les « brocards : c'est là ce qui le rendait sauvage. Cet homme engoncé, contraint de tout, embarrassé par tout, se déploie peu à peu ; il devient libre, majestueux, agréable (2). » Après avoir été si renfermé, il s'ouvre, il s'épanouit, il obtient un grand succès ; sa réputation se répand partout. La cour n'a plus pour lui assez d'éloges ; dans un voyage à Paris il charme le peuple par son affabilité. Le roi, qui depuis longtemps déjà lui avait donné l'entrée dans divers conseils, ordonne maintenant à ses ministres d'aller travailler avec lui. Le dauphin s'applique aux affaires avec un tel succès, et montre en même temps un empressement si aisé

(1) VII, 651.

(2) Saint-Simon, *Mémoires*, IX, 300-301.

et si respectueux pour la personne du roi, que Louis XIV, qui jusque-là n'avait pu s'empêcher de ressentir pour lui une sorte d'éloignement, conquis à son tour comme le public, donne à ce petit-fils toute sa confiance et son affection. Il l'associe véritablement à son pouvoir, et dit un jour à ses courtisans : « Par sa vertu et ses talents il fera tout mieux que moi. » Cet heureux changement comblait de joie le cœur de Fénelon. Ce concert de justes louanges qui s'élevait de tous côtés en faveur du duc de Bourgogne, n'était-ce pas pour l'ancien précepteur une douce récompense ?

TABLE DES MATIÈRES

DU PREMIER VOLUME

Pages

CHAPITRE IV

L'affaire du Quiétisme à Rome. — Luttes d'écrits

CHAPITRE V

La condamnation du livre des *Maximes*

CHAPITRE VI

L'entourage de Fénelon. — Les rapports avec le gouverneur, les intendants, les suffragants, les chapitres et les abbayes.

CHAPITRE VII

Les occupations diocésaines

CHAPITRE VIII

Fénelon docteur

CHAPITRE IX

Fénelon directeur de conscience

CHAPITRE X

Fénelon et le duc de Bourgogne

BOSSUET A MEAUX (SUITE)

Il visite les hôpitaux, les maladreries, réunit les dames de charité, convoque les curés, les officiers, les principaux habitants, pour s'occuper avec eux de la subsistance des indigents, laisse partout de sages règlements et d'abondantes aumônes.

Il porte à son séminaire un intérêt particulier, y fait de fréquentes visites, parle aux jeunes clercs avec une douce familiarité, assiste à leurs exercices, à leurs conférences, les interroge et, pour eux sans doute, compose le *Plan d'un Traité de Théologie,* comme il avait rédigé un *Catéchisme* pour les petits enfants. Il assiste aux retraites d'ordinations et y fait l'exhortation aux exercices du soir.

Il règle l'ordre des conférences ecclésiastiques, les sujets qui doivent y être traités, et préside toutes celles qui se tiennent à Meaux.

Il fait donner de nombreuses missions ; il en donne lui-même. En 1684, à Meaux d'abord, puis à Coulommiers, il prêche la station et le jubilé avec Fénelon, Fleury et l'abbé de Langeron. L'année suivante, c'est à la Ferté-sous-Jouarre que Fénelon et l'abbé de Langeron viennent encore prendre part à la mission.

Il s'occupe avec une sollicitude particulière de ses communautés religieuses : les *Exhortations aux Ursulines* en font foi, non moins, que le récit de ses luttes avec les abbesses de Jouarre.

On se demandera sans doute s'il restait quelque temps à Bossuet pour d'autres travaux que ceux d'un ministère si bien rempli. C'est à Meaux pourtant qu'il écrivit plusieurs de ses oraisons funèbres, qu'il acheva l'*Histoire des Variations* (1688), qu'il mena l'affaire du Quiétisme, et qu'il composa tant d'autres parties de ses immortels ouvrages.

Ces faits, et bien d'autres, M. Druon les a mis en lumière. Ecrivain consciencieux, littérateur de style toujours pur, il a su ne rien dissimuler et traiter néanmoins son difficile sujet en catholique éclairé, avec la sûreté de jugement, et, si je l'ose dire, le respect religieux sans lequel il paraît impossible de parler de Bossuet. On oublie l'érudition très riche de l'historien pour ne plus penser qu'à l'histoire si bien racontée par lui.

Nous savions la grandeur de Bossuet. Nous connaîtrons mieux désormais sa bonté, son humilité, son amour des âmes et, avant toutes les autres, des âmes consacrées à Dieu par le sacerdoce ou par les vœux religieux.

FÉNELON

ARCHEVÊQUE DE CAMBRAI

II

www.ingramcontent.com/pod-product-compliance
Lightning Source LLC
LaVergne TN
LVHW011942220826
846092LV00001B/61

* 9 7 8 2 3 2 9 5 8 9 2 4 4 *